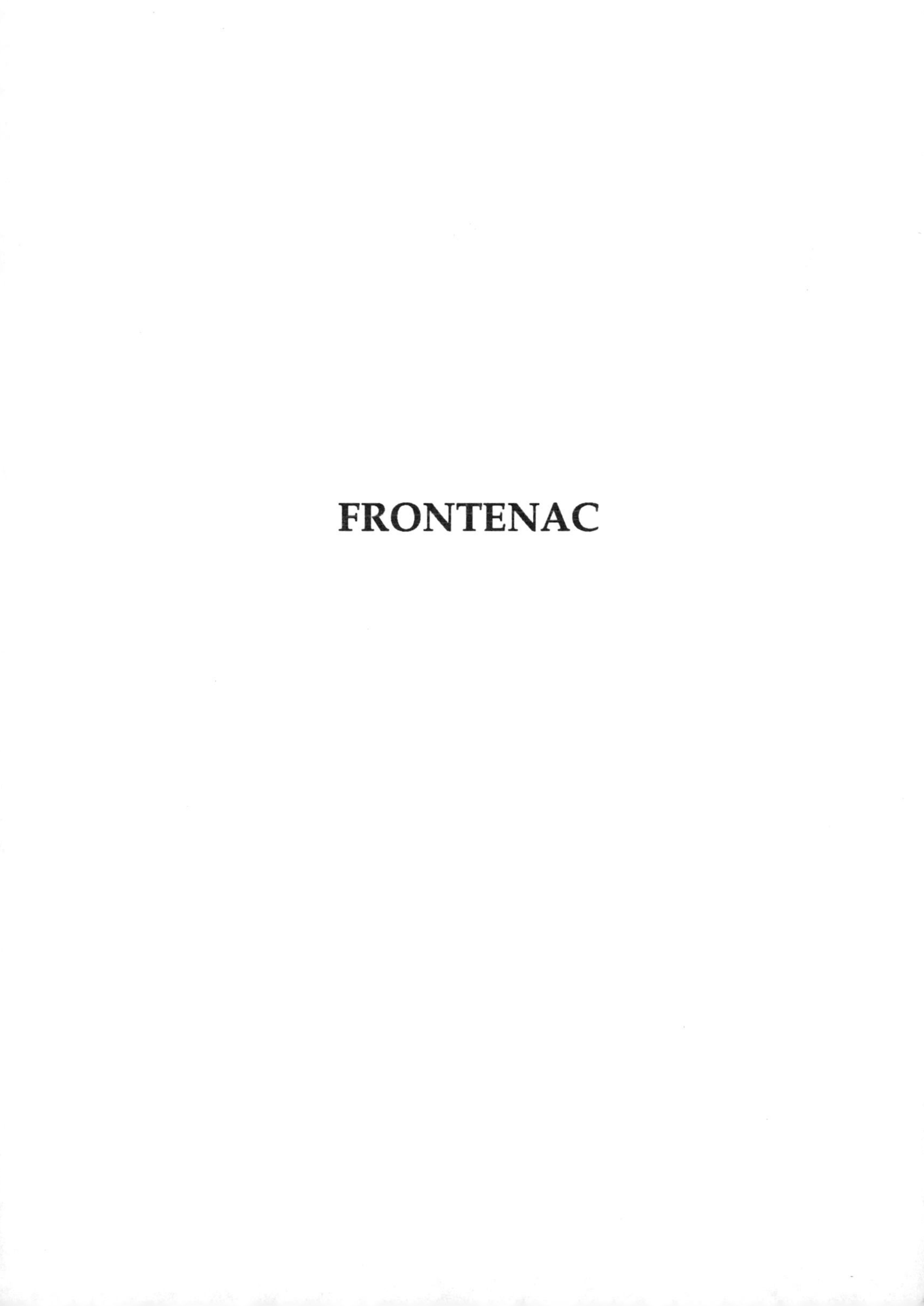

FRONTENAC

JACQUELINE MARTIN

FRONTENAC

THÉÂTRE

JM Les Éditions du Vermillon

Diffusion

Pour tous les pays

Les Éditions du Vermillon
305, rue Saint-Patrick, Ottawa (Ontario)
Canada KIN 5K4
Tél. : (613) 230-4032

Distributeur au Québec

Québec Livres
4435, boulevard des Grandes Prairies
Saint-Léonard, Montréal (Québec)
Canada HIR 3N4
Tél. : (514) 327-6900

ISBN 0-919925-62-6

Dépôt légal : quatrième trimestre 1990
Bibliothèque nationale du Canada

DU MÊME AUTEUR

La Quintaine, pièce en un acte, *L'Avant-Scène-Théâtre*, Paris, 1er juillet 1967, nº 383.

La pièce en un acte, comprenant les pièces, *La Quintaine, Les murs des autres* et *Le destin tragique de Cavelier de LaSalle*, Éditions Ville-Marie (Sogides), Montréal, 1986.

Contes et récits de l'Ontario français, anthologie, comprenant l'exploitation pédagogique de 23 contes et récits , Éditions Ville-Marie (Sogides), Montréal, 1986.

L'Art de l'expression orale et écrite, manuels de français et d'expression dramatique, vol. 1, 2 et 3, basés sur 15 légendes du Canada français, Éditions Ville-Marie (Sogides), Montréal, 2e éd. 1985.

Ministère de l'Éducation de l'Ontario, programmes d'étude en art dramatique: Expression dramatique, cycles primaire et moyen. Suggestions aux enseignants, 1983; Expression dramatique, cycles intermédiaire et supérieur. Programme-cadre, 1981; Art dramatique - Théâtre CPO 13e année. Programme-cadre, 1986.

Le charnier, dans Trois pièces en un acte (aussi, *La Quintaine, Les murs des autres*), Les Éditions de l'Onde, Ottawa, 1976.

Les Prométhées déchaînés, pièce en quatre tableaux, 1969. Inédite.

Le Fou d'Agolan, pièce en 2 actes, Les Entreprises culturelles, Laprairie (Québec), 1983.

Bon Bombidou, pièce en deux actes pour théâtre de marionnettes, Les Entreprises culturelles, Laprairie (Québec), 1983. Aussi, guide pédagogique.

Scénarisation, pour l'Office de la télécommunication éducative (TVO) du Ministère de l'Éducation de l'Ontario, 24 émissions, en 4 séries (*Recyclage des maîtres, Vers la création dramatique «Feu sur les planches», Les mathématiques élémentaires, La lecture à sa place*), 1967-71.

En préparation: Le petit peuple, Gens du pays et Mystères et boule de gomme!, manuels de français et des arts d'expression, pour le cycle moyen.

Collection

Pædagogus

1. Paul Gay, **La Vitalité littéraire de l'Ontario français. Premier panorama**, 1986, 242 pages.

2. Paul Prud'Homme, **Vernissage de mes saisons. Poèmes. Livre du maître,** 1986, XIV/90 pages.

3. Paul Prud'Homme, **Vernissage de mes saisons. Poèmes. Livre de l'élève,** 1986, XIV/90 pages.

4. Collectif, **Jongle et ris!** 1988, 90 pages, série «Jeunesse», n° 1

5. Marcien Villemure, **La formation à l'enseignement : sortir de l'impasse? suivi de trois esquisses : Les qualités du bon professeur. Le temps présent. La culture,** 1989, 140 pages.

6. Paul Prud'Homme, **Aventures au Restovite. Roman. Cahier du maître,** 1988, 56 pages.

7. Paul Prud'Homme, **Aventures au Restovite. Roman, Cahier de l'élève,** 1988, 56 pages.

8. Collectif, **Jongle et ris! Volume II,** 1989, 108 pages, série «Jeunesse», n° 2.

9. Collectif, **Fontaineries... et encriers,** 1989, 226 pages, série «Jeunesse», n° 3.

10. Collectif, **Jongle et ris! Volume III,** 1990, 132 pages, série «Jeunesse», n° 4.

11. Jacqueline Martin, **Frontenac. Théâtre,** 1990, 300 pages.

PERSONNAGES

LA TAUPINE, coureur de bois
LUSSIGNY, lieutenant de la garde du gouverneur
SERVEUSE
BIZARD, le major de Montréal
MARICOURT (Paul LeMoyne), officier
STE-HÉLÈNE (Jacques LeMoyne), officier
D'IBERVILLE (Pierre LeMoyne), officier
BOUTHIER, marchand de La Rochelle
VAULTIER, valet de l'intendant Duchesneau
DUCHESNEAU, intendant, 1675-82
PEUVRET, greffier du Conseil Souverain
NICOLAS DUCHESNEAU, fils de l'intendant
MADAME VILLERAY, épouse du conseiller
MADAME TILLY, épouse du conseiller
MADAME DAMOURS, épouse du conseiller
FRONTENAC, gouverneur de la Nouvelle-France,
    1672-82, 1689-98
LA SALLE, explorateur
THÉALA, princesse iroquoise, de la tribu des Tsonnontouans
MÈRE LEMIEUX, domestique au château St-Louis
OUARI, page iroquois
MONSEIGNEUR DE LAVAL, premier évêque de Québec,
    1674-88
LA CHENAYE, marchand,
    dirigeant de la Compagnie de la Ferme
D'AUTEUIL (François), procureur-général
    du Conseil Souverain
LA MARTINIÈRE, magistrat et conseiller
LAMBERVILLE, jésuite,
    supérieur des missions chez les Iroquois
MATHURIN, coureur de bois
LA TOURETTE, coureur de bois
DUBOIS, coureur de bois
PIGAROUICH, sachem algonquin
MONSIEUR PIERRE, valet de Frontenac
BARROIS, secrétaire de Frontenac
DAMOURS, conseiller
VILLERAY, conseiller
TILLY, conseiller

DULHUT, coureur de bois et explorateur
VEUVE
CHAMPIGNY, intendant, 1686-1702
VAUDREUIL, commandant des Troupes, gouverneur 1703-25
CALLIÈRES, gouverneur de Montréal 1684-98,
gouverneur de la Nouvelle-France, 1698-1703
CATHERINE LEMOYNE, épouse de Charles LeMoyne
JEANNE DE STE-HÉLÈNE, épouse de Ste-Hélène
OUANABOUCHIE, chef outaouais
LE BARON, chef huron
OUREHOUARÉ, un Iroquois de la tribu des Onontagués
MADAME DE CHAMPIGNY, épouse de l'intendant
PROVOST, le major de Québec
SUBERCASE, capitaine des Troupes
MÈRE JUCHEREAU, supérieure des Hospitalières
de l'Hôtel-Dieu
RELIGIEUSE HOSPITALIÈRE
MONSEIGNEUR DE ST-VALLIER, évêque de Québec,
1688-1704
MAREUIL, lieutenant des Troupes, acteur
SAVAGE, émissaire de Phips
LONGUEUIL, fils de Charles LeMoyne
ST-DENIS, capitaine des miliciens
SARAH GERRISH, fillette anglaise de la baie de Casco
AUMÔNIER
MADAME JOLLIET, épouse de Louis Jolliet, l'explorateur
LAMOTHE-CADILLAC, officier,
commandant de Michilimackinac
DU BOURGUÉ, soldat des Troupes de la Marine
MORIN, milicien
COMMIS
MISCOUAKY, chef outaouais
RAMEZAY, officier
SCHUYLER, capitaine de New York
DELLIUS, pasteur d'Albany
tavernier, clients, domestiques, gardes, messagers,
soldats, enfants de choeur, Abénaquis, Outaouais,

À la mémoire de mon père,
Elzéar Blais,
conteur émérite.

ACTE PREMIER

L'action se passe en Nouvelle -France, pendant le premier gouvernement de Frontenac(1672-1689) et traite particulièrement des événements qui se déroulèrent entre 1679 et 1682, et qui précipitèrent la révocation du gouverneur et de l'intendant.

Acte I, scène 1
Une taverne à Québec, un samedi soir de juillet.

LA TAUPINE, coureur de bois
LUSSIGNY, lieutenant de la garde du gouverneur
SERVEUSE
BIZARD, le major de Montréal
MARICOURT, 16 ans
STE-HÉLÈNE, 20 ans
D'IBERVILLE, 18 ans
BOUTHIER, marchand de La Rochelle
tavernier et quelques clients

Au lever du rideau, La Taupine, Bizard et Lussigny sont attablés autour d'un pichet de cognac. À une autre table, Bouthier et d'Iberville. Quelques clients. Ambiance animée: l'arrivée d'un bateau de France est toujours l'occasion de réjouissances. Sieur Bizard est déjà dans un état d'ébriété assez avancé. Le lieutenant boit peu, assumant d'une façon informelle et condescendante, la surveillance de ce visiteur de Montréal.

LA TAUPINE

(Versant une rasade à Bizard, que Lussigny n'arrive pas à interdire) Encore un p'tit coup, M'sieur Bizard? C'est pas tous les jours qu'un bateau arrive de France! *(Et à Lussigny, qui s'y oppose du doigt et de l'oeil)* Hein, lieutenant? Quand n'y en aura pus, y en aura encore! Allez, allez! Un p'tit feu dans les boyaux*, ça vous aidera à r'monter la côte de la Montagne* ! *(Il lui verse une rasade)*

LUSSIGNY

J'ai le mollet ferme, La Taupine. Et je n'y entends point de peine* à la gravir, cette côte!

LA TAUPINE

(À la serveuse, en lui tapant le derrière) Y a de ces monts qu'on gravit ben sans peine. Hein, donzelle* ?

Un p'tit feu dans les boyaux: effet brûlant de l'alcool dans les intestins.
Côte de la Montagne: chemin escarpé qui relie le port de Québec et la vieille basse-ville, à la haute-ville située au sommet de la falaise.
Je n'y entends point de peine: je n'ai pas à m'efforcer, à me donner du mal.
Donzelle: demoiselle; au XVII e siècle, fille de moeurs légères.

SERVEUSE

Mais qu'on réserve heureusement, aux mieux nantis* ! *(Les hommes s'esclaffent)* Je remplis votre pichet, Messieurs?

LUSSIGNY

(Sans lui répondre) À bon entendeur, salut* ! *(Rires)*

LA TAUPINE

(Retroussant sa manche) Vous voyez ce bras? Eh, ben, c'est le plus petit de mes membres! *(Rires)*

BIZARD

(Levant son verre) Aux bien membrés* ! Ils posséderont le Cap Diamant* ! *(Rires)*

SERVEUSE

Les filles de Québec ont grand-raison de se méfier des noceux de Montréal.

LA TAUPINE

J'en vois deux bonnes raisons, moi. Et les deux font péter votre corsage!*(Rires. La serveuse rougit, et s'éloigne, offusquée)* Les filles de Québec ont-i pas le tour d'inciter les passions, hein?

LUSSIGNY

Sans toutefois les couronner*, La Taupine.

LA TAUPINE

Pas comme à Montréal un jour de foire*, hein, M'sieur Bizard? Y a là moult* sauvagesses qui répugnent point* à trousser leur jupe pour un collier de porcelaine bleue*, ou un p'tit fût d'eau-de-vie*.

Aux mieux nantis: aux mieux pourvus, qui sont favorisés de certains avantages.
À bon entendeur, salut: que celui qui comprend bien en fasse son profit.
Aux bien membrés: qui ont les membres (ou le membre) vigoureux.
Cap Diamant: Cap-aux-Diamants, ainsi nommé ce promontoire qui s'avance dans le Saint-Laurent et sur lequel se trouve la ville de Québec.
Les couronner: les satisfaire.
La foire de Montréal: grand marché public au printemps où se rencontraient les Blancs et les Amérindiens pour le troc des fourrures.
Moult: beaucoup
Qui ne répugnent point: qui ne résistent pas.
Porcelaine bleue: un émail bleu et blanc que l'on tire d'un coquillage ressemblant à l'huître - très recherché des Amérindiens, à l'époque.
Fût d'eau-de-vie: tonneau de boisson.

LUSSIGNY

(Soudain sérieux) Il est question que le Conseil Souverain* sévisse contre le trafic d'eau-de-vie, en territoire indien...

LA TAUPINE

Baptême* ! Après l'excommunication, on va nous rabattre une amende!

LUSSIGNY

(Poursuivant)... et contre les coureurs de bois qui ne sont point munis de congés de traite*.

LA TAUPINE

Bon! Au sujet de ces maudits congés... Savez-vous, M'Sieur Bizard, que j'ai été mis aux arrêts par l'intendant Duchesneau, la semaine dernière?

BIZARD

T'avais pas ton permis, La Taupine?

LA TAUPINE

Oui, baptême, que je l'avais! Et signé par monsieur le gouverneur de Frontenac lui-même! Ce qui n'a pas empêché M'sieur l'intendant Duchesneau de confisquer mes fourrures, et de me sacrer au cachot* ! J'allais même comparaître devant le tribunal, torrieu* !

LUSSIGNY

(Enchaînant) ... lorsque la garde du gouverneur vint à la rescousse!

LA TAUPINE

(À Bizard) Voilà! C'est lieutenant Lussigny, là, *(indiquant Lussigny)* qui a dû me sortir de ce pétrin!

LUSSIGNY

(Poursuivant)... sur les ordres de Monsieur de Frontenac!

Conseil Souverain: conseil administratif en Nouvelle-France, fondé en 1663.
Baptême: juron.
Congé de traite ou congé: permis officiel permettant au détenteur d'aller faire la traite des fourrures directement dans les villages indiens.
Sacrer au cachot: mettre en prison.
Torrieu: juron.

LA TAUPINE

Vous voyez ça, M'sieur Bizard? L'intendant peut me mettre aux fers* parce que mon congé ne porte pas sa signature, et le gouverneur peut me relâcher parce que le congé porte la sienne!

LUSSIGNY

Le congé doit porter les deux signatures, depuis l'ordonnance de 78.

BIZARD

Qui est bien dans la faveur* de Monsieur de Frontenac, La Taupine, n'a rien à craindre.

LA TAUPINE

Rien à craindre? Baptême! Et quand il ne sera plus là, Monsieur de Frontenac? En attendant, c'est-i trop vous demander de m'obtenir un congé avec les deux signatures?

BIZARD

C'est fait, La Taupine. Je m'en porte garant*.

LA TAUPINE

(À part) Torrieu! Garant, pas garant, m'est avis* qu'i se porte pas pantoute*, lui, à soir! *(Élevant la voix un peu)* Et en sus, j'apprécierais fort une p'tite compensation pour mes peines, M'sieur Bizard. On a assez de courir tous les risques, et de manger toutes les misères, nous autres, dans le bois. On ne sait jamais ce qui nous pèse sur la tête, en rentrant à Québec! J'aurais pu être marqué du fer* et fouetté sur la grand-place. Ou ben, condamné aux galères à perpèt'... à perpèt'... tuité* ! ... que m'a dit l'intendant.

BIZARD

C'est de l'intimidation, La Taupine.

Mettre aux fers: enchaîner un prisonnier.
Être dans la faveur de: bénéficier des appuis de.
S'en porter garant: en offrir la garantie.
M'est avis que: il me semble que.
Pantoute: (canadianisme) pas du tout.
Marqué du fer: recevoir sur la chair, au moyen d'un fer rouge, la marque de son crime.
Condamné aux galères à perpétuité: condamné à ramer sur un vaisseau de guerre toute sa vie durant.

LUSSIGNY

Non, c'est la loi, Monsieur Bizard.

LA TAUPINE

Torrieu! Pourquoi c'é faire qu'on s'en prendrait-i toujours aux coureurs? Rien qu'aux coureurs! On n'est pas tout seus, nous aut' dans ce maudit commerce-là!

BIZARD

C'est vilain complot des jésuites pour imputer* aux coureurs la corruption des mœurs. N'est-ce pas, Lussigny?

LUSSIGNY

En effet. Question de se donner bonne conscience*.

LA TAUPINE

Qu'i z'imputent ailleurs! On la fait-i la traite, ou on la fait-i pas? I vont-i se brancher, ceuses-là qui commandent à Versailles? Parce que les Anglais d'Albany, là, i demandent pas mieux que de sauter dans not' talle*, si on s'en n'occupe pas!

LUSSIGNY

(Plus bas) Attention, La Taupine. Ce ne sont point paroles à prononcer tout haut.

BIZARD

Toute la colonie commence à ressembler à un nid de vipères! On ne sait plus à qui faire confiance! Les mauvaises langues sont partout!

LUSSIGNY

Les espions sont dans nos murs*, Monsieur Bizard.

Imputer: blâmer
Se donner bonne conscience: estimer, souvent à tort, n'avoir rien à se reprocher.
Sauter dans notre talle: se mêler de nos affaires, s'introduire dans notre territoire.
Dans nos murs: dans notre ville.

BIZARD

(Ne tenant pas compte de l'avertissesment de Lussigny, et divaguant) C'est dans le confessionnal qu'il se trouve, le nid de vipères, Lussigny. On n'a qu'à tirer la grille* pour voir où commence le réseau d'espionnage. C'est bonne intelligence* qu'elles vont donner là, nos pieuses dames! Elles mêlent les confidences de la couchette aux oraisons de la pénitence, et sans qu'on ait à leur fourrer la paume* de piécettes sonnantes. Quelques pas en direction de l'évêché et l'intelligence fait son chemin jusqu'à l'intendant! Ah, les mouchardes* pieuses! Que la lèpre leur mange la bouche, et la poitrine leur tombe en charogne* ! *(Sa voix s'élevant progressivement, dans un silence qui pèse dant toute la taverne tout d'un coup. Après un moment)*

LA TAUPINE

Encore un p'tit coup? C'est pas tous les jours qu'un bateau...

LUSSIGNY

(L'interrompant) Trève de beuverie*, La Taupine. *(Le bruit normal reprenant dans la taverne)* Nous sommes attendus... *(dirigeant un Bizard chancelant)* Par ici, Monsieur Bizard.

BIZARD

(Se penchant sur La Taupine) Toi, au moins, tu es tout de notre discrétion*, hein, La Taupine?

LA TAUPINE

Ah, comptez sur moi, M'sieur Bizard. Chus toujours sus l'bord du plus fort!

LUSSIGNY

Sois au rendez-vous, que tu nous puisses renseigner...

Grille: entrecroisement de petites lattes dans un confessionnal qui sépare le pénitent du confesseur.
Bonne intelligence: communication secrète, ou complicité entre personnes que les circonstances placent dans des camps opposés.
Fourrer la paume: mettre, flanquer dans la main.
Mouchard: espion, dénonciateur.
Charogne: cadavre en putréfaction, qui se décompose.
Trève de beuverie: arrêtons-nous de boire, assez de cette soûlerie.
Tu es tout de notre discrétion: tu dépends entièrement de nous

LA TAUPINE

Comptez sur moi! Motus et bouche cousue* ! Salut, les amis! *(Comme Lussigny conduit vers la sortie un Bizard bien chancelant, celui-ci se heurte contre deux clients qui arrivent: Ste-Hélène et Maricourt)*

BIZARD

Mais, prenez donc garde où vous marchez, espèces de malotrus*! Pour un peu, vous me tombiez sur les pieds! *(Ste-Hélène, le poing levé, est retenu par Maricourt)*

LUSSIGNY

(Un salut escamoté) Messieurs...*(à Bizard)* Par ici, Major. Je vous accompagne.
(Ils sortent, Bizard marmonnant de façon incompréhensible)

MARICOURT

Eh, ben, t'as vu le soulard? Le major de Montréal qui vient fêter à Québec!

STE-HÉLÈNE

Voilà un sac à vin qui est en bon chemin de recevoir la raclée* de sa vie!

D'IBERVILLE

(Apercevant ses frères) Hé, Ste-Hélène! Maricourt! *(Accolades)* Salut, mes frères!

STE-HÉLÈNE

D'Iberville, salut! *(À Bouthier, poignée de main)* Salut, Monsieur Bouthier!

MARICOURT

(L'accolade à d'Iberville, poignée de main à Bouthier) Monsieur Bouthier.

BOUTHIER

Ah, mes amis, c'est grande joie de vous voir! Et quel heureux hasard qui nous réunit ici, à Québec!

Motus et bouche cousue: interjection pour inviter quelqu'un à garder le silence.
Malotru: personne de manière grossière.
En bon chemin de recevoir la raclée de sa vie: en passe de s'attirer la correction de sa vie.

STE-HÉLÈNE

Un hasard, en effet! N'eût été ce brigantin*...*(à d'Iberville)* C'est bien le brigantin du père, qui mouille dans la rade* ?

D'IBERVILLE

Le même!

STE-HÉLÈNE

(Aux autres) Il n'est pas en âge, le p'tit frère. Vous voyez cela? Et sans permis. Plaise à Dieu que la prévôté* de Québec n'y mette point le grappin*. Il pourrait lui en coûter une bonne amende.

BOUTHIER

Oh, mais c'est grande merveille de voir votre jeune frère à la gouverne d'un bateau, Ste-Hélène! On se sent bien en sûreté, en vérité, car il connaît bien la côte!

D'IBERVILLE

Comme la paume de ma main! Je serai capitaine d'un trois-mâts avant que de toucher ma vingt-cinquième année, que je vous dis!

STE-HÉLÈNE

Le délire d'une imagination échauffée, Monsieur Bouthier.

BOUTHIER

Eh, bien, trinquons à ces grands exploits qui sont encore tout de l'imagination, mes amis! Et à la famille LeMoyne qui assure à la Nouvelle-France, une si grande progéniture de galants et hardis gentilshommes! («Aux LeMoyne!» *qu'ils disent en choeur, en levant leurs chopes).*

D'IBERVILLE

À votre avis, Monsieur Bouthier, qui est le plus valeureux dans ce pays: celui qui réussit à survivre ou celui qui réussit à procréer?

BOUTHIER

À vrai dire...

Brigantin: voilier à deux mâts, gréés à voiles carrées.
Mouiller dans la rade: ancrer dans le port.
Prévôté: gendarmerie ou corps de police.
Mettre le grappin sur: saisir, empoigner.

D'IBERVILLE

C'est discutable, vous en conviendrez! Un homme va-t-il se départir* de ses hauts-de-chausse* et de son mousquet pour procréer, quand les Iroquois rôdent dans les parages? *(Rires)* Il y pense à deux fois! *(Rires)*

STE-HÉLÈNE

«Vingt fois sur le métier, remettez votre ouvrage», comme dit le proverbe! *(Rires)*

D'IBERVILLE

C'est ainsi qu'on finit par engendrer la ténacité! *(Rires)* Trève de grivoiseries* ! *(De Maricourt)* Frérot rougit!

BOUTHIER

(À Maricourt) Tiens, Maricourt! *(Lui versant une rasade)* Un p'tit coup de cognac, et un homme reprend du poil de la bête* !

MARICOURT

(À la serveuse) Une chope de bière, mademoiselle... *(À la consternation des autres)* Mon père a dit qu'il nous fallait encourager l'industrie canadienne... *(Les autres s'esclaffant)* Pensez-y donc... quand le dernier bateau sera reparti pour la France, le vin sera remonté à soixante-dix livres le tonneau, alors qu'il ne se vend que dix livres, en France!

BOUTHIER

Ah, pardi! Je reconnais bien là, le fils d'un Normand!

D'IBERVILLE

Engendré entre deux négoces, celui-là! *(En parlant de Maricourt. Rires)* Alors que moi, de toute évidence, je fus engendré entre deux combats! *(Rires)*

Se départir de: se séparer de.
Haut-de-chausse: culotte, habillement masculin.
Grivoiserie: propos épicé.
Reprendre du poil de la bête: se ressaisir.

STE-HÉLÈNE

Peu probable. Ce devait être en '60, si mes calculs sont bons... Ce fut l'année où le père avait décidé de s'occuper de ses semailles au lieu de se joindre à la bande de Dollard des Ormeaux! *(D'Iberville interdit. Rire des autres)* Et le cultivateur dut céder aux exigences de la nature!

BOUTHIER

Votre père eût-il accompagné Dollard au Long Sault... oh, alors, qu'elle n'eût été la perte pour ce pays, mes amis!

D'IBERVILLE

En effet! La colonie eût été privée de l'unique et incomparable d'Iberville! *(Rire)*

STE-HÉLÈNE

(Comme la serveuse dépose un pichet de bière) Eh, bien, frérot Maricourt, buvons à la santé de Monsieur Talon qui a bien voulu nous léguer ses brasseries!

BOUTHIER

Guère de quoi s'enivrer, avec cette fleur de houblon...

MARICOURT

On ne sait jamais... La bière pourrait bien devenir une grossse industrie. *(Rires)* Peut-être même remplacer celle du castor! *(Rires)*

BOUTHIER

(Railleur) Mais, petit, c'est à un marchand de La Rochelle que tu racontes ces balivernes* ? Que deviendrions-nous à la Compagnie de la Ferme* sans le castor? Ce serait la ruine!

D'IBERVILLE

Monsieur Bouthier a déjà de sérieux ennuis de ce côté-là. C'est la raison pour laquelle nous sommes descendus à Québec.

Balivernes: propos futiles et creux.
Compagnie de la Ferme: compagnie formée par Oudiette et ses associés en 1675, avait le monopole des peaux de castor et d'orignal.

BOUTHIER
Vous savez comme moi, mes amis, que la situation à Montréal, est devenue intenable! Je viens loger des plaintes contre le gouverneur de Montréal, Monsieur Perrot, et je ne quitterai Québec avant que le Conseil Souverain ne soit saisi de cette affaire!

STE-HÉLÈNE
Monsieur de Frontenac aura sûrement été prévenu de votre arrivée... Vous avez reconnu notre major de Montréal, Monsieur Bizard?

D'IBERVILLE
Sans doute envoyé ici, par Monsieur Perrot...

BOUTHIER
Sacrebleu* ! Y a-t-il dans toute la colonie, d'escroc plus dangereux et plus infâme que ce Perrot? Pilleur, extorqueur et détourneur de fonds, et c'est le gouverneur de Montréal! Nous vivons une bien triste époque, mes amis, quand un tel scélérat peut user de son pouvoir pour acquérir grande fortune en terrorisant la population, et en violant impunément les lois. Et qui plus est, en se targuant" de cette protection que lui accorderait Monsieur le Comte lui-même, le représentant du Roi!

MARICOURT
S'il est escroc, comment pouvait-il devenir gouverneur de Montréal?

STE-HÉLÈNE
Nommé par les sulpiciens, sur la recommandation de Talon... Parce qu'il lui eût suffi, à ce coquin, d'épouser la nièce de Monsieur Talon!

D'IBERVILLE
Les bruits qui courent à ce sujet disent bien que Perrot et Frontenac seraient de connivence dans le trafic illicite des fourrures et de l'eau-de-vie.

Sacrebleu: juron.
Se targuer: se vanter.

BOUTHIER
Et quel outrage à Messire le Roi, s'il eût été démontré que son représentant en Canada, se livrât à un commerce de roturiers* !

D'IBERVILLE
Il y eut bien un temps, semble-t- il, où Perrot fut l'ennemi juré de Frontenac...

BOUTHIER
Au début, c'est vrai. Avant qu'arrive l'intendant Duchesneau, Monsieur de Frontenac gouvernait seul, et administrait la justice à ses propres fins. Il poursuivait les coureurs de bois affidés* de Perrot, et les punissait sévèrement. Perrot lui-même, a été emprisonné au château* et l'un de ses coureurs pendu à sa vue, devant la grille de son cachot.

D'IBERVILLE
Et maintenant, Perrot et Frontenac sont ligués contre l'intendant et le Conseil...

BOUTHIER
Contre les marchands et le clergé, aussi! Et nous entendons bien engager une action concertée, Messieurs, contre l'abus du pouvoir dans la colonie. Il ne sera pas dit que nous eussions toléré l'oppression et la violation des lois sans mot dire et sans récrimination! Voilà qui a assez duré, enfin! Quand un honnête citoyen n'est plus en sûreté dans les rues de Montréal...

D'IBERVILLE
Mes frères, à ce sujet, vous saurez que Monsieur Bouthier et moi avons vécu une très cocasse histoire de cape et d'épée, juste avant que de quitter Montréal!

BOUTHIER
Ah, mais, je l'ai échappé belle! Il me poursuivait dans les rues de Montréal, l'épée tirée!...

Roturier: qui n'est pas noble et de condition inférieure.
Affidé: un complice, prêt à tout.
Château: le château Saint-Louis à Québec, la résidence du gouverneur de la Nouvelle-France.

MARICOURT

Mais, qui, qui?

D'IBERVILLE

Mais, Perrot! Le gouverneur de Montréal, en propre personne* !

STE-HÉLÈNE

Tu délires* !

D'IBERVILLE

Non, pas cette fois.

BOUTHIER

Hélas, c'est la triste vérité. Voilà bien où nous en sommes...

D'IBERVILLE

(Fanfaron) Monsieur Bouthier et moi étions à souper chez Jean-Baptiste Migeon, le bailli*, à discuter des manigances de Perrot...

BOUTHIER

(Ton de confidence) Ah, mais des méfaits qu'on ne peut plus compter! Il encourage les soldats du Roi à déserter pour se les rattacher à son service, comme coureur de bois!

D'IBERVILLE

(Fanfaron) Eh, bien, voilà... Monsieur Bouthier parlait justement de ce trafic d'eau-de-vie auquel se livrent les coureurs de bois...

BOUTHIER

(L'interrompant à nouveau, ton de confidence) Et de surcroît, vous saurez que Perrot baptise le cognac d'une bonne quantité d'eau pour augmenter le nombre de ses tonneaux!

D'IBERVILLE

(Poursuivant) Nous étions attablés chez Migeon, devant cette fenêtre qui donne sur la rue...

En propre personne: lui-même, en personne.
Tu délires: tu divagues, tu déraisonnes.
Bailli: officier qui rend justice et qui procède aux arrestations au nom de l'autorité (roi ou seigneur).

BOUTHIER

(Enjoignant)... et en parlant du Diable, voilà qu'il nous apparaît entre les croisées ouvertes, roulant des yeux furibonds*, et grimaçant dans un rictus* retroussé jusqu'aux orbites!

D'IBERVILLE

Notre stupéfaction fut telle, que personne ne bougea un instant, et Perrot, le gouverneur de Montréal en propre personne, eut tôt fait d'assener* à Monsieur Bouthier un dur coup de canne sur la tête! *(Pouffant de rire)*

BOUTHIER

(Sérieux, se frottant la tempe) Et avant que d'être pleinement ressaisi, j'étais poursuivi par ce fol matamore*, qui brandissait l'épée et prodiguait les invectives*.

D'IBERVILLE

«Chien de calviniste* ! Poltron* ! J'aurai tes tripes*!» criait Perrot.*(Rire)* Une vraie course au gibier dans un nuage de poussière! Les dames glapissant comme des volailles effarouchées! C'est-i pas bouffon, hein?

BOUTHIER

En vérité, j'ai cru ma dernière heure venue, quand j'aperçus soudain, le séminaire!

D'IBERVILLE

Où il clama: «Asile! Asile* !» en escaladant les murs comme un écureux*, le feu au cul! *(Rire)*

Furibond: qui témoigne d'une grande fureur.
Rictus: position des lèvres qui donne l'impression d'un rire forcé ou d'un sourire grimaçant.
Assener: frapper d'un coup violent.
Matamore: un faux brave, un fanfaron.
Prodiguer les invectives: se répandre en paroles violentes contre quelqu'un.
Chien de calviniste: terme d'injure, canaille.
Poltron: lâche, peureux.
J'aurai tes tripes: je te tuerai.
Asile!: le droit d'asile est une immunité en vertu de laquelle une autorité (religieuse) peut offrir l'accès d'un lieu à une personne poursuivie et l'interdire à ses poursuivants.
Écureux: (canadianisme) écureuil.

BOUTHIER
En constatant le triste état dans lequel je me trouvais, le Père supérieur, Dollier de Casson, me combla de maintes attentions... Heureusement... ce qui me permit de reprendre mes esprits...

D'IBERVILLE
Et quand j'allai frapper au séminaire pour m'enquérir du commerçant de La Rochelle, voici que se présente à moi un sulpicien bien penaud*, accoutré d'une très ample soutane, et d'une barrette* descendue jusqu'aux oreilles!

MARICOURT
C'était Monsieur Bouthier?

D'IBERVILLE
En propre personne! *(Rire)* Monsieur Bouthier avait pris l'habit* !

BOUTHIER
N'en déplaise à Dieu, Monsieur Dollier de Casson a bien voulu me prêter ce petit déguisement pour déjouer mon poursuivant...

STE-HÉLÈNE
Et mon frère d'Iberville, de vous obliger* d'un petit brigantin bien modeste, pour fuir en direction de Québec!...

D'IBERVILLE
À découvert dans un canot, Monsieur Bouthier n'eût point de chance d'échapper à Perrot. Mais dans un deux-mâts, on peut livrer bataille. Pas vrai, Monsieur Bouthier?

BOUTHIER
Ah, que cependant, d'Iberville, pour châtier l'imposture* et réparer l'honneur lésé*, il vaille mieux avoir recours à la justice. Ce sont choses qu'il faille installer dans le cœur.

Penaud: confus, embarrassé, humilié.
Barrette: toque carrée à trois ou quatre pointes portée par les ecclésiastiques.
Prendre l'habit: devenir prêtre ou moine.
De vous obliger: de vous rendre service, de vous accommoder.
Châtier l'imposture: punir la tromperie.
Lésé: attaqué, blessé.

MARICOURT

C'est bel enseignement que vous nous donnez là, Monsieur Bouthier...

D'IBERVILLE

Tonnerre! Quand le traître vient fondre à l'improviste*, vaut mieux le défier céans* en combat singulier* et le barder d'acier*, le félon* !

BOUTHIER

La prévôté est impuissante, à Montréal. Rappelez-vous, Monsieur Bouthier... quand Migeon, le bailli, mit aux arrêts* les coureurs de Perrot, qu'est-il arrivé? Perrot jeta le bailli en prison, et saisit tous ses biens!

STE-HÉLÈNE

De surcroît, il cantonna dans la maison du bailli, un sergent et deux gardes qui y causèrent grand dommage et dégât, pendant que la pauvre madame Migeon, elle, souffrait terrassée par les douleurs d'accouchement!

D'IBERVILLE

Perrot emprisonne quand il lui plaît les gardes du bailli!

STE-HÉLÈNE

Ou encore, il envoie ses fiers-à-bras* leur casser les reins! En 74, le Bizard qu'on a vu ici ce soir, allait à Montréal pour **arrêter** les coureurs de Perrot. Aujourd'hui, il est le major de Montréal pour **protéger** les coureurs de Perrot.

D'IBERVILLE

Notre voisin, qui a osé critiquer les activités du gouverneur de Montréal, a constaté un beau matin que tous les arbres de son verger avaient été abattus pendant la nuit!

Fondre à l'improviste: se précipiter sur quelqu'un pour le surprendre.
Le défier céans: le provoquer sur place.
En combat singulier: à un duel entre une personne et un seul adversaire.
Le barder d'acier: le couvrir de lames de fer (de coups d'épée).
Félon: hypocrite.
Mettre aux arrêts: infliger une mesure disciplinaire de nature restrictive.
Fier-à-bras: de Fierabras, d'un géant sarrasin des chansons de geste, vers 1300.

BOUTHIER

C'est un bien triste temps d'anarchie et de terrorisme que nous vivons à Montréal, depuis les années 70. Mais l'ordre et la justice prévaudront, mes amis! Nous sommes ici pour tenter des redressements*. Il faut avoir grande confiance dans l'avenir.

D'IBERVILLE

Tonnerre! L'avenir, c'est nous! *(Levant sa chope)* Aux canayens! («Aux canayens!», *qu'ils répètent tous)* Nous saurons battre en brèche * toute cette canaille*, Monsieur Bouthier!

STE-HÉLÈNE

Vous permettez, Monsieur Bouthier, que les frères LeMoyne vous accompagnent chez Monsieur de La Chenaye? Il arrive de France, et on nous promet joyeuse bombance * pour ce soir.

BOUTHIER

Allons chez La Chenaye, mes amis! J'en profiterai pour lui intimer les griefs* qui nous accablent.

STE-HÉLÈNE

C'est ça! La Chenaye est le mieux placé pour faire part à Monsieur l'intendant, de toute cette histoire. *(Ils sortent, en saluant le tavernier. Lumière sur La Taupine qui les regarde sortir).*

Redressement: action de corriger.
Battre en brèche: attaquer par l'ouverture, la faille.
Canaille: ramassis de gens méprisables.
Joyeuse bombance: festin, très bon repas.
Intimer les griefs: signifier, faire part des plaintes, des reproches.

Acte I, scène 2

Chez l'intendant Duchesneau, dimanche matin.

DUCHESNEAU, 52 ans
PEUVRET, 47 ans
VAULTIER, 60 ans
NICOLAS DUCHESNEAU, 16 ans
MADAME VILLERAY, 48 ans
MADAME TILLY, 50 ans
MADAME DAMOURS, 39 ans

(Vaultier s'approche de l'intendant penché sur une liasse de dépêches et de feuillets de France)

DUCHESNEAU
(S'apercevant de la présence du valet) Oui, Vaultier?

VAULTIER
Monseigneur peut recevoir ce matin? Il y a là monsieur Peuvret, le greffier du Conseil, qui vous demande un moment d'audience.

DUCHESNEAU
Faites entrer.

PEUVRET
(Vaultier ayant signalé à Peuvret d'entrer, celui-ci se présente dans le cabinet de l'intendant) Mille excuses, Monsieur Duchesneau, si je viens vous interrompre dans votre travail...

DUCHESNEAU
(Le corrigeant vivement) Dans mes dévotions dominicales*, Monsieur Peuvret. C'est dimanche, aujourd'hui.

PEUVRET
Ne vous en déplaise*, Monsieur l'intendant, mais l'affaire est d'une certaine urgence.

Dévotions dominicales: pratiques religieuses du dimanche.
Ne vous en déplaise: quoi que vous en pensiez; que cela vous plaise ou vous déplaise.

DUCHESNEAU

Ainsi que l'atteste votre hâte à me voir, Monsieur Peuvret.

PEUVRET

Monsieur de Frontenac me fit mander, hier soir, au Château .Saint-Louis. Et je viens vous faire rapport, comme nous en étions convenus.

DUCHESNEAU

Monsieur le Comte vous aurait-il exposé son sentiment* sur la question dont on a, cette semaine, débattu* en Conseil?

PEUVRET

En effet, Monsieur Duchesneau, et de façon fort orageuse. Monsieur le Comte tient toujours à s'intituler* «Chef et président du Conseil Souverain», et dans les registres et procès-verbaux du Conseil.

DUCHESNEAU

Ah, Monsieur Peuvret, à ce sujet, nous vous saurons gré* de ne point céder aux manoeuvres d'intimidation de Monsieur de Frontenac.

PEUVRET

Hélas, Monsieur Duchesneau, je ne suis qu'un pauvre clerc* soumis aux ordres..

DUCHESNEAU

Vous êtes greffier et secrétaire du Conseil Souverain, Monsieur Peuvret, et il vous incombe* de respecter fidèlement les volontés du Conseil en ce qui concerne l'intitulation* de Monsieur de Frontenac.

Exposer son sentiment: exprimer son opinion.
La question dont on a débattu: (anc.v.tr.ind.) le sujet dont on a discuté.
S'intituler: se donner le titre, le nom de.
Savoir gré de: être reconnaissant de.
Clerc: employé des études d'officiers publics et ministériels.
Il vous incombe: c'est à vous que revient le devoir de.
L'intitulation: (anc.) acte par lequel on donne le titre, le nom de.

PEUVRET

Les volontés de Monsieur de Frontenac sont non moins impérieuses quand elles s'accompagnent de coups de poing sur la table, et d'invectives* qu'on n'oserait répéter. Monsieur le Comte était à souper quand j'arrivai au château, et guère d'humeur conciliante.

DUCHESNEAU

Un fidèle serviteur de sa Majesté ne saurait prétexter les sorties orageuses* du gouverneur pour remanier les procès-verbaux, Monsieur Peuvret. Nous ne tolérerons plus que Monsieur le gouverneur s'intitule «Chef et président du Conseil Souverain», quand il revient à l'intendant de présider les réunions du Conseil.

PEUVRET

(Cherchant quelque feuillet dans la chemise de vélin) Oui, Monsieur l'intendant. Mais on a bien vu dans une ou deux dépêches* de la cour, figurer ce titre à l'adresse de Monsieur le Comte... Ce sur quoi s'appuie Monsieur le gouverneur quand il dit que...

DUCHESNEAU

Un lapsus* tout au plus, de la part d'un secrétaire distrait, à Versailles, Monsieur Peuvret.

PEUVRET

En effet, tous les conseillers en sont convenus là-dessus, Monsieur Duchesneau...

DUCHESNEAU

Aussi, attendons-nous des précisions de la cour, à ce sujet. Ce serait trop présumer de la langue que de lui prêter des nuances qui ne peuvent concorder avec la raison*. Est président, qui préside. N'est-ce pas, Monsieur Peuvret? Or, Monsieur le Comte ne préside pas. Donc, Monsieur le Comte n'est pas président.

Invective: parole ou suite de paroles violentes contre quelqu'un ou quelque chose.
Sortie orageuse: attaque verbale agitée.
Dépêche: lettre concernant les affaires publiques.
Lapsus: emploi involontaire d'un mot pour un autre, en langage parlé ou écrit.
Nuances qui ne concordent pas avec la raison: significations dépourvues de sens, distinctions irrationnelles.

PEUVRET

Euh, en effet, Monsieur Duchesneau. Voilà qui est bien démontré. Enfin, pour ne point prolonger le débat, j'avais cru bon d'y intercaler cette petite formule très simple, très sobre...*(Et l'indiquant de l'index sur le feuillet qu'il présente à Duchesneau)* Voyez vous-même... *(et lisant)* «Le Conseil assemblé auquel participèrent monsieur le gouverneur et monsieur l'intendant...»

DUCHESNEAU

C'est bonne adresse* et louable intention* dont je vous sais gré, Monsieur Peuvret.

PEUVRET

Hélas, ni l'adresse ni l'intention ne furent prisées* par Monsieur le Comte, qui s'emporta aussitôt dans une grande colère, en prenant connaissance du procès-verbal.

DUCHESNEAU

Et Monsieur de Frontenac vous aurait obligé encore une fois de remanier* le texte?

PEUVRET

... de reprendre le texte sous sa dictée. Certes, oui. Comprenez mon dilemme, Monsieur l'intendant... Je ne pouvais qu'obéir...

DUCHESNEAU

Faites-moi connaître ce texte que vous a dicté Monsieur le gouverneur.

PEUVRET

Textuellement, oui... voilà, textuellement le texte dicté, que voilà... euh... *(lisant)* «Le Conseil assemblé auquel participèrent Monsieur le Gouverneur, Chef et président dudit Conseil, Monsieur de Laval, évêque de Québec, Monsieur l'Intendant, remplissant les fonctions de président, selon la proclamation du Roi...»

C'est bonne adresse: qui témoigne d'habileté, de doigté, de diplomatie.
Louable intention: dessein, but méritoire.
Priser: apprécier, estimer.
Remanier le texte: retoucher, modifier le texte.

DUCHESNEAU

(Répétant) ...«remplissant les fonctions de président...» Ah, voilà une tournure qui n'est point dépourvue d'astuce. Mais qui suggère que le pouvoir de présider les réunions me serait délégué tout au plus, par le président, Monsieur le gouverneur. Ce qui est inadmissible. Monsieur Peuvret. Vous reprendrez les formules «monsieur le gouverneur et monsieur l'intendant» jusqu'à nouvel ordre de la cour.

PEUVRET

Monsieur le Comte a menacé de me destituer de ma charge*, si je ne me conformais pas...

DUCHESNEAU

Monsieur Peuvret, vous détenez vos appointements* de l'autorité royale. Il vous faut résister à l'intimidation.

PEUVRET

Mais, j'ai résisté! Et de toutes mes forces! J'ai dit à Monsieur le Comte que je démissionnerais plutôt que de lui céder les dossiers judiciaires qu'il voulait voir...

DUCHESNEAU

Les dossiers judiciaires! Que dites-vous là? Mais de quoi s'agit-il encore, Monsieur Peuvret?

PEUVRET

Monsieur le Comte voulait voir les dépositions des témoins, dans le cas de... de...

DUCHESNEAU

Mais cessez de bafouiller, Monsieur Peuvret!

PEUVRET

Dans le cas de la femme d'Ignace Bonhomme... Celle qui a été accusée d'avoir insulté Monsieur de Frontenac... c'est-à-dire, d'avoir invectivé contre les mesures tyranniques de Monsieur le gouverneur...

Le destituer de sa charge: le priver de son emploi.
Vos appointements: votre salaire.

DUCHESNEAU

Ah, j'en ai souvenance... Madame Bonhomme alléguant* des brutalités de la part des gardes de Monsieur le gouverneur....

PEUVRET

... Et Monsieur le gouverneur alléguant l'insubordination de la part d'un sujet* de sa Majesté... C'est bien le cas dont il s'agit, Monsieur Duchesneau...

DUCHESNEAU

Et vous lui auriez livré* les dépositions des témoins, alors qu'il est lui-même l'accusateur dans ce litige* ?

PEUVRET

Il m'accabla d'injures et de menaces en me saisissant par la cravate et en m'acculant au mur. J'ai dit à Monsieur le Comte, que je démissionnerais avant que de lui livrer ces dossiers judiciaires. «Dussiez-vous être démis de votre charge*, Monsieur Peuvret, me dit-il, que je vous obligerais encore à comparaître devant moi, toutes les semaines, ne serait-ce que pour mon amusement!» Sur ce, il me menaça d'emprisonnement.

DUCHESNEAU

La justice ne peut souffrir une telle infraction, Monsieur Peuvret.

PEUVRET

Mais, le greffier ne peut résister à une telle intimidation, Monsieur Duchesneau... Je suis veuf et seul soutien de mes cinq enfants... Qu'adviendra-t-il d'eux si Monsieur de Frontenac me jette au cachot?

DUCHESNEAU

Lorsque l'affaire sera portée devant le Roi, comme cela ne manquera pas de se produire...

Alléguer: avancer (un fait, une justification).
Un sujet: personne soumise à une autorité souveraine.
Livrer: remettre.
Litige: procès, contestation.
Dusssiez-vous être démis de votre charge: même si vous étiez chassé de votre emploi.

PEUVRET

En attendant, mon petit commerce s'effondrerait. Nous commençons à peine nos opérations dans cette petite scierie que j'ai construite au printemps... Comprenez mon dilemme, Monsieur Duchesneau. Défier* Monsieur le gouverneur, c'est défier l'autorité royale, dont Monsieur le Comte est investi*...

DUCHESNEAU

Lui livrer les dossiers judiciaires, c'est vous rendre complice d'une grave infraction, Monsieur Peuvret.

PEUVRET

Et les lui refuser m'eût valu une accusation de désobéissance et de sédition*.

DUCHESNEAU

Mieux vaut les fers que de trahir sa charge!

PEUVRET

Oh, je ne suis point un traître, Monsieur Duchesneau, mais un très fidèle et dévoué serviteur de Sa Majesté.

NICOLAS

(Faisant irruption dans le cabinet) Trève de dévotions, mon père! La providence vous en fait grâce* pour accueillir ces trois dames que j'ai croisées au sortir de la messe. *(Et voyant Peuvret)* Oh, mille excuses, j'ignorais que vous étiez là, Peuvret!

DUCHESNEAU

(À Peuvret) Il faudra que le Conseil soit saisi de cette affaire dès la prochaine réunion du Conseil, Monsieur Peuvret.

PEUVRET

(À Duchesneau, se retirant) Que Dieu vous ait en sa garde, Monsieur l'intendant. *(Saluant Nicolas)* Monsieur Nicolas. *(Il sort)*

Défier: refuser de se soumettre à.
Investi: revêtu d'un pouvoir.
Sédition: insurrection, révolte.
Vous en fait grâce: vous en excuse, vous en dispense.

DUCHESNEAU

(À Nicolas) Enfin, Nicolas, convient-il de faire irruption dans le cabinet de ton père quand il s'entretient de choses d'État?

NICOLAS

(Déclamant un peu) Quand il me tarderait de voir mon père, conviendrait-il de reculer devant les portes closes?

MADAME DAMOURS

(S'introduisant dans le cabinet, suivie de mesdames Tilly et Villeray) Votre fils a grand talent à débiter les galanteries*, Monsieur Duchesneau!

DUCHESNEAU

Et grand talent à pasticher* le grand Corneille, que m'assure son précepteur*. *(Les accueillant)* Madame Damours, Madame Tilly, Madame Villeray, je suis ravi... *(leur indiquant des sièges)*

MADAME VILLERAY

En France, paraît-il, la jeunesse serait fort éprise de ces héros que propose le théâtre de monsieur Corneille.

MADAME TILLY

Vous avez dû constater, Monsieur Duchesneau, depuis votre arrivée en Canada, que le manque de culture n'est pas la moindre des privations que nous impose l'éloignement...

MADAME DAMOURS

Moi, j'ai pour mon dire que s'il y a une aventure plus grande que celle que l'on lit, c'est bien celle que l'on vit. Et en Canada, la jeunesse n'a que faire des héros inventés. Encore moins des héros inventés par les autres!

DUCHESNEAU

J'aurais rêvé que mon fils étudiât le droit, car il n'est pas insensible aux propos juridiques qui sont courants dans cette maison.

Débiter les galanteries: dire des propos flatteurs (à une dame).
Pasticher: imiter la manière, le style de.
Précepteur: personne chargée de l'instruction d'un enfant qui ne fréquente pas une école ou un collège.

NICOLAS

Mais j'ai trop de respect pour les lois, pour me faire légiste*, mon père. Comme disait notre boucher: « Qui aime les lois et la saucisse ne devrait jamais voir comment elles sont faites!» *(Rires)* Sur ce, mesdames, mon père, je vous tire ma révérence! *(Il sort)*

MADAME DAMOURS

Il a la langue bien pendue*, votre fiston!

DUCHESNEAU

La fanfaronnade* ne lui est guère étrangère, hélas. Sa mère eût-elle vécu plus longtemps, il eût certainement été touché de cette réserve* doucement civilisatrice qui distingue tout gentilhomme, n'est-ce pas? Ah, mesdames, ce n'est point chose facile pour un homme seul, d'élever un enfant dans cette colonie où règne une si grande émancipation!

MADAME DAMOURS

Cher monsieur Duchesneau, la situation n'est guère plus gaie pour une femme seule, comme madame Villeray, qui en a trois *(indiquant madame Villeray)*... ou une femme seule, comme madame Tilly... *(indiquant madame Tilly)* qui en a quinze! Et je parle en connaissance de cause, ayant été gratifiée* pareillement, de quinze marmots, Monsieurl'intendant.

MADAME VILLERAY

Nous sommes sans mari depuis trois mois, Monsieur Duchesneau. Et c'est la raison qui nous amène ici, ce matin. Mon mari est à quinze lieues de Québec, séquestré dans la maison du Sieur Berthelot, et surveillé nuit et jour par les gardes de Monsieur de Frontenac. N'est-ce point là mesure odieuse* à l'endroit du premier conseiller?

Légiste: spécialiste des lois.
Avoir la langue bien pendue: parler facilement, être bavard.
Fanfaronnade: propos, actes marqués de vantardise.
Réserve: qualité qui consiste à se garder de tout excès dans les propos, les jugements.
Gratifié: pourvu, doté, ayant reçu en bonne quantité.
Mesure odieuse: moyen détestable, insupportable.

MADAME TILLY
Et mon mari, Charles, qui est à Beauport chez Juchereau St-Denis... Il est si grandement chagriné de voir la maison de son beau-frère entourée de gardes, et la famille de sa sœur, soumise à pareil traitement...

MADAME VILLERAY
Qui s'occupera, à la place de mon mari, de la perception des taxes sur les marchandises qui nous arrivent de France? Et toutes ces terres que nous avons ensemencées ce printemps, qui s'en occupera?

MADAME TILLY
La perte de nos récoltes pourrait être considérable, il ne fait aucun doute.

MADAME VILLERAY
Nous serons dédommagés, dussions-nous nous rendre en France pour présenter notre requête au Roi!

DUCHESNEAU
Mesdames, je vous prie... L'affaire a été portée devant le roi, dès ce printemps, et sa Majesté elle-même ne tardera pas de faire connaître son jugement là-dessus. Il y est peut-être déjà, dans ces dépêches *(indiquant la paperasse)* qui nous arrivent de la cour.

MADAME TILLY
L'éloignement nous ménage de si longues et de si fâcheuses attentes, Monsieur Duchesneau...

MADAME DAMOURS
La dépêche tant attendue serait là sur votre table, que cela ne ramènerait pas ce cher Monsieur d'Auteuil qui est trépassé cette semaine...

DUCHESNEAU
Voilà qui est regrettable, bien regrettable, en vérité. Dieu a rappelé à Lui l'âme de notre bien-aimé frère, Denis-Joseph d'Auteuil, et la perte de ce dévoué conseiller est une dure affliction pour la colonie. J'ai ouï dire, madame Damours, que vous vous étiez portée au secours de la famille d'Auteuil dans leur grande affliction...

MADAME DAMOURS
En effet, je me suis rendue à Sillery pour lui prodiguer quelques soins. Monsieur de Frontenac n'était point sans savoir que le procureur-général était souffrant d'une affection pulmonaire, quand il l'a banni à la campagne.

MADAME TILLY
Loin de tout secours médical, son état ne pouvait que s'aggraver.

MADAME DAMOURS
Je l'ai trouvé saisi de fièvres et d'angoisses*, secoué par vilaine toux qui gênait la respiration. Les yeux vitreux, mi-clos... Un pauvre vieillard aux traits effondrés... Que cela fait grand pitié dans l'agonie, un homme qui n'a point connu de bonheur dans le mariage...

MADAME TILLY
Abandonné de sa femme, et depuis vingt ans, seul avec son fils.

MADAME DAMOURS
Quand nous l'avons conduit à l'Hôtel-Dieu, il était trop tard. Il expira au bout de son souffle, le pauvre homme.

MADAME VILLERAY
Monsieur de Frontenac sera tenu responsable de la mort du premier procureur-général de cette colonie.

MADAME TILLY
Un bien lourd fardeau sur la conscience de Monsieur le gouverneur...

MADAME DAMOURS
Plaise à Dieu qu'il n'en soit jamais soulagé!

DUCHESNEAU
Mesdames, il faut implorer, pour Monsieur d'Auteuil, la miséricorde dont chaque homme a égal besoin devant le tribunal de Notre-Seigneur, et que celui qui lui fit tort ou injure en ait pénitence au coeur*.

Saisi d'angoisses: malaise accompagné de constriction laryngée (gorge serrée).
Pénitence au coeur: un regret profond et sincère.

MADAME DAMOURS
Moi, j'en garderai grief* au gouverneur durant tout mon vivant!

MADAME VILLERAY
Enfin, combien de temps encore, doit durer notre veuvage, Monsieur Duchesneau?

MADAME DAMOURS
Trois conseillers sont expulsés du Conseil et bannis à la campagne sur les ordres de Monsieur de Frontenac. L'un est décédé par suite de ces mesures. Et pourquoi? Pour une peccadille!

DUCHESNEAU
Pour défendre un principe, madame Damours!

MADAME DAMOURS
Pour une sottise, Monsieur l'intendant. Paralyser toute l'administration de la colonie pendant des mois, pour une question d'intitulation dans un procès-verbal, voilà qui s'appelle sottise et bien grande folie!

DUCHESNEAU
Il fallait résister à Monsieur de Frontenac. En s'arrogeant les titres, il n'hésiterait point de s'en arroger les attributions*.

MADAME DAMOURS
Beau dommage! il fallait lui résister! Mais avant qu'il ne disperse tous vos effectifs*, voyons!

MADAME VILLERAY
Avant qu'il n'ait l'occasion d'agir et de prendre des mesures répressives, monsieur Duchesneau.

MADAME TILLY
D'où vient que le Conseil Souverain soit si hésitant et si impuissant, Monsieur l'intendant? N'êtes-vous point neuf voix contre une, au Conseil, et donc majoritaires?

Garder grief: blâmer, reprocher.
Attributions: pouvoirs attribués au titulaire d'une fonction.
Beau dommage!: interjection affirmative (expression dialectale) signifiant «certainement».
Disperser les effectifs: éparpiller les troupes.

DUCHESNEAU

Monsieur le gouverneur agit au nom du roi dans ce pays, mesdames. Et un ordre écrit de sa main tient lieu d'ordonnance*.

MADAME DAMOURS

Tout le monde agit au nom du roi dans ce pays, il me semble. Et pour des fins bien diverses.

MADAME VILLERAY

Et pour des raisons dont Messire le Roi lui-même ne saurait approuver la validité.

MADAME DAMOURS

Vous vous laissez intimider par les manœuvres de Monsieur de Frontenac, et bien inutilement. Il faut agir avec décision et célérité, Monsieur Duchesneau! Ai-je reculé devant les menaces des gardes, moi, quand j'ai dû franchir leurs lignes pour conduire Monsieur d'Auteuil à l'Hôtel-Dieu?

DUCHESNEAU

Qui se permet de transgresser les ordres de Monsieur le gouverneur défie l'autorité royale... dont Monsieur le Comte est investi... et se rend coupable de sédition...

MADAME DAMOURS

Des balivernes, Monsieur l'intendant! Sauf le respect que je vous dois... Il n'y aurait que Monsieur le Comte à y voir là, sédition... alors qu'il y a huit mille habitants à y voir là, répression. Nous n'avons nul besoin de tyrannie dans cette colonie, Monsieur l'intendant. La vie y est trop dure...

MADAME VILLERAY

N'auriez-vous pas déclaré vous-même, en Conseil, que selon l'ordonnance de 75, Monsieur le gouverneur n'occuperait un siège en Conseil, qu'à titre honorifique*, ne faisant guère plus que figure de proue* ?

Tenir lieu d'ordonnance: servir de décret, de règlement.
À titre honorifique: qui confère des honneurs sans avantages matériels, sans droit.
Figure de proue: tête (d'une personne, d'un animal) à la proue (à l'avant) des anciens navires à voiles.

DUCHESNEAU

Il est donc vrai que l'on ne puisse rien vous cacher, mesdames? Dieu nous vienne-t-en aide si jamais vous obteniez le droit de suffrage* dans nos délibérations!

MADAME VILLERAY

Vos délibérations ne s'en porteraient que mieux, y gagnant de nos lumières* ! *(Rires)*

NICOLAS

(Apparaissant à la porte) Mille excuses, mesdames, mon père. La bonne Berthe a préparé un bon hochepot de volaille* pour ce déjeuner dominical auquel nous sommes tous conviés!

DUCHESNEAU

(Devant l'hésitation des dames) Oh, mesdames, vous voyez devant vous un veuf et un orphelin qui seraient comblés d'être ainsi honorés de votre présence!

MADAME DAMOURS

(À madame Villeray) Eh, Catherine? *(À madame Tilly)* Geneviève?

MADAME TILLY

La marmaille s'en tirera fort bien, je crois Marie.

MADAME DAMOURS

Monsieur Duchesneau, ce n'est pas de refus!

DUCHESNEAU

(S'inclinant, les fait passer devant lui. À Nicolas) Après ce déjeuner, mon fils, je saurai si je dois te destiner à une brillante carrière dans la diplomatie ou... au théâtre! *(Ils sortent)*

Droit de suffrage: droit d'exprimer sa volonté dans des décisions politiques; droit de vote.
Lumières: connaissances.
Hochepot de volaille: (de ouchepot, 1264) sorte de ragoût fait de boeuf, de volaille cuits sans eau avec des navets et des marrons.

Acte I, scène 3

La scène se passe au Château Saint-Louis, la même journée.

FRONTENAC, 58 ans, gouverneur de la Nouvelle-France
LA SALLE, 37 ans, explorateur
THÉALA, princesse iroquoise
MÈRE LEMIEUX, domestique
OUARI, page indien

THÉALA

Théala a servi La Salle dans ses manœuvres, La Salle doit servir Théala à son tour.

LA SALLE

Tu es prisonnière du gouverneur, Théala. Et La Salle ne peut t'affranchir de ta captivité.

THÉALA

Dans ma tribu, une Iroquoise a le pouvoir de vie ou de mort sur les prisonniers que ramènent les guerriers. Le grand explorateur La Salle aurait-il moins de pouvoir qu'une femme?

LA SALLE

La Salle doit permettre à Monsieur de Frontenac d'exercer un plus grand pouvoir sur tous les chefs iroquois. En détenant comme otage la fille du chef des Tsonnontouans, Monsieur de Frontenac obligera les Cinq-Nations* de le rencontrer en conseil de paix, et de sceller une alliance avec les Français.

THÉALA

À Cataracoui, l'Onontio* se disait le Père des Iroquois, prêt à défendre ses enfants contre l'ennemi, et à leur fournir des mousquets et du plomb. L'Onontio n'a pas tenu sa parole. L'Onontio est un ver rongeur qui se repaît d'imposture* !

Cinq-Nations: confédération des cinq nations iroquoises - les Agniers (Mohawks), les Onontagués (Onondagas), les Onneyouts (Oneidas), les Goyogouins (Cayugas), les Tsonnontouans (Senecas) - établies au sud du lac Ontario.
Onontio: nom indien signifiant «grande montagne». Depuis le gouverneur Montmagny (du latin, mons magna,«grande montagne»), c'est-à-dire, Onontio, par les Amérindiens. Ici, il s'agit du gouverneur Frontenac.
Se repaître d'imposture: se nourrir de mensonges.

LA SALLE

L'Onontio veut que ses enfants vivent en paix. Mais les Iroquois fomentent* les guerres et sèment la terreur. Ils ont assujetti les Abénaquis, les Loups et les Andastes. Et maintenant, ils convoitent le territoire des Illinois et des Miamis.

THÉALA

Est-ce que La Salle n'a pas été bien reçu chez les Tsonnontouans? La Salle s'est présenté dans notre tribu tel un arbrisseau qui voulait un peu de terre pour pousser. Nous te l'avons donnée, cette terre-là, sur la rivière Ohniaguero*.

LA SALLE

La Salle ne désire rien d'autre que de prendre connaissance de votre pays.

THÉALA

Nous aurions pu te fouler aux pieds, mais nous t'avons abreuvé et protégé. Et maintenant, tu as grandi, tu es devenu un arbre fort, un grand pin de la forêt. Ta maison sur l'Ohniaguero est entourée d'une palissade*, la terre a été ensemencée. Sur le grand vaisseau que tu as construit, tu t'es rendu sur le lac Michigan pour faire la traite des fourrures avec les Illinois, nos ennemis!

LA SALLE

Les ennemis des Iroquois ne sont pas les ennemis de La Salle.

THÉALA

Comment les Iroquois peuvent-ils croire en la sincérité de La Salle, si La Salle fait le commerce avec nos ennemis?

LA SALLE

Les Iroquois font le commerce avec les Anglais d'Albany et de New York, qui sont les ennemis des Français. Comment La Salle peut-il croire en la sincérité des Iroquois?

Fomenter: susciter, entretenir.
Rivière Ohniaguero: aujourd'hui, la rivière Niagara.
Palissade: clôture ou mur fait d'une rangée de pieux, de perches ou de branches.

THÉALA
L'Iroquois n'a pas à faire preuve de sincérité quand l'étranger vient voler son gibier et s'emparer de ses terres. C'est le Visage Pâle à la langue fourchue qui vient couler le miel dans ses oreilles. Et l'Indien doit se méfier du Visage Pâle.

LA SALLE
La Salle cherche une voie navigable depuis le Saint-Laurent jusqu'à la Mer du Sud. En quoi ce projet pourrait-il nuire aux Iroquois?

THÉALA
La Salle veut étendre son pouvoir! Il serait cet arbre géant dont le sommet touche les nuages et les branches couvrent le pays!

LA SALLE
La Salle ne recherche aucun pouvoir et ne souhaite rien de plus que de maintenir ses liens d'amitié avec les Tsonnontouans, et avec le Grand Aigle, le père de Théala.

THÉALA
Théala souhaite donner croyance à ce que La Salle lui assure.

LA SALLE
La Salle n'a jamais excellé aux grâces de la galanterie*. Mais, n'y a-t-il rien dans ses yeux pour rappeler à Théala, le bonheur qu'il a connu à ses côtés?

THÉALA
La Salle veut miner* le cœur de Théala et lui insinuer dans la cervelle* de bien douces conjurations*. À quoi, Théala lui reconnaît une habileté à dissimuler et à tromper.

LA SALLE
La Salle aurait-il jamais trompé Théala qu'il implorerait l'Oiseau-Tonnerre* de l'Ohniaguero de l'abattre sans pitié.

Grâces de la galanterie: charmes et compliments particuliers à la courtoisie et à l'intrigue amoureuse.
Miner: ronger, user, diminuer.
Insinuer dans la cervelle: souffler, suggérer à l'esprit.
Conjurations: formules, propos pour chasser les mauvais esprits.
L'Oiseau-Tonnerre: le dieu des cataractes du Niagara.

THÉALA

La Salle a quitté Théala parce que ses yeux portent ailleurs leur hommage*. Théala a vu La Salle quitter l'Ohniaguero, debout sur un grand vaisseau chargé de marchandises, et qui portait à sa tête* la figure d'un dieu étranger, le dieu d'une tribu lointaine. La Salle pourra-t-il nier qu'il dirigeait son vaisseau au-delà des Grands Lacs, et destinait ses présents à une princesse étrangère?*(La Salle a un sourire involontaire. De colère soudaine)* Tu railles* et me nargues* à ma face? La fille du Grand Aigle ne sera pas répudiée* sans que cela n'attirât sur La Salle, la colère et la vengeance des Tsonnontouans, et de toutes les nations iroquoises!

LA SALLE

(Comme il va la toucher pour calmer son emportement, Théala se raidit vivement) Le dépit et le chagrin ont jeté un voile sur les beaux yeux de la princesse, et troublé le regard qu'elle avait daigné posé sur La Salle. Que Théala soit rassurée à ce sujet. La Salle a dû quitter la princesse iroquoise afin de poursuivre ses voyages d'exploration, et non point pour aller soupirer* ailleurs.

THÉALA

La Salle a renié ses promesses en adoptant un dieu étranger!

LA SALLE

C'est la figure du griffon* que Théala a vue à la proue du navire, et non la figure d'un dieu étranger. Le griffon représente les armes* de Monsieur de Frontenac. Est-ce que La Salle ne doit pas arborer les armes de son chef, comme le guerrier tsonnontouan doit porter le wampum* de son chef, le Grand Aigle?

Ses yeux portent ailleurs leur hommage: ses yeux témoignent d'un autre amour.
À sa tête: à la proue du vaisseau.
Railler: moquer.
Narguer: braver avec insolence.
Répudier: rejeter, repousser.
Soupirer: pousser des soupirs amoureux.
Griffon: animal fabuleux, monstre à corps de lion, à tête et à ailes d'aigle. Cet animal figurait sur les armes de Frontenac comme sur la proue du navire de La Salle.
Armes: armoirie, signes héraldiques.
Wampum: ceinture sur laquelle sont représentés les hauts faits et les armes d'une tribu amérindienne.

THÉALA

(Après avoir fixé d'un regard les armes de Frontenac qui figurent sur la cheminée, d'un ton rageur) Puisse ce griffon maléfique imprimer ses serres dans ton cœur, La Salle, et entraîner ton grand vaisseau dans les profondeurs des Grands Lacs, si tu ne retires pas Théala de sa captivité!

LA SALLE

La Salle n'est point insensible à l'outrage fait à sa princesse. Et trouverait-il les paroles qui rendraient Théala à son père, le Grand Aigle, qu'il n'hésiterait point d'y appliquer tous les efforts. Mais, Théala doit comprendre l'hésitation de La Salle...

THÉALA

... parce que La Salle doit ménager la colère de l'Onontio qui siège sur la Grande Montagne!

LA SALLE

Comme Théala doit ménager la colère de l'Oiseau-Tonnerre qui habite les chutes de l'Ohniaguero.

THÉALA

Bientôt l'Oiseau-Tonnerre proclamera hautement la vengeance de la princesse iroquoise sur l'Homme Blanc qui l'a trahie.

LA SALLE

Ma poitrine supporterait mieux la pointe de l'épée, que mon oreille, la malédiction de Théala.

FRONTENAC

(Qui écoutait la conversation à leur insu, apparaissant alors) Dussiez-vous vous obstiner à poursuivre dans la voie de cette tragique histoire, Monsieur de La Salle, et devoir choisir entre le sentiment et l'honneur*, que le gouverneur lui-même vous obligerait de son épée*, ne connaissant d'autre expédient* qui eût mieux servi à vous en décider! *(Et d'un air amusé, il dégaine son épée avec panache, et la présente à La Salle)*

Le sentiment et l'honneur: l'amour et le devoir.
Vous obliger de mon épée: vous rendre service en vous prêtant mon arme.
Expédient: moyen de se tirer d'embarras, d'arriver à ses fins.

LA SALLE
(S'inclinant poliment et froidement) Monsieur le Comte, la mission qui m'amène ici, aujourd'hui, ne relève aucunement des conciliabules très secrets* qu'une vigilance trop zélée vous aurait permis d'écouter... ou encore, d'entendre, n'eût été par inadvertance*. Et je prierais votre seigneurie, de reléguer aux oubliettes*, ces propos que j'eusse destinés aux seules oreilles de la princesse Théala.

FRONTENAC
Non que je compatisse à votre misère, cher ami! *(D'un rire qu'il n'arrive plus à retenir. Puis, sérieux)* Mais, de gré ou de force*,la belle Iroquoise qui vous consent tant de faveurs*, devra demeurer au Château Saint-Louis sous le regard de l'Onontio...*(ironique)* ... dussions-nous nous accommoder avec grand-peine, mais beaucoup d'indulgence, des invectives que la belle prisonnière ne cesse de faire pleuvoir* sur notre personne, depuis qu'elle nous fut livrée par son ravisseur, notre ami, Greysolon DuLhut.

LA SALLE
(À Frontenac) Une imprudence de la part de notre ami, DuLhut, qui risque de compromettre de façon irrémédiable nos relations avec les nations iroquoises.

THÉALA
Grand Aigle, le chef des Tsonnontouans, saura rallier les nations iroquoises à sa cause et venger l'enlèvement de Théala! Grand Aigle criera vengeance, et nos alliés déterreront la hache de guerre!

LA SALLE
(À Frontenac) Grand Aigle doit être instruit de nos bonnes intentions dans un bref délai, et rassuré au sujet de sa fille, avant que nos ennemis ne fassent courir des bruits* sur sa disparition.

Conciliabules très secrets: les propos intimes, les confidences.
N'eût été par inadvertance: même pas par mégarde ou par inattention.
Reléguer aux oubliettes: mettre de côté, laisser tomber.
De gré ou de force: volontairement ou involontairement.
Qui vous consent tant de faveurs: qui vous accorde tant de marques d'amour.
Qu'elle ne cesse de faire pleuvoir: qu'elle débite sans relâche.
Faire courir des bruits: répandre des rumeurs.

FRONTENAC
Vos inquiétudes tiennent du coeur plus que de la raison, cher ami. Et je reconnais que ces motifs, qui sont tout à votre honneur*, puissent représenter un point de vue d'une certaine importance, dans nos manœuvres. Il n'en demeure pas moins que notre entreprise doit embrasser quelque stratagème d'envergure*, si l'on doit enfin réaliser une paix durable sur toute l'étendue de ce pays. En ce moment, DuLhut et ses amis reconduisent jusqu'à la frontière iroquoise, Garangula, le chef des Onontagués qui accompagnait Théala au moment de la capture. Garangula a été instruit de mes volontés*, qu'il s'appliquera à faire valoir auprès des nations iroquoises, aussi longtemps, j'ose croire, que la princesse Théala sera détenue comme otage.

LA SALLE
Garangula est un fin orateur et un rusé meneur qui pourrait rapporter des propos bien différents. Il pourrait bien rapporter que Théala a péri aux mains de ses ravisseurs, si une telle calomnie devait mieux servir ses fins.

FRONTENAC
Quels que soient les propos de Garangula, sachez que cette captivité est un gage de protection contre une mort certaine, à laquelle est vouée* la belle Iroquoise, si elle réussissait à s'évader du château Saint-Louis.

LA SALLE
Je ne connais point d'ennemi qui veuille porter atteinte à la vie de cette Iroquoise...

FRONTENAC
Mais, mon cher La Salle, les Iroquois eux-mêmes la réclament pour la sacrifier au dieu de l'Ohniaguero!

Tout à votre honneur: dont vous n'avez pas à rougir.
Notre entreprise doit embrasser quelque stratagème d'envergure: notre projet doit adopter une manœuvre, un plan plus considérable.
Instruit de mes volontés: renseigné sur mes intentions.
Être voué à: être destiné, condamné à.

LA SALLE

(Interdit, à Théala) Théala?...

THÉALA

L'Onontio dit vrai. Théala est la promise* de l'Oiseau-Tonnerre qui habite la grande cataracte de l'Ohniaguero.

LA SALLE

Et tu lui serais sacrifiée?... Mais, comment...

THÉALA

Théala volera à la rencontre de son époux, l'Oiseau-Tonnerre, dans un lit d'écume, de tonnerre et d'arc-en-ciel. Et l'Oiseau-Tonnerre lui-même, couvrira de son brouillard lumineux, la descente nuptiale, jusqu'au fond de l'abîme!

FRONTENAC

Et voilà l'heureuse destinée que réservent à la princesse Théala les chefs des Cinq-Nations, qui ont bien voulu la choisir parmi les plus belles Iroquoises, pour apaiser la colère d'un dieu-tonnerre. Voilà, cher ami, l'heureuse destinée que Théala elle-même, poursuit avec un tel acharnement, et contre laquelle nous nous exerçons à la protéger. Les exigences* de ce vieux courtisan* vous paraissent-elles toujours aussi excessives, à la lumière de l'alternative qui voudrait qu'un quelconque oiseau-tonnerre bien repu*, reçût en hommage chaque année, la fleur de la nation iroquoise* ? *(Il sonne pour faire venir Mère Lemieux. Le page indien entrera à la même occasion)*

THÉALA

Théala sera l'épouse de l'Oiseau-Tonnerre, et ni La Salle, ni l'Onontio n'empêcheront ce destin de se réaliser!

La promise: la fiancée.
Les exigences: les conditions, les ordres.
Courtisan: qui est attaché à la cour du roi.
Repu: rassasié, qui a mangé à satiété.
La fleur de la nation iroquoise: parmi les plus belles (jeunes filles) Iroquoises.

FRONTENAC

Voyez la ferveur avec laquelle la belle Iroquoise consent à la mort, pour l'amour d'un dieu qu'elle n'a jamais vu. Quelle ne serait pas sa ferveur pour un dieu qu'elle aurait vu et connu, dût-il prendre la forme d'un homme de votre magnifique stature, monsieur De La Salle. *(À Mère Lemieux qui attend ses ordres)* Mère Lemieux, je confie Théala à vos bons soins. La belle princesse est d'une humeur fort chagrine, et requiert quelque distraction qui relèverait davantage de vos compétences.

MÈRE LEMIEUX

Mais, Monsieur le Comte, puisque je suis seule à la cuisine, et que j'ai tout le dîner à préparer, ne vaudrait-il pas mieux confier mademoiselle au soin du lieutenant Lussigny?...

FRONTENAC

(L'interrompant) Votre cuisine exhale de si délectables arômes, Mère Lemieux, qu'il y a là de quoi tempérer toutes les ardeurs combatives* de la belle Iroquoise - qui pourrait fort bien prêter main forte et vous écosser quelques haricots, à l'occasion.*(Au page indien)* Ouari, tu veux assister les dames? *(À sa moue)* La princesse est triste. Si tu lui parlais des deux gentilshommes français qui risqueraient bien un empire pour la sauver... *(À son air incrédule)* Si, si. Je te fais confiance.

OUARI

En français ou en iroquois, Monsieur le Comte?

FRONTENAC

En iroquois, voyons. Nous sommes bilingues, ici.

MÈRE LEMIEUX

Mais croyez-vous simplifier ma tâche, Monsieur le Comte, en me confiant deux Iroquois, au lieu d'un! Encore si je pouvais compter sur les services d'un marmiton* et d'une laveuse de vaisselle. Mais non! Je dois me plier aux exigences d'un page et d'une princesse... Quelle époque nous vivons! Des indigènes jusque dans nos maisons...

Tempérer toutes les ardeurs combatives: modérer tous les élans agressifs.
Marmiton: jeune aide-cuisinier chargé du plus bas emploi.

FRONTENAC

Et à notre table! Veuillez préparer trois couverts pour le dîner de ce soir, Mère Lemieux. *(Avant qu'elle ne puisse rétorquer)* Vous pouvez disposer. *(À Théala, s'inclinant, un peu narquois)* Au plaisir de vous retrouver au dîner, dans des sentiments plus conciliants que deux gentilshommes s'efforceront d'entretenir, mademoiselle! *(Théala et La Salle s'échangent un regard, et Théala, Mère Lemieux et Ouari sortent. À La Salle)* Cher Robert, y aurait-il lieu de tresser deux guirlandes de saule* pour témoigner de l'amour déçu?

LA SALLE

(Ton aigri) Pour en ceindre le front* de deux galants gentilshommes, Monsieur le Comte?

FRONTENAC

(Après un moment, un rire forcé) Vous n'avez de rival que l'Oiseau-Tonnerre, cher ami. Le nombre d'années qui nous séparent m'eût interdit ce genre de concurrence*, si le hasard ne m'eût pas déjà révélé que j'en serais le perdant*.

LA SALLE

Le hasard qui prête des oreilles aux portes, n'est pas étranger aux indiscrétions que dirige la jalousie*.

FRONTENAC

Que voulez-vous? Un vieux courtisan de ma trempe, ne doit pas manquer l'occasion de joindre au témoignage de ses oreilles, celui de ses yeux. Sachez, mon ami, que je ne suis pas insensible au chagrin qui vous mine à l'instant. Et en gage d'amitié, je veux bien consentir tous les efforts pour assurer la protection de la belle Iroquoise jusqu'à votre retour.

Guirlande de saule: du saule pleureur; à l'époque, signe d'une déception d'amour.
Ceindre le front: mettre autour de la tête.
M'eût interdit ce genre de concurrences: (mon âge avancé) ne me permet pas de m'engager dans une rivalité amoureuse.
Si le hasard ne m'eût pas déjà révélé que j'en serais le perdant: si un concours de circonstances ne m'avait pas déjà démontré que je ne pouvais pas y gagner.
Le hasard qui... la jalousie: écouter aux portes par hasard ou importuner par jalousie, cela se ressemble.

LA SALLE

Si la surveillance que vous assurez déjà auprès de Théala, est la preuve de votre amitié, je désirerais queMonsieur le Comte ne s'y acharnât pas davantage* !

FRONTENAC

(Rire. Ton amusé) Soit! Maintenant, cette douce espérance que vous nourrissez ne vous défendra-t-elle pas contre le découragement, cher Robert?

LA SALLE

(Guère amusé) Le découragement qui me guette, Monsieur le Comte, proviendrait plutôt des rivalités d'intérêt qui me jalousent et qui recherchent ma perte. J'ai appris en rentrant à Michilimackinac, que mes créanciers s'étaient approprié mes biens et propriétés à Cataracoui, et c'est à ce sujet que je souhaitais vous voir.

FRONTENAC

Mais, par quelle autorité est-ce qu'on aurait sanctionné une telle procédure en votre absence? Il eût fallu qu'un ordre s'imposât aux magistrats... Cher ami, il ne faut pas accorder foi à ces bruits-là. Depuis deux mois, il nous arrive tant de rumeurs contradictoires à votre sujet... Que le vaisseau, le Griffon, serait perdu sur les Grands Lacs, que vous-même auriez péri en territoire illinois...

LA SALLE

On aurait répandu ces bruits pour affoler mes créanciers. Comme j'ai dû hypothéquer toute ma fortune pour financer ce voyage d'exploration, n'ayant pas reçu de Messire le Roi un seul denier* à cette fin, quel meilleur moyen de faire échouer mon projet, que de saisir et de vendre mes biens, mes propriétés, mes réserves? On aurait tout vendu, jusqu'au lit de mon secrétaire! Il y a des traîtres et des malveillants dans ce pays, qui voudraient voir avorter ce projet d'exploration sur le Mississipi...

Ne s'y acharnât pas davantage: qu'il ne consacre plus d'effort (à cette surveillance).
Denier: ancienne monnaie française valant 1/240 de la livre.

FRONTENAC

Mais, je suis moi-même l'un de vos créanciers, cher ami, vous ayant consenti un prêt considérable!...

LA SALLE

Voilà ce qui m'a porté à croire que vous auriez peut-être...

FRONTENAC

(Poursuivant l'idée) ... dirigé cette manœuvre? Mais, mon pauvre Robert, la saisie aurait été exécutée à mon insu! Et je m'afflige à la pensée qu'un tel soupçon aurait pu être entretenu dans votre esprit.

LA SALLE

Après tous les déboires que j'ai dû essuyer ces derniers mois, Monsieur le Comte, mon esprit se trouve fort propice à engendrer tous les soupçons*.

FRONTENAC

De quelque façon se décèlent* dans cette manœuvre les agissements* de nos riches marchands, Messieurs Le Ber, Le Moyne et La Chenaye. Leur cupidité n'a plus de bornes*, mon cher Robert. Non satisfaits des gains que leur procurent leurs grands magasins et leurs nombreuses terres, encore veulent-ils s'arroger le contrôle de tout le commerce des fourrures dans la colonie, préférant leurs intérêts particuliers à celui du public.

LA SALLE

L'avarice est le grand mal de cette colonie, Monsieur le Comte. Et marquée comme elle l'est, d'avidité, d'arrogance et de convoitise, cette poursuite éhontée* du gain et des biens matériels, constitue le premier mobile* et le principal instrument de toutes les divisions qu'on y a fait naître.

Propice à engendrer tous les soupçons: disposé à faire naître les doutes, les conjectures.
Déceler: dévoiler, révéler.
Agissement: manoeuvre malhonnête.
Leur cupidité n'a plus de bornes: leur convoitise, leur désir immodéré de l'argent, n'a plus de limites.
Éhonté: sans honte.
Mobile: ce qui porte, incite à agir.

FRONTENAC

(Interdit, puis, après un moment) Cher ami, à ce discours, je vois bien que l'austérité de la Sainte Règle* ne vous a pas quitté, et que la Compagnie de Jésus* dût perdre un grand missionnaire en vous relevant de vos vœux*.

LA SALLE

Les moeurs indiennes sont non moins formatrices que la Règle des jésuites, Monsieur le Comte. Et les rigueurs du climat et de la nature, non moins efficaces que la cellule monastique* à forger l'endurance et l'austérité.

FRONTENAC

La Salle aurait pu nous arriver en missionnaire, mais le destin a choisi que la colonie fût dotée d'un explorateur et d'un colonisateur!

LA SALLE

La Nouvelle-France serait-elle privée d'un autre jésuite, qu'elle ne s'en porterait que mieux, Monsieur le Comte.

FRONTENAC

D'où vient que vous sortiez aujourd'hui de la retenue* que vous avez toujours gardée sur ce sujet?

LA SALLE

Les jésuites ne sont pas étrangers à cette cupidité* que nous reprochons à nos marchands, Monsieur le Comte. Ils se font leurs intermédiaires auprès des Outaouais et des Iroquois, et songent autant à la conversion du castor qu'à celle des âmes. S'ils s'opposent à l'existence de nos comptoirs de traite, à Cataracoui et à Niagara, c'est qu'ils voient leur commerce menacé en territoire iroquois.

La Sainte Règle: l'ensemble des préceptes disciplinaires auxquels sont soumis les membres d'un ordre religieux.
Compagnie de Jésus: ou Société de Jésus, ordre des jésuites, fondé en 1534, par Ignace de Loyola.
Le relever de ses voeux: le libérer des promesses faites à Dieu (chasteté, pauvreté, obéissance).
Cellule monastique: petite chambre isolée où vit le moine.
Sortir de la retenue: abandonner la discrétion, la réserve.
Ne pas être étranger à la cupidité: ne pas être indifférent au désir de l'argent.

FRONTENAC

Dans les dépêches dont ils importunent* Monsieur Colbert, ils ne cessent de déplorer l'existence de ces deux forts, alléguant que cette intrusion en territoire iroquois nuit à leur travail d'évangélisation, et vient envenimer la situation entre les Iroquois et les Français.

LA SALLE

Le dépit dont ils accablaient* La Salle, le défroqué, a pris l'allure d'une véritable campagne contre La Salle, l'explorateur. Aux dires des mauvaises langues, mes entreprises constitueraient un appât* pour la jeunesse en quête d'aventure, et la cause principale du dérèglement des mœurs* dans les missions!

FRONTENAC

La Salle, un suborneur* ? *(Rire)* Vous en êtes bien incapable! Mais, sachez, mon ami, que Monsieur Duchesneau, notre intendant, fort de l'appui de Monseigneur de Laval, n'hésite pas d'appuyer ces requêtes des jésuites, en assurant Monsieur le Ministre Colbert, que l'éloignement de ces deux forts occasionne un éparpillement des effectifs à un moment où il semblerait que Sa Majesté veuille favorisert une politique de centralisation*.

LA SALLE

Sa Majesté m'a chargé d'un projet d'exploration qui stipule bien l'établissement de postes en territoire illinois et miami, et tout le long du Mississipi, jusqu'à la Mer du Sud. À cette fin, je vous dis, Monsieur le Comte, que je trancherai tous les obstacles*, jugeant mon énergie et mon bras à la hauteur*, et me flattant* de faire l'impossible! Dieu m'est témoin que je réussirai, ou je périrai!

Importuner: ennuyer, fatiguer par ses propos, par sa présence.
Accabler de dépit: faire subir par la parole, tout le poids de la rancoeur, du ressentiment.
Un appât: ce qui attire ou pousse à faire quelque chose.
Dérèglement des moeurs: dérangement, bouleversement de la morale.
Suborneur: séducteur.
Centralisation: le fait de réunir tous les moyens d'actions, de contrôler en un centre unique.
Trancher les obstacles: mettre fin brutalement à toutes les difficultés.
Mon énergie et mon bras à la hauteur: ayant la fermeté et la force physique requises pour y faire face.
Se flatter: s'entretenir dans une espérance.

FRONTENAC

Nul doute que vous êtes bien armé pour supporter le choc de la calamité, mon cher Robert, et que vous contribuerez au progrès de cette colonie, dont Sa Majesté souhaite fort l'accroissement. D'ailleurs, Sa Majesté n'aurait-elle pas reconnu en vous la trempe des grands bâtisseurs d'empire, en vous anoblissant en 75, et en vous remettant ces lettres patentes* ? Et le représentant de Sa Majesté ne saurait vous accorder une moindre confiance.. Outre l'exploration de l'Ohio et des Grands Lacs, nous vous devons la colonisation de La Chine, du Fort Frontenac et, dernièrement, du Fort Niagara. Vous êtes notre précieux émissaire chez les Iroquois et, semble-t-il, que vous vous seriez acquis l'amitié des Illinois et des Miamis, autour du lac Michigan?

LA SALLE

J'ai déjà réalisé un échange important avec les Miamis du Michigan, et renvoyé le Griffon vers Niagara, chargé d'une cargaison considérable. Il y aura là de quoi rembourser tous mes créanciers et ravitailler mon expédition.

FRONTENAC

(Cachant à peine un très vif intérêt) Voilà qui démentirait les rumeurs à votre sujet, et comblerait bien la brèche* faite à votre fortune, cher ami!

LA SALLE

J'attendrai de vous, Monsieur le Comte, l'effet de la justice* qui m'a été niée.

FRONTENAC

Soit! On vous a fait tort et ce tort vous sera réparé. Là-dessus, vous tenez l'assurance de mon appui ferme et tenace. *(Autre ton)* Ainsi, cher ami, comptez-vous établir des postes de traite sur le lac Michigan, dans le territoire des Miamis?....

Lettres patentes: écrit émanant du roi qui établissait un droit ou un privilège.
Combler la brèche: remplir le trou, le fossé.
L'effet de la justice: les conséquences d'un acte juridique.

LA SALLE

Et sur la rivière Illinois, dans le territoire des Illinois, Monsieur le Comte. L'intérêt de la colonie et celui de Sa Majesté, me commandent d'agir en ce sens. Je crois avoir découvert une voie navigable qui nous permettrait de parcourir le continent, depuis le Saint-Laurent jusqu'au Golfe du Mexique, en rejoignant au sud du Lac Michigan, la rivière Illinois qui se jette dans le Mississipi, et en suivant celui-ci, jusqu'à son embouchure! Souffrez que je vous fasse le récit de mes explorations, Monsieur le Comte, et vous en indique le cours* sur une carte...

FRONTENAC

Passons dans mon cabinet, cher ami, et mon secrétaire se fera un plaisir de noter tout ce qu'il vous plaira de nous confier. *(En sortant)* Ainsi, cher Robert, vous détenez le secret d'une voie navigable qui garantirait à notre Roi Louis, la prise de possession de tout un continent? Quel visionnaire, vous êtes!

LA SALLE

Dans les salons de Versailles*, les courtisans me tiennent pour le «Sauvage d'Amérique»!

FRONTENAC

Serait-il votre bon désir que le gouverneur de la Nouvelle-France leur en offrît le démenti* ?

LA SALLE

Non, Monsieur le Comte, ne vous en donnez point la peine. Puisqu'enfin, ils n'ont pas tort, et que le démenti ne me serait point flatterie! *(Rire de Frontenac. Ils sortent)*

Le cours: le trajet.
Salons de Versailles: la cour du roi au château de Versailles.
Offrir le démenti: contredire, prétendre quelque chose contraire à la vérité.

Acte I, scène 4

À l'évêché, le même jour.

MONSEIGNEUR DE LAVAL, 57 ans, évêque de Québec
DUCHESNEAU
LA CHENAYE, 47 ans
FRANÇOIS D'AUTEUIL, 21 ans, procureur-général
LA MARTINIÈRE, 43 ans, magistrat et conseiller
LAMBERVILLE, 46 ans, jésuite, chez les Onontagués; supérieur des missions en territoire iroquois
deux domestiques

Dans le cabinet du palais épiscopal, sont déjà réunis en conciliabule, Monseigneur Laval, l'intendant Duchesneau, François d'Auteuil, La Martinière et Lamberville. Monsieur de La Chenaye arrive, et Monseigneur Laval se lève à sa rencontre. Les autres se lèvent pour l'accueillir.

LAVAL
Ah, Monsieur de La Chenaye! Avez-vous fait une bonne traversée de mer?

LA CHENAYE
(Vêtu de culotte grise, d'un pourpoint et d'une veste de serge défraîchie, à la mine d'un bourgeois pieux et austère, s'inclinant et baisant l'anneau que lui présente l'évêque) Monseigneur, je suis mieux fait pour courir les terres que pour voguer sur mer!

DUCHESNEAU
(En lui donnant une poignée de main) La mer vous aurait-elle ménagé quelque surprise?

LA CHENAYE
Une tempête, Monsieur l'intendant! Une tempête à rendre les tripes et l'âme* !

À rendre les tripes et l'âme: à vomir et à mourir.

LAMBERVILLE
(Poignée de main) Vous auriez craint votre dernière heure arrivée?

LA CHENAYE
Ah, Père Lamberville ! Eh, oui, au point que je me mis à confesser mes péchés à Dieu et me recommandai à tous les saints! *(Poignée de main à La Martinière)* Monsieur de La Martinière. *(Poignée de main à d'Auteuil)* Monsieur d'Auteuil, mes condoléances. Quel ne fut pas mon très vif chagrin en apprenant le décès de votre père!

D'AUTEUIL
Il serait mort sacrifié à la fatalité d'une discorde, Monsieur de La Chenaye.

LA CHENAYE
(Décontenancé un instant, puis ressaisi) Nous partageons votre deuil, cher François. Encore faut-il ne pas s'affliger de maux présents, mais employer le présent à prévenir les afflictions nouvelles. *(À Monseigneur Laval)* Monseigneur, je me suis rendu à votre convenance*, ainsi que vous m'en avez prié.

LAVAL
Monsieur de La Chenaye, les affaires du Conseil Souverain étant en suspens depuis quelques mois, nous avons cru bon de tenir un conseil fort étroit* pour discuter de quelques problèmes d'urgence.

DUCHESNEAU
Comme les questions de traite que nous voulons aborder touchent en quelque sorte la Compagnie de la Ferme dont vous êtes le dirigeant et principal actionnaire, cette petite assemblée ne saurait être privée des intelligences que vous voudrez bien lui ménager.

LA CHENAYE
Puisqu'il y va de l'intérêt de la colonie, je suis et serai toujours votre fidèle serviteur, Messieurs. Ainsi, le Conseil Souverain se trouverait encore entravé dans son travail d'administration?

À votre convenance: à votre gré, à votre goût.
Tenir un conseil fort étroit: s'assembler en réunion très restreinte.

DUCHESNEAU
Monsieur de Frontenac aurait réussi à faire naître en Conseil de nouvelles brouilleries* au sujet du titre et des fonctions qu'il tient toujours à s'arroger. Et cela, en contrevenance* aux ordres du roi. Monsieur le gouverneur entretient toujours la conviction que ses prérogatives* au sein de notre Conseil, seraient essentiellement celles dont jouissent en France, au Conseil du Roi*, les princes de haut lignage*. *(Sourire amusé des autres)*

LAVAL
Il semblerait que Monsieur de Frontenac ne se serait point départi, dans sa vieillesse, de ces manœuvres de contestation qui marquèrent sa jeunesse et une bonne partie de sa carrière militaire.

DUCHESNEAU
Reconnaissons que Monsieur de Frontenac s'y entend aux manœuvres d'usurpation*, mais aussi, qu'elles ne lui ont pas toujours réussi. Ne s'était-il point rallié au perdant, au moment de la Fronde*, quand Monsieur le Duc d'Orléans voulut remplacer son frère Louis, sur le trône de France?

LA CHENAYE
Monsieur le gouverneur apporte dans cette affaire de préséance*, tellement d'intrigues et d'emportements* qu'il sème partout les germes de sa propre défaite. À vous, Messieurs du Conseil Souverain, d'être les plus tenaces et les plus fermes.

Brouillerie: mésentente.
En contrevenance: infraction (à un ordre, une loi).
Ses prérogatives: ses privilèges.
Conseil du Roi: nom qu'on donnait à maintes institutions dans l'Ancien Régime.
De haut lignage: de la noblesse.
Usurpation: appropriation, saisie.
la Fronde: troubles politiques en France entre 1648-53, dirigés par le Parlement et les nobles qui se disputaient l'exercice de l'autorité royale alors que le roi Louis XIV n'avait que dix ans.
Préséance: prérogative du rang, droit de précéder quelqu'un dans une hiérarchie protocolaire.
Emportement: violent mouvement de colère.

LA MARTINIÈRE

Voilà bien l'attitude qui nous valut une victoire de principe après la dernière réunion, lorsque trois de nos conseillers furent bannis à la campagne. Monseigneur de Laval a bien souligné que dès lors, le Conseil Souverain n'étant plus dûment constitué, et toute prise de décision rendue irrecevable*, toute réunion subséquente devait être annulée. Nous nous ralliâmes à ce jugement très sage, et Monsieur le gouverneur dut essuyer une certaine déconfiture* devant son Conseil rendu inexistant.

LAVAL

Et depuis, de nombreuses affaires sont en souffrance*. Il nous faut brider* et réprimer l'orgueil, Messieurs, et nous garder de marquer cette affaire d'une démarche mal ordonnée qui causerait un notable préjudice* à la colonie et à notre mère la Sainte Église. Il va de la paix du pays et du salut des âmes, d'y apporter les redressements qui s'imposent, Messieurs. Dieu nous ait en sa garde et dirige nos délibérations dans la voie de la probité et de la raison. *(À Monsieur De La Chenaye)* Dites, Monsieur de La Chenaye, les présages* économiques vous ont-ils semblé heureux ou troublants, lors de votre séjour à Paris?

LA CHENAYE

En France, comme en Nouvelle-France, Messieurs, l'argent, ces temps-ci, court plus vite à sortir qu'à rentrer. *(Sourires amusés)* En ce qui nous concerne particulièrement, il serait fort sage de freiner* le commerce des fourrures. Il y va de l'économie du pays. La Compagnie de la Ferme entretient de graves inquiétudes au sujet de cette grande accumulation de peaux de castor qu'elle n'arrive plus à écouler en France. L'année dernière, comme vous le savez, j'ai dû assumer les frais jusqu'à un million de livres* pour acheter

Irrecevable: qui ne peut être admis.
Essuyer une déconfiture: subir, souffrir une défaite.
En souffrance: en suspens, qui attend sa conclusion.
Brider: contenir.
Notable préjudice: un tort considérable.
Présage: signe d'après lequel on croit prévoir l'avenir.
Freiner: ralentir.
Livres: ancienne monnaie représentant à l'origine, un poids d'une livre d'argent. 1 livre = 5 francs; 3 livres = 1 écu; 24 livres = 1 louis.

un excès de fourrures que la Compagnie n'avait pas prévu. Ce printemps, fort heureusement, j'ai trouvé à Paris, un syndic de financiers qui a bien voulu me consentir un prêt pour me tirer de ce pas. J'y avais engagé toute ma fortune, Messieurs, et n'eût été ce prêt, je vous revenais ruiné.

LAVAL

La Providence aura voulu prouver, encore une fois, qu'un plus grand dessein devait se réaliser à travers vos entreprises, Monsieur de La Chenaye. Cette petite colonie de la Nouvelle-France est destinée à grandir, et vous êtes le principal instrument de sa prospérité. Nous vous en savons gré hautement.

LA CHENAYE

La Providence voudra bien m'en indiquer la nouvelle voie, Monseigneur. Car mes actions dans la Compagnie risquent fort d'être réduites à vingt pour cent dans un remaniement que je ne serai peut-être pas en mesure de prévenir. De surcroît, il arrive dans la colonie un Sieur Boisseau que la Compagnie aurait chargé d'une certaine surveillance. Il nous faudra redoubler de vigilance et user de modération, Messieurs. L'économie du pays pourrait prendre une direction inattendue.

DUCHESNEAU

Les factions qui déchirent la colonie, Messieurs, et le désordre qui trouble nos paroisses et nos missions, n'ont d'autre source que ce commerce des fourrures que nous n'arrivons plus à contrôler. Nonobstant* toutes les ordonnances qui ont été promulguées depuis 72 au sujet de ce commerce, les infractions se multiplient, et les sanctions n'exercent aucune dissuasion.

LA MARTINIÈRE

Comment en serait-il autrement quand Messieurs de Frontenac et Perrot font fi* des lois et appliquent une censure arbitraire pour protéger leurs intérêts? Mettre aux arrêts et jeter au cachot quiconque s'oppose à leurs entreprises, voilà qui constitue une usurpation des pouvoirs judiciaires.

Nonobstant: en dépit de, malgré.
Faire fi de: dédaigner, mépriser.

LA CHENAYE

Les intelligences dont me firent part hier soir, Monsieur Bouthier de Montréal, et les trois fils Le Moyne, semblent bien confirmer ce que vous avancez, Monsieur de La Martinière. Les mesures répressives sont devenues le fait d'un terrorisme que Monsieur Perrot n'essaie même plus de déguiser. À Montréal, comme à Québec, la garde personnelle de Monsieur le gouverneur tient lieu de prévôté* pour couvrir des agissements que l'on qualifierait bien d'extorsion. Aussi m'a-t-on dit qu'à la dernière foire de Montréal, ce printemps, la garde de Monsieur de Frontenac aurait exigé des Indiens rassemblés là pour la traite un tribut* en fourrures, soi-disant pour assurer leur protection.

LAMBERVILLE

Dans nos missions en territoire iroquois, il est bien connu que des coureurs de bois tels que DuLhut et La Taupine, font la traite pour le compte de Messieurs Frontenac et Perrot. Selon mes lumières, Monsieur de La Salle aurait assuré les Onontagués et les Tsonnontouans que le grand Onontio lui-même garnissait les comptoirs de Cataracoui, en y dirigeant chaque année, une quarantaine de canots de marchandises pour lancer le commerce du printemps.

DUCHESNEAU

Et cela en contrevenance aux lois qui interdisent tout commerce de fourrures en dehors des comptoirs de Montréal! Avec quelle adresse Monsieur le gouverneur ne couvre-t-il pas de déguisements et d'artifices* son titre de représentant du roi, pour mener ses aventures roturières.

LA MARTINIÈRE

Pourtant, il se targue bien de ce titre pour nous accuser d'insubordination et de sédition, quand nous nous opposons à ses volontés. Voilà qu'en abusant ainsi de son titre, il déshonore l'autorité royale dont il est investi, et qu'il se doit de représenter avec grande dignité.

Tenir lieu de prévôté: remplacer la juridiction de la police.
Un tribut: une contribution forcée, imposée.
Artifice: moyen trompeur pour déguiser.

LAVAL

Il y va trop de l'intérêt du roi pour laisser un tel abus et une telle cupidité impunis, dans un pays où ce mauvais exemple sera bientôt suivi de beaucoup d'autres. Voilà une conduite qui ne convient guère à son rang et à sa naissance.

LAMBERVILLE

Mais il y va aussi de l'intérêt de la foi et du salut des âmes, Monseigneur! Notre oeuvre d'évangélisation au sud des Grands Lacs, se trouve fort menacée depuis que sont apparus à Cataracoui et à Niagara des établissements que les Iroquois voient comme une intrusion dans leur territoire. Et les postes de traite que Monsieur de La Salle entend établir sur le lac Michigan, sont de nature à jeter l'alarme parmi les Cinq-Nations qui projettent déjà d'anéantir les Illinois. Pour éviter ce conflit qui couve* depuis des mois, ou pour l'arbitrer*, il eût fallu, Messieurs, une autorité qui puisse en arrêter le cours et lui donner des bornes.

LAVAL

Pour contenir les Iroquois et les exhorter à demeurer dans le devoir et dans l'obéissance, n'y a-t-il pas lieu de faire une démonstration rapide d'autorité, en sévissant* contre les trafiquants d'eau-de-vie? Ne sont ils pas coupables de ce déchaînement des bas instincts qui provoque de si grands massacres chez nos Indiens, et jusque dans nos établissements?

DUCHESNEAU

Pour contrôler le trafic d'eau-de-vie, Monseigneur, il eût fallu d'abord contrôler le désordre des coureurs de bois qui se conduisent comme des bandits de Naples et des boucaniers de St-Domingue*. Ils sont près de six cents coureurs à poursuivre un commerce illicite dans ce pays, alors que l'ordonnance du roi précise bien que ne doivent jamais être octroyés plus de vingt-cinq congés de traite par année!

Couver: préparer, entretenir mystérieusement.
Arbitrer: juger, trancher.
Sévir: punir
Boucanier de St-Domingue: à l'origine, des aventuriers coureurs de bois de Saint-Domingue qui chassaient les boeufs sauvages pour en boucaner la viande; aussi, pirates.

LA CHENAYE

Les congés de traite se multiplient comme des lapins dans cette colonie! D'abord, entre les mains d'un coureur de bois, un permis de chasse sert aussi bien de congé de traite. Et pour la somme de dix mille livres sonnantes, un coureur de bois peut obtenir un congé de traite d'un détenteur qui succombera facilement à la tentation de réaliser un profit en revendant son congé.

LA MARTINIÈRE

Et quel coureur ne risquerait pas l'excommunication ou quelque interdiction de son évêque, pour filer le cognac, quand une cruche lui rapporte cinquante livres de castor, alors qu'une couverture de laine ne lui en rapporte que quatre?

LAVAL

Le trafic des fourrures constituerait tout au plus une simple infraction à la loi civile, passible* d'une amende ou de l'emprisonnement. Mais le trafic d'eau-de-vie chez les Indiens, Messieurs, constitue toujours une infraction à la loi de Dieu, un péché mortel, passible d'excommunication. Nous traitons ici de la mort de l'âme, Messieurs, et plus est, de la perte du salut quand cette âme se trouve privée du sacrement de Pénitence! *(Et sortant un document)* Et je détiens maintenant, pour appuyer en tout point cette thèse que j'ai toujours avancée, des pièces probantes* qu'ont bien voulu me faire parvenir les théologiens* de la Sorbonne*, après avoir mené à terme des études approfondies sur la nature de ce péché mortel.

DUCHESNEAU

(Sortant un document) Nos adversaires se seraient adressés aux théologiens de l'Université de Toulouse, Monseigneur, pour en obtenir les preuves du contraire. Et je cite: «Monsieur l'Évêque de Québec ne peut point licitement* faire un péché mortel et moins un cas réservé* de la vente des eaux-de-vie».

Passible: qui doit subir (une amende).
Pièces probantes: documents qui constituent une preuve.
Théologien: spécialiste des questions religieuses.
Sorbonne: Collège fondé à Paris en 1253. Aujourd'hui, le siège de l'Académie de Paris.
Licitement: d'une manière qui n'est point défendue par aucune loi.
Cas réservé: péché que seul l'évêque ou le pape peut absoudre.

LAVAL

On y verra là les agissements des pères récollets qui se gardent bien de combattre l'eau-de-vie dans leurs missions, de peur de déplaire à Monsieur le gouverneur.

DUCHESNEAU

Quels que soient les instigateurs de ce mouvement, Monseigneur, ils sont forts de l'appui de Monsieur Colbert. Selon les dépêches qui nous parviennent de Versailles, les notables* de la colonie seront convoqués en assemblée extraordinaire* pour apporter leur avis sur la question de l'eau-de-vie.

LAVAL

Tout n'est pas perdu, Messieurs. Il se trouve parmi les notables un grand nombre qui appuieront une interdiction sans réserve.

DUCHESNEAU

Selon les instructions de Sa Majesté, il revient à Monsieur de Frontenac d'arrêter le choix* des notables, dont une vingtaine, et de présider cette assemblée à laquelle il les aura convoqués.

LA CHENAYE

Et d'où Monsieur Le Moyne et moi-même seront exclus, avons-nous appris de sources sûres.

DUCHESNEAU

De Monsieur Colbert, et à l'intention des notables qui seront réunis en assemblée, nous parvient ce mémoire* *(et montrant un document)* ... qui ne laisse aucun doute sur la résolution qui soit attendue de l'assemblée. Et je résume... *(consultant ce mémoire)* Premièrement, qu'il revient à l'autorité civile et non à l'autorité ecclésiastique, de punir les abus dans ce domaine...

LAVAL

(Vivement consterné) Ah, mais alors, c'est à moi que l'on porte un tel affront?

Les notables: ceux qui occupent une situation sociale importante.
Extraordinaire: qui n'était pas prévu, exceptionnellement.
Arrêter le choix: fixer par un choix.
Un mémoire: un écrit destiné à exposer, à soutenir la prétention d'un plaideur.

DUCHESNEAU

Je ne fais que citer, Monseigneur... Deuxièmement, qu'il serait dangereux d'y voir là, et en Canada seulement, matière de péché mortel, parce que cette interdiction n'existant nulle part ailleurs dans toute la chrétienté, pourrait fort bien conduire les fidèles à dédaigner les préceptes de l'Église* en d'autres matières...

LAVAL

Oh, l'abomination! Quelle énormité* !

DUCHESNEAU

Que les abus qu'on aurait fait valoir précédemment, ne pourraient être considérés comme des faits courants... Et que d'ailleurs, les Indiens qui se rendaient coupables de ces abus n'étaient pas encore convertis au christianisme.

LAMBERVILLE

Mais on fait fi de nos témoignages! On veut nous faire avaler des couleuvres* !

DUCHESNEAU

Pas tout à fait... On veut bien que vous fassiez parvenir à Monsieur le Ministre, un relevé des chiffres exacts, sur le nombre de meurtres, d'assassinats, de mutilations, de tortures, d'incendies et d'autres excès causés par l'eau-de-vie, dont les missionnaires auraient été témoins dans les missions.

LAMBERVILLE

Et voilà la moquerie qu'on en fait à la Cour...

DUCHESNEAU

Enfin, on nous affirme que le cognac soit nécessaire pour attirer les Indiens dans nos missions, où ils apprendront à connaître le christianisme.

LAVAL

Ah, le bel exemple de christianisme que voilà!

À dédaigner les préceptes de l'Église: à rejeter les commandements religieux.
Énormité: caractère de ce qui est anormal, monstreux.
Avaler des couleuvres: subir des affronts sans protester, croire n'importe quoi.

DUCHESNEAU

Et que les Indiens qui seraient privés de notre cognac pourraient fort bien embrasser les hérésies* protestantes en ingurgitant le rhum des Anglais, entraînant ainsi une perte de fourrures et une perte de la vraie foi.

LAVAL

Comme on s'entend bien à brouiller nos voies* et à prendre les faux-fuyants*, Messieurs. Et tout cela, au nom de la foi! Que Dieu ait pitié de nous... Notre chemin est semé d'embûches*, et Satan revêt toutes les apparences. Dieu est juste et avec le temps, Il renverse l'iniquité*.

DUCHESNEAU

Il faudrait néanmoins agir avec un peu plus de célérité, Monseigneur, et tenter une ultime procédure.

LAVAL

Instruisez-nous de vos conseils, Monsieur Duchesneau.

DUCHESNEAU

C'est à dessein que j'ai mandé* Maître d'Auteuil dans ce conseil. Il est de notre désir qu'il succédât à son père, au rang de procureur-général, au sein du Conseil Souverain, et que d'ici la confirmation à la prochaine réunion, il en exerçât les fonctions par intérim*. Ayant obtenu de Monsieur Colbert, il y a deux ans, des lettres de provision* et l'autorisation d'y insérer le nom d'un titulaire de mon choix, il ne me reste plus qu'à attendre votre avis, Messieurs, à ce sujet.

Embrasser les hérésies: adopter une doctrine condamnée par une religion.
Brouiller les voies: troubler, embrouiller le chemin, la carrière.
Faux-fuyants: moyens détournés par lesquels on évite de s'expliquer, de se décider.
Embûche: difficulté se présentant comme un piège.
Iniquité: acte contraire à la morale, à la religion.
Mander: faire venir quelqu'un par un ordre ou un avis, faire savoir par lettre.
Par intérim: provisoirement.
Lettre de provision: écrit officiel qui prévoit une allocation pour le titulaire dont le nom s'y trouverait inscrit.

LA MARTINIÈRE

Maître d'Auteuil possède un diplôme de l'Université de Paris, et fait partie du barreau* de cette ville. Et il ne fait aucun doute que l'expérience acquise auprès de son père lui soit fort méritoire. *(À François d'Auteuil)* Mais, vous me paraissez si jeune, Maître d'Auteuil...

D'AUTEUIL

Je toucherai bientôt ma vingt-deuxième année, Monsieur de La Martinière. Et avec le Cid, je vous dirai, que «Je suis jeune, il est vrai; mais aux âmes bien nées/ La valeur n'attend point le nombre des années»!

LAVAL

Monsieur Corneille aurait armé une jeunesse déjà fort imbue d'elle-même*, de formules lapidaires* tant soit peu* présomptueuses*, il me semble.

DUCHESNEAU

Quand la jeunesse se dote de quelque grand idéal, Monseigneur, il nous incombe d'en promouvoir tous les élans*. Aussi faudrait-il reconnaître dans celui-ci, l'influence d'un père sur le fils, et la volonté posthume* de notre regretté procureur- général, d'assurer à notre Conseil, une succession investie de cette même probité dont il fut lui-même le grand défenseur. Nonobstant cette dispense d'âge qui lui sera bientôt acquise et dûment enregistrée, est-il votre bon vouloir, Messieurs, que nous soyons instruits par Maître d'Auteuil au sujet d'une procédure de redressement?

Faire partie du barreau: être inscrit à l'ordre des avocats exerçant auprès d'un même tribunal.
Être imbu de soi-même: se croire supérieur aux autres.
Formule lapidaire: une expression remarquable par sa concision, propre aux inscriptions gravées sur pierre.
Tant soit peu: si peu que ce soit.
Présomptueux: prétentieux, vaniteux.
D'en promouvoir tous les élans: d'encourager tous les transports, tous les mouvements (de cet idéal).
Volonté posthume: le désir (d'une personne décédée) qui s'impose après la mort.

LAVAL

S'il est dans les desseins de la Providence que François succédât à son père, puisse la Providence nous accorder l'humilité et la générosité de le suivre et de l'appuyer dans la voie qu'il nous indiquera.

DUCHESNEAU

Maître d'Auteuil, votre conseil* ?

D'AUTEUIL

L'ultime procédure que nous inclinons* à établir, Messieurs, prendrait la forme d'une enquête que nous poursuivrons à l'étendue de la colonie, sur le commerce des fourrures, les postes de traite, et les agissements des coureurs et des trafiquants de tout acabit*. Nous en ferions rapport au Conseil Souverain en bonne forme, avec noms, chiffres, témoignages et preuves à l'appui. Et nos méthodes d'enquête seraient discrètes.
Nous inclinons à y appliquer une méthode rigoureuse de recherches, étant résolus, selon les préceptes de Monsieur Descartes*, *(lisant une citation)* «à ne jamais recevoir aucune chose pour vraie excepté ce qui se présenterait si clairement et si distinctement à l'esprit que nous eussions jamais l'occasion de le mettre en doute». *(Quittant sa feuille de citation)* Nous serions guidés par cet esprit de géométrie qui a cours en philosophie, et l'ordre et la raison seraient le fait de notre enquête, Messieurs.
De votre côté, il vous faudrait noter scrupuleusement les intrigues et les errements*, et les présenter sous une forme lucide et rationnelle dans les registres et les procès-verbaux. Et toute plainte à l'endroit de Monsieur le gouverneur devra être poursuivie juridiquement et ouvertement, et non en particulier*, de façon à le soumettre à notre juridiction le moment venu. Messieurs, j'attends votre acquiescement.

Conseil: avis, recommandation.
Incliner à: avoir l'inclination pour quelque chose, tendre à (faire) quelque chose.
De tout acabit: de toute nature ou manière d'être.
René Descartes: dans son Discours de la méthode (1637), une méthode d'enquête où la raison s'appuie sur l'évidence et met en doute tout ce qui n'est pas évident (méthode dite cartésienne).
En particulier: à part.

LA MARTINIÈRE
Maître d'Auteuil, votre projet est d'envergure et compte certains risques. Avant que d'avoir réussi à soumettre Monsieur le gouverneur à notre juridiction, nous pourrions nous-mêmes être traduits en justice* pour cause de sédition ou de trahison.

D'AUTEUIL
Ou encore, notre projet mené avec célérité et discrétion, pourrait-il provoquer le rappel de Monsieur de Frontenac...

DUCHESNEAU
Et la colonie pourrait alors recouvrer l'ordre et la justice qui lui sont niés depuis dix ans.

LA MARTINIÈRE
Maître d'Auteuil, comptez-vous vous adjoindre quelque conseiller qui puisse vous assister dans cette tâche?

D'AUTEUIL
Oui. Vous-même, Monsieur de La Martinière, qui comptez une si longue expérience dans la magistrature. En faisant choix de votre compétence, n'est-ce pas que je ferai choix, comme dirait Monsieur Boileau*, «d'un censeur* solide et salutaire, / Que la raison conduise et le savoir éclaire»?

LA MARTINIÈRE
Sur mon honneur, Maître d'Auteuil, si l'intelligence et la raison vous poussent vers de nouveaux sommets, le jugement et le bon goût vous y maintiendront! Je veux bien consentir mon concours à cette entreprise pour dénoncer les errements et, avec vous, y apporter les redressements.*(Poignée de main)*

DUCHESNEAU
Voilà qui est bien! Nous nous garderons d'opposer une faible défense, et sans être rebelles, Messieurs, nous serons hardis* dans notre résolution.

Traduire en justice: faire subir un procès.
Nicolas Boileau: critique littéraire au XVIIe siècle; il codifie l'art classique; ses écrits (satires, épîtres) révèlent les polémiques de l'époque sur l'écriture et les écrivains.
Censeur: personne qui contrôle ou critique les opinions, les actions des autres.
Hardi: qui manifeste un esprit prompt à oser sans se laisser intimider.

LA CHENAYE

Maintenant que tout cela s'arrange, permettez, Messieurs, que je vous découvre une petite surprise que je vous rapporte de France. *(Vers la porte, faisant signe à deux de ses domestiques qui rentrent aussitôt. Ils déposent au milieu de la pièce, une caisse qui paraît fort lourde, et que La Chenaye ouvre sans cérémonie. Les autres s'avancent pour y découvrir de nombreux livres)* Monseigneur, de l'Ermitage, un petit livre de maximes...

LAVAL

(Feuilletant le livre) Oh, mais c'est Monsieur Bernières* qui vient ainsi, toucher ma détresse*... Que Dieu est bon! Monsieur de La Chenaye, je suis comblé!

LAMBERVILLE

Et de François de Sales*...*(examinant deux bouquins)*... les Sermons et les Entretiens spirituels!

LA MARTINIÈRE

Montaigne, Descartes... mais c'est inouï!

LA CHENAYE

(Montrant d'autres livres à Monseigneur) Et qui viennent de paraître... de Bossuet*, les Oraisons, les Méditations!

D'AUTEUIL

(Découvrant une série de petits livres) Et les nouveaux abécédaires*, pour nos petits enfants d'école! *(Les exclamations fusent en tout sens, et sur ce, le rideau)*

Jean de Bernières de Louvigny: un des grands mystiques de son temps, il fonda à Caen, l'Ermitage, et quoique laïc, il fut le directeur spirituel d'une communauté de prêtres et laïcs, dont François de Laval.

Détresse: sentiment d'abandon, de solitude, d'impuissance.

Saint François de Sales: né à Sales (en Haute Savoie) en 1567, fut évêque de Genève et fondateur de l'ordre de la Visitation.

Bossuet: grand prédicateur, défenseur de l'orthodoxie, précepteur du fils de Louis XIV; connut le succès grâce à ses Sermons et à ses Oraisons funèbres.

Abécédaire: petit manuel pour apprendre l'alphabet.

Acte I, scène 5

Un quai dans la basse ville de Québec, lundi matin, à l'aube.

LA TAUPINE
brigade de voyageurs:
MATHURIN,
LA TOURETTE, 20 ans,
DUBOIS
PIGAROUICH, sachem algonquin
LIEUTENANT LUSSIGNY

(La brigade s'amuse à lancer le dé en attendant les instructions de Lussigny)

LA TAUPINE
(À Dubois) Hé, Dubois, doucement! T'es-ti soûl? Tu fleures* le vin à plein nez!

DUBOIS
La nausée m'alourdit l'estomac...

LA TOURETTE
Dubois court les bouges* du port, depuis trois jours.

DUBOIS
Je me suis laissé prendre aux câlineries* d'une pute* qui m'a fait boire tout un setier* de vin.

LA TAUPINE
La pute est généreuse, et tu t'en plains? Le bon vin aidant, c'est mon idée qu'a dû être accueillante, itou! *(Rires)*

MATHURIN
Quand le vin est tiré, il faut le boire, gros paillard* !

Fleurer: répandre une odeur de.
Bouge: cabaret mal famé.
Câlinerie: caresse.
Pute: variante de putain, une prostituée.
Setier: ancienne mesure pour les liquides, valant huit pintes.
Paillard: qui mène une vie dissolue.

LA TAUPINE
Et pas perdre la semence, comme dirait le curé!*(Rires)*

DUBOIS
La garce m'a fait boire pour me coiffer le cerveau* et me vider la poche.

LA TAUPINE
Ah, si y a pus de mine dans l'crayon, mon garçon, faut faire vite réparation!*(Rires)*

MATHURIN
(De La Taupine) Pour avoir troussé toutes sortes de jupons*, voilà qu'i se prend pour le grand maître en ribaudise* !

LA TAUPINE
Tu n'as qu'à bouffer des huîtres, mon Dubois, pis tout s'arrange.

MATHURIN
C'est vrai. Mon beau-frère en aurait mangé une bonne douzaine avant sa nuit de noces.

LA TOURETTE
Avec quels résultats?

MATHURIN
«Couci-couça»*, m'a-t-il dit.«Sur les douze, six seulement ont fait de l'effet!» *(Rires)*

DUBOIS
La pute m'a rogné les ailes* que j'vous dis, et s'est fourré la paume de mes derniers écus! Il ne me reste pas une piécette d'argent!

LA TOURETTE
Fallait pas flâner dans les bouges du port, mon ami. Ce sont là des guet-apens* pour détrousser les voyageurs.

Coiffer le cerveau: séduire.
Trousseur de jupons: un débauché, un coureur de jupons.
Ribaudise: la débauche.
Couci-couça: comme ci, comme ça.
Rogner les ailes: enlever ses moyens d'action.
Guet-apens: piège, embuscade.

LA TAUPINE

Tu sauras, La Tourette, quand le haut-de-chausse est en feu, le fêteux* pense pus à mettre de l'eau dessus. Hé, Dubois?

MATHURIN

La fortune te fera réparation* d'ici quelques semaines, et l'or te tombera encore une fois d'un autre parage*.

DUBOIS

Si le sergent de la prévôté ne nous met pas le grappin avant que je touche mon profit. C'est grand méfait* qu'on va encore commettre là, contre l'ordonnance...

LA TAUPINE

On ne pourra point nous reprendre* sur le chapitre de l'ordonnance. Lussigny nous remettra nos congés en bonne forme.

DUBOIS

C'est plus rassurant quand DuLhut est là. *(À La Tourette)* Où est-il don' parti, ton frère?

LA TOURETTE

Monsieur le gouverneur l'a envoyé en mission spéciale, en territoire iroquois. Après ça, il ira à Michilimackinac, rassurer les Outaouais et les Illinois.

DUBOIS

C'est-i vrai que ton frère DuLhut aurait gréyé* le gouverneur d'une belle Iroquoise?

LA TOURETTE

(Après un instant) Il m'en a point touché mot.

Fêteux: pour fêtard, noceur.
La fortune fera réparation: la chance te sourira.
Parage: endroit.
Méfait: action mauvaise, faute.
Reprendre: blâmer, réprimander.
Gréyer: de gréer (garnir un navire de mâts, de cordages); pourvoir quelqu'un de ce dont il a besoin.

DUBOIS

Bon. Puisque c'est comme ça. *(Après un instant)* Je n'ai aucune hostilité au projet du gouverneur, vous m'entendez? Moi-même, j'préfère ben une Sauvagesse à une Blanche. Mais, chez le clergé comme chez les Iroquois, je ne sais pas si sa conduite lui vaudra des faveurs ou des représailles*. Les dames pieuses crieront au scandale!

MATHURIN

C'est train royal* qu'il mène, et la fabuleuse dépense qui se fait dans sa maison n'agrée point* avec la maigreur de sa bourse*. Il lui faut de tout pour se donner le sentiment d'en avoir assez.

LA TAUPINE

Muselez-la*, ou j'vous la casse! Nous avons mieux à nous employer qu'à ergoter* sur la conduite du gouverneur.

LA TOURETTE

Vous oubliez trop de quels mauvais pas* il vous a tirés pour ce trafic que vous avez fait dans les pays d'En-Haut*.

DUBOIS

(À La Tourette) Tonnerre! Dieu m'est témoin que j'ai appliqué les ordres* que j'ai reçus, et qu'il y a dessus argent à me revenir!

LA TOURETTE

Ce serait agir assez sottement contre notre fortune* que de ne pas appuyer le gouverneur.

Représailles: riposte à un mauvais procédé, vengeance.
Train royal: vivre sur un grand pied, comme la royauté.
N'agrée point: ne s'accorde pas, ne convient pas.
Maigreur de sa bourse: de minces revenus.
Muselez-la: fermez-la (la bouche).
Ergoter: trouver à redire.
Tirer d'un mauvais pas: sortir, sauver d'une situation grave.
d'En-Haut: les territoires de l'ouest, à partir du lac Supérieur.
Appliquer les ordres: exécuter les ordres.
Contre notre fortune: contre notre intérêt.

DUBOIS

On a bien droit de se plaindre des retards qu'on met à nous bailler* l'argent. À quoi ça sert ces maudits billets de change* quand on doit attendre deux mois pour toucher la moitié de nos recettes, et encore quatre mois pour toucher l'autre moitié?

MATHURIN

Tu délires, Dubois. C'est-i le gouverneur qui est responsable de ce retard quand c'est la Compagnie de la Ferme qui nous colle* les billets de change?

LA TAUPINE

Modère tes transports, Dubois. T'en auras ben ton soûl* en Albany, parce que les Anglais payent trois fois le prix, et en bonnes pièces sonn...*(Apercevant Pigarouich qui écoutait, il s'élance et l'empoigne au collet)* Pigarouich, je t'y prends encore! Que faisais-tu là?

PIGAROUICH

(Se dégageant de l'empoigne) Pigarouich adresse au grand Manitou sa prière muette.

LA TAUPINE

Ouais... et avec des oreilles grande ouvertes!

PIGAROUICH

Les oreilles de Pigarouich écoutent longtemps la voix du Manitou.

LA TAUPINE

Ouais... et qu'est-ce qu'i t'a dit, l'Manitou?

PIGAROUICH

Le Manitou dit à Pigarouich, de suivre La Taupine.

Bailler: donner.
Billet de change: promesse écrite de payer une certaine somme.
Coller: remettre d'autorité, obliger quelqu'un à accepter.
Ton soûl: autant que tu en veux.

LA TAUPINE

Ah, ouais? Ben, dis à ton Manitou que La Taupine part en voyage et ne reviendra pas avant la Pentecôte*.

PIGAROUICH

Manitou dit à Pigarouich: Va sauver des âmes. Pigarouich, missionnaire.

DUBOIS

On est déjà sauvés, nous autres! Baptisés, confirmés, confessés, pardonnés... On va drette* en paradis! *(Rires)*

PIGAROUICH

Pigarouich veut convertir les Anglais.

LA TAUPINE

(Après un moment de silence) Tu sais pas tes prières en anglais! *(Rires)*

PIGAROUICH

Pigarouich connaît ses prières en latin...*(sur l'air du chant liturgique)*

Pater noster tu es in caelis
Sanctifie toué tours nous mènent tout haut
Adveniat résoume tout haut
Fiat boloune tasse toué

(Ricanement, devenant de gros rires)

DUBOIS

Hé, Pigarouich, donne-nous queuques p'tits coups sur le tourygan*. Queuques p'tits coups, là. Envoye! Donne-z-y ça! *(et reprenant sur le même air, pendant que Pigarouich frappe quelques coups d'accompagnement sur son tourygan)*

Adveniat résoume tout haut
Fiat boloune tasse toué...

La Pentecôte: fête chétienne célébrée le septième dimanche après Pâques pour commémorer la descente du Saint-Esprit sur les apôtres.
Drette: pour droit, «tout droit», directement.
Tourygan: tambourin fait de peau de chevreuil appliquée sur un petit baril défoncé.

Tiens, amène le chichicoua* ! Donne, Pigarouich! *(Dubois saisit le chichicoua qui pend à la ceinture de Pigarouich, et reprend sur le même air, en dansant à l'imitation d'un sachem, et en agitant le chichicoua)*

Pater noster tu es in caelis
Sanctifie toué tours nous mènent tout haut

(À Pigarouich) J'feras pas un aussi bon sachem* que toé, Pigarouich? *(Et reprenant)*

Adveniat résoume tout haut
Fiat boloune...

PIGAROUICH

(S'arrêtant soudain) Pigarouich veut aller à Albany, avec La Taupine. *(Tous sont interdits)*

DUBOIS

(Après un moment) Ton Manitou a bien menti s'il a dit qu'on allait à Albany.

MATHURIN

Nous allons à Cataracoui, porter des vivres pour les trente hommes de la garnison du Fort Frontenac.

LA TOURETTE

Qu'est-ce que nous irions faire, à Albany? Les Anglais sont nos ennemis. Ils pourraient nous trancher la gorge.

PIGAROUICH

La Taupine va à Albany vendre des fourrures aux Anglais.

LA TOURETTE

C'est défendu de faire le troc avec les Anglais.

DUBOIS

Tout ce drigail* que tu vois là, dans les canots, ça-t-i l'air des ballots de fourrures?

Chichicoua: espèce de vessie enflée appliquée au bout d'un petit bâton de 30 cm de longueur, et dans laquelle sont des pois que l'on secoue.
Sachem: «ancien» qui fait fonction de conseiller chez les Amérindiens.
Drigail (ou drégail): (canadianisme) bagage, attirail, paquets.

LA TAUPINE

(S'approchant de Pigarouich, et l'entourant de son bras, il lui signale de son autre main, le collier qui pend à son cou) Hé, Pigarouich, c'est là un beau collier que tu portes au cou! Et cette belle porcelaine bleue* qui garnit ton poil d'orignal, je la reconnais. C'est pas la porcelaine de grand prix que La Taupine t'a apportée, à la Trinité?

PIGAROUICH

(Touchant son collier) C'est un cadeau de La Taupine.

LA TAUPINE

Y a-t-i un autre sachem dans toute la colonie qui aurait un beau collier de porcelaine bleue?

PIGAROUICH

Pigarouich est le seul sachem avec collier de porcelaine.

LA TAUPINE

I m'semble que les missionnaires de Ste-Foye t'avaient demandé de donner ce collier à Dieu, et de l'attacher au rétable* d'autel dans l'église...

PIGAROUICH

Pigarouich n'a pas fait son serment.

LA TAUPINE

Mais, tu veux le faire, ton serment, hein, Pigarouich? Tu veux bien faire serment que tu ne boiras plus jamais de l'eau-de-vie dans le village, et pas même dans l'étendue du chenal* ?

PIGAROUICH

Pigarouich, bon chrétien. Pigarouich, bon sachem.

Collier de porcelaine bleue: large de 9 cm, fait de poil de porc épic et d'orignal, et garni d'émail bleu et blanc que l'on tire d'un coquillage ressemblant à l'huître.
Rétable: partie postérieure et décorée d'un autel, qui surmonte verticalement la table.
Chenal: passage ouvert à la navigation dans le lit d'un fleuve.

LA TAUPINE
Pigarouich veut faire son serment, mais Pigarouich ne veut pas se départir de son beau collier de porcelaine. Pigarouich ne veut pas donner à Dieu, comme garant de son serment, son beau collier de porcelaine bleue. Pas vrai, Pigarouich?

PIGAROUICH
Pigarouich, bon chrétien.

LA TAUPINE
Pigarouich veut aller chercher de la porcelaine bleue à Albany, pour remplacer le collier qu'il va donner au Bon Dieu...

PIGAROUICH
Pigarouich veut aller à Albany, avec La Taupine.

LA TAUPINE
Tu peux le faire, ton serment, Pigarouich. La Taupine te rapportera une besace* bien remplie de cette porcelaine bleue, et tu seras le sachem le plus riche de la colonie.

PIGAROUICH
La Taupine rapporte de la porcelaine bleue à Pigarouich?

LA TAUPINE
C'est promis. Sur ma vie, je t'en ferai grand cadeau. *(Ils se serrent l'avant-bras, en guise de serment)* Va voir le Père Bonneau, Pigarouich...*(L'Angélus sonne à l'église)* Tiens! Le Bon Dieu t'appelle, Pigarouich! Va servir la messe, et réfléchis bien. Tous les Algonquins te suivront et tu seras le premier indien à devenir un saint!

LUSSIGNY
(Apparaissant soudain) Mais, que fait Pigarouich dans ces lieux?

LA TAUPINE
Pigarouich se rendait à la messe et venait nous saluer en passant. Pas vrai, Pigarouich?

PIGAROUICH
Pigarouich va à la messe. *(Il sort en saluant les hommes)*

Besace: sac long, ouvert par le milieu et dont les extrémités forment deux poches.

LUSSIGNY

Sous son air benêt*, cet Indien recèle la trahison.

LA TAUPINE

Baptême! C'est un grand innocent bien empoigné* par les affaires de religion.

LA TOURETTE

La Providence veille sur les sots. Laissons là Pigarouich.

DUBOIS

Tout le drigail est ben paré*, Lieutenant Lussigny. Nous attendons vos ordres.

LUSSIGNY

Votre destination est la même. Vous la connaissez. Votre parcours est celui du Richelieu-Champlain*.

LA TAUPINE

Mais, la Compagnie de la Ferme n'a pas déjà posté une garde à Chambly, pour surveiller là, les mouvements de contrebande?

LUSSIGNY

La garde ne peut quitter Québec avant que d'avoir obtenu son permis. Et vous aurez dépassé Chambly quand Monsieur le gouverneur le lui accordera! *(Sourires)*

LA TAUPINE

Où se fait l'échange?

Benêt: niais, sot.
Empoigné: intéressé profondément.
Paré: de parer, préparer, (canadianisme), prêt.
Richelieu-Champlain: par la rivière Richelieu et le lac Champlain.

LUSSIGNY

À trois cents toises* de Sorel, à quatre heures demain matin. Vous prendrez le commandement des quarante canots de pelleteries, et confierez à la brigade de Montréal les quarante canots de marchandises destinés à Cataracoui. Voici les permis dûment signés. Évitez St-Ours et les églises St-Denis et St-Antoine, et les bivouacs* sur les îles. Et aucun feu sur les rivages avant que d'avoir atteint le lac Champlain. La Taupine connaît les portages* pour éviter les rapides. Ce sont là vos ordres, messieurs.

LA TAUPINE

Nous rabattrons* à Cataracoui par les rivières Mohawk et Oswego, avant les glaces.

LUSSIGNY

Dieu vous ait en sa garde. Monsieur le gouverneur compte sur votre diligence et votre discrétion.

LA TAUPINE

Soyez sans crainte, Lieutenant. Il n'y a rien qui vous doive troubler. Nous pourrons festoyer* à Cataracoui aux fêtes, et rabattre à Québec avec quelques aunes* de beaux lainages!

DUBOIS

(Ils saisissent les rames) Allons-y, les gars! *(Ils sortent. Lussigny les regarde partir. Puis, il se retourne, et sort)*

Toise: ancienne mesure de longueur (près de deux mètres).
Bivouac: installation provisoire en plein air, campement.
Portage: transport à dos d'homme, d'une embarcation, d'un cours d'eau à l'autre.
Rabattre: ramener vigoureusement dans une certaine direction.
Festoyer: prendre part à une fête, faire bonne chère.
Aune: ancienne mesure de longueur, mesurant 1,18 m, puis 1,20 m.

Acte I, scène 6

Au château St-Louis, dans le cabinet du gouverneur,
au cours de la même semaine.

FRONTENAC
THÉALA
SIEUR BIZARD
NICOLAS DUCHESNEAU
VAULTIER
MÈRE LEMIEUX
MONSIEUR PIERRE
BARROIS, secrétaire
GARDE

(Frontenac est à sa table, occupé à signer et à vérifier les dépêches et documents que lui tend son secrétaire, Barrois, quand soudain font irruption Mère Lemieux et Monsieur Pierre, retenant avec beaucoup de peine, une Théala qui se débat comme une forcenée)

MÈRE LEMIEUX
(S'écriant, alarmée) À nous! À nous, Monsieur le Comte! L'Iroquoise est déchaînée!... Oh!...

MONSIEUR PIERRE
(Resserrant l'empoigne, à Théala) De la retenue... Mademoiselle! Allons, modérez-vous...*(Comme Barrois s'élance pour l'assister, pendant que Théala résiste toujours)* La bourrique est sortie de ses gonds*, Monsieur le Comte. On la met aux fers?

FRONTENAC
Que diable donc est ceci? C'est notre perdrix des bois que vous osez malmener avec grand fracas?

MONSIEUR PIERRE
Notre perdrix?... Mais, c'est faucon de montagne qui fond* à griffes tirées sur des chapons*, Monsieur le Comte!

Sortir de ses gonds: s'emporter, hors d'elle-même.
Fondre: s'abattre avec violence sur.
Chapon: jeune coq châtré que l'on engraisse pour la table.

FRONTENAC

Relâchez votre captive et donnez à sa raison le temps de freiner sa colère*.*(Ils relâchent Théala)* D'où vient cette violente sortie*, Mère Lemieux?

MÈRE LEMIEUX

Si l'Indienne refuse toujours de prendre un bain à l'eau savonneuse, Monsieur le Comte, je ne réponds plus de la propreté de la literie dans cette maison. Comment en arriverai-je jamais à blanchir ces draps de lin, quand elle les imprègne tous les jours de cette graisse d'ours dont elle enduit ses cheveux et ses membres? *(Indiquant une tresse de Théala)* Et quelle vermine ne fourmille pas encore dans ces étuis de peau gommée dans lesquels Mademoiselle retient ses cheveux en cadenettes* bien graissées?

THÉALA

Théala est indienne et ne sera pas parfumée comme une Blanche!

FRONTENAC

En effet, Mère Lemieux, est-ce qu'une princesse iroquoise n'est pas plus avenante* à contempler au naturel?

MÈRE LEMIEUX

Au naturel, elle l'est assurément pour qui veut la contempler, Monsieur le Comte. Et d'un naturel qu'on ne peut plus naturel, n'est-ce pas, quand Mademoiselle se départit de son vêtement pour dormir toute nue, la nuit durant! Voilà qui est d'un grand naturel en effet, et peu gênant pour Mademoiselle, mais que je ne prise guère*, moi,Monsieur le Comte, occupée que je suis tous les soirs à fermer les volets et à tirer les rideaux pour cacher tout ce naturel bien avenant à la convoitise* d'une garde trop diligente* ! Il faudrait bien boucher le trou de la serrure, Monsieur le Comte..

Freiner sa colère: se calmer.
Sortie: attaque verbale.
Cadenette: tresse (de cheveux).
Avenante: qui plaît par sa bonne grâce.
Priser guère: ne pas apprécier beaucoup.
Convoitise: concupiscence, penchant aux plaisirs des sens.
Diligent: zélé, empressé.

MONSIEUR PIERRE

(À Mère Lemieux) Mais, alors, on ne pourra plus verrouiller sa porte, ma mie...

MÈRE LEMIEUX

(Après un regard réprobateur dans la direction de Monsieur Pierre) Je le boucherai moi-même, le trou, après avoir verrouillé à double tour.*(À Frontenac)* Cette créature est une occasion de péché dans cette maison,Monsieur le Comte. Et votre aumônier vous dira bien que la concupiscence est toujours coupable, messieurs, dans la pensée comme dans les actes. *(Sourires amusés de tous, sauf de Mère Lemieux)*

FRONTENAC

Ne vous mettez point en peine, Mère Lemieux. J'instruirai le Lieutenant Lussigny d'étendre une peau d'orignal dans la chambre deMademoiselle. Voilà qui aura l'heur d'assurer le confort de la princesse et de conserver la blancheur de vos draps.

THÉALA

Théala ne peut dormir dans cette chambre close. Théala a besoin de respirer le grand air.

FRONTENAC

Vous placerez Théala dans une chambre à l'étage supérieur et, la nuit, vous laisserez ouvertes les fenêtres qui donnent sur le fleuve. Ainsi, Mademoiselle pourra mieux survivre aux chaleurs de juillet.

MÈRE LEMIEUX

Mais, Monsieur le Comte, que diront les gens qui passent, la nuit...?

FRONTENAC

La question est tranchée. Vous pouvez disposer. *(Faisant signe à tous, sauf à Théala)* Allez, allez! *(Ils sortent. À Théala)* La fille de Grand Aigle m'aura été encore à nuisance*, et l'Onontio a tous les sujets* du monde d'être en colère.

Être à nuisance: qui est nuisible, malfaisant.
Les sujets: les raisons.

THÉALA
Mais, c'est Théala qui est prisonnière. C'est Théala qui a sujet d'être en colère.

FRONTENAC
L'Onontio a prêté l'oreille et incliné sa raison* vers la sympathie. Il n'y a plus aucune chose dans ce château dont la princesse ait lieu de se plaindre.

THÉALA
Théala tourne dans cette maison comme blaireau* en cage, et tu dis qu'elle n'a pas lieu de se plaindre?

FRONTENAC
Ah, mais l'oiseau sauvage eût voulu serrer ses griffes et dompter sa rage, que le geôlier* eût tôt fait de lui consentir quelques dispositions* plus... généreuses.

THÉALA
Je ne m'abaisserai pas à flatter ton orgueil, Onontio!

FRONTENAC
Je me garderai bien de flatter ton hostilité, bel oiseau, dussé-je souffrir encore les feux* de ton regard courroucé*.

THÉALA
L'Onontio attendrait-il de l'Iroquoise qu'elle lui fît de la prunelle* pour gagner ses faveurs?

FRONTENAC
Quelque mal que puissent me causer les yeux de l'Iroquoise, il m'est agréable de les voir dans ce château.

Incliner sa raison: s'efforcer.
Blaireau: petit mammifère carnivore qui se creuse un terrier.
Geôlier: gardien de prison.
Disposition: arrangement.
Les feux: les éclats.
Courroucé: en colère.
Faire, jouer de la prunelle: faire des oeillades, un clin d'oeil.

THÉALA
L'Onontio y prendrait là prétexte à contentement* que je lui plongerais le couteau au coeur!

FRONTENAC
Tu te ris de ma bienveillance, mais ta fureur ne m'est point si déplaisante.

THÉALA
Tu me berces* de beaux discours, mais tes paroles ne m'ensorcèlent pas.

FRONTENAC
Encore qu'elles ne semblent pas t'importuner.

THÉALA
Tu voudrais que j'admire ton esprit* ?

FRONTENAC
Tu ne l'as pas encore dédaigné.

THÉALA
N'est-il pas en voie de se gâter* à s'entretenir avec une Sauvagesse?

FRONTENAC
Non point, mais de s'enrichir aux propos d'une princesse.

THÉALA
Voilà un entourage* de femmes bien réduit pour un si grand seigneur. N'est-il point permis à l'Onontio de poursuivre des plaisirs autres que ceux de l'esprit?

Prétexte à contentement: excuse pour assouvir ses désirs charnels.
Bercer: leurrer.
Esprit: finesse, humour, qui est spirituel.
En voie de se gâter: en train de se compromettre, de se gâcher.
Entourage: un cercle, une compagnie.

FRONTENAC

Dans ce coin d'Amérique, la pratique de la continence est grande vertu, et celle des courtisanes* fort mal vue. Et si cela me déplaît et me contrarie, je dois me rappeler que le gouverneur est en quelque réputation* dans la colonie, où il doit attendre des Robes Noires, ou leur censure ou leur sanction*. *(Après un moment de réflexion)* Peu s'en faut * que de chasteté les hommes du pays n'en meurent, et la race s'éteigne dans cette société inculte*.

THÉALA

Plus d'une Indienne te dira que le Français se tourmente peu* de ces scrupules.

FRONTENAC

Ah, quand le Français se fait coureur de bois loin de son clocher, les scrupules ne l'étouffent* plus. Mais Dieu lui en pardonnera bien les excès si un jour on lui reconnaît d'avoir assuré au pays, non seulement une plus grande prospérité grâce aux castors qu'il récolte, mais aussi une plus grande population grâce à la progéniture qu'il sème. *(Après un moment de réflexion)* Aussi hétérogène* soit-elle, c'est là une prise de possession on ne peut plus complète.

THÉALA

À défaut de courtisanes, tu aurais pu emmener ta femme..

FRONTENAC

Sous aucun prétexte au monde Madame la Comtesse se serait-elle laissé persuader de quitter les splendeurs de St-Germain* et les gloires de Versailles* pour ce rocher gris*.

Courtisane: femme de mauvaise vie.
Être en quelque réputation: avoir une certaine renommée.
Ou leur censure ou leur sanction: ou leur réprimande ou leur approbation.
Peu s'en faut: encore un peu, et...
Inculte: sans culture intellectuelle, ignorant.
Se tourmenter peu: ne pas s'en faire.
Ne l'étouffent plus: ne le gênent plus.
Hétérogène: d'un curieux mélange.
St-Germain: château du XIIe siècle à Saint-Germain-en-Laye, sur une hauteur dominant la Seine, reconstruit par François Ier et modifié par Louis XIV.
Versailles: grand château du XVIIe siècle auquel collaborèrent la plupart des artistes du temps; à 10 km de Paris.
Rocher gris: Cap Diamant, à Québec.

THÉALA
Il faut une bonne bastonnade à ces femmes qui ne suivent pas leur mari.

FRONTENAC
Comme toutes les grandes dames de société, Madame la Comtesse souffre mal les liens du mariage, et n'a pas tardé de s'affranchir de cette contrainte* dès la naissance de son fils.

THÉALA
Et son enfant, elle l'aurait abandonné?

FRONTENAC
Plutôt confié, à des cultivateurs de Clion. Et plus tard, l'école militaire s'est chargé de l'instruire dans le métier des armes.

THÉALA
Une femme bien dénaturée, que Madame la Comtesse. Chez les Indiens, une femme qui abandonne fils et mari est rejetée de sa tribu et abandonnée aux éléments*.

FRONTENAC
Chez les Blancs aussi. Mais la jeune Comtesse appartient à cette classe privilégiée qui n'a d'autre occupation que de plaire. Et c'est là un métier que Madame pratique avec beaucoup de succès, étant douée comme elle est, de beauté, d'intelligence et d'esprit, qui lui méritent l'admiration des courtisans et la protection de Monsieur le Roi.

THÉALA
Tu n'en es donc pas jaloux?

FRONTENAC
Nullement, puisque Madame la Comtesse est toujours mon émissaire à la Cour, où elle n'a jamais cessé de servir mes intérêts. Je dois lui reconnaître une loyauté et une constance exemplaires, sinon dans le mariage, du moins dans la diplomatie.

S'affranchir d'une contrainte: se débarrasser d'une loi, d'une règle ou d'une servitude.
Les éléments: l'ensemble des forces naturelles qui agitent la terre, la mer, l'atmosphère.

THÉALA
Ton cœur, Onontio, est donc si vide de sentiments?

FRONTENAC
Non qu'il soit insensible aux sentiments, mais pour l'honnête homme*, la raison en demeure toujours la maîtresse.

THÉALA
La raison, ta maîtresse? *(Éclatant de rire)* La favorite du roi* a été ta maîtresse, et c'est pour t'éloigner d'elle que le roi t'a envoyé en Canada.

FRONTENAC
(Maîtrisant un geste qui trahit une vive irritation) Une autre calomnie que mes ennemis m'imputent pour essayer de noircir ma conduite dans l'esprit des gens de ce pays.

THÉALA
Non pas tes ennemis, mais ton ami, DuLhut, que j'ai entendu de mes oreilles un soir de campement.

FRONTENAC
(Devenu sombre) DuLhut s'est trompé. Ce n'est pas là la raison de ma commission*.

THÉALA
Pourquoi alors, est-ce qu'un grand seigneur quitterait la cour du Roi? Si ton pays d'outre-mer est un paradis terrestre comme tu le dis, pourquoi le quitter pour ce pays sauvage?

FRONTENAC
Je l'ai quitté pour des raisons pécuniaires* qu'une Indienne, fût-elle de ton intelligence, n'arriverait pas à comprendre.

Honnête homme: au XVIIe siècle, homme du monde qui fait preuve de savoir-vivre.
La favorite du roi (Louis XIV): Marquise de Montespan, sa favorite de 1667 à 1679, dont elle eut huit enfants.
Commission: charge, mandat.
Pécuniaire: qui a rapport à l'argent.

THÉALA

L'Onontio aurait épousé une princesse de grande fortune qu'il n'aurait pas eu à s'exiler si loin de son paradis terrestre.

FRONTENAC

(Songeur) L'Onontio eût demeuré à Versailles sa vie durant, qu'il n'eût jamais connu l'insigne honneur de sauver des eaux la belle Andromède* que voulut lui ravir le monstre marin. N'eût été la conclusion heureuse qui m'échappe, j'aurais pu jouer un Persée* très respectable...

THÉALA

(Après un moment) L'Onontio est plongé dans ses rêveries, et Théala ne peut le rejoindre.

FRONTENAC

Si, si je t'écoute.

THÉALA

Alors, raconte comment elles sont, les princesses de ton pays.

FRONTENAC

Enfarinées, pommadées*, parfumées...

THÉALA

Ne sont-elles pas parées de beaux atours et de riches bijoux?

FRONTENAC

Qu'elles varient, modifient et transforment à l'infini, qu'il s'agisse d'une promenade, d'une causerie, d'une visite, d'un dîner, d'un bal, d'une rencontre clandestine, et selon la température, la saison, l'heure et le lieu, et en tenant compte des galants, des convives, de l'auditoire, de l'invité, des envieuses, et de quelques soupirants insoupçonnés ou inattendus...

Andromède: déesse de la mythologie grecque, qui a inspiré des oeuvres dramatiques (Sophocle, Euripide, Corneille), fut délivrée d'un monstre marin par Persée; ainsi, Théala, la princesse iroquoise fut enlevée à l'Oiseau-Tonnerre, le dieu des chutes du Niagara, par l'action de Frontenac.

Persée: comme la conclusion de son aventure (l'enlèvement de Théala) n'est pas celle de l'histoire grecque, Frontenac a peine à s'identifier à Persée.

Pommadé: enduit d'une composition (pommade) molle, grasse et parfumée.

THÉALA
Et toutes les princesses portent une «engageante»?

FRONTENAC
Oui...c'est-à-dire... si l'on surprenait Madame à sa toilette, à l'occasion...

THÉALA
C'est quoi, une «engageante»?

FRONTENAC
Eh, bien, un petit corsage... qui fait un peu déshabillé... *(décrivant un peu de ses deux mains, puis gêné)* ...accusant un décolleté..euh, tant soit peu profond... pour rehausser l'éclat de...de... et engager le regard de... de... *(D'impatience)* Mais, enfin, qui donc t'aurait fourré cette idée dans la tête?

THÉALA
Le lieutenant Lussigny. Il a dit à Mère Lemieux que je serais plus alléchante si j'étais bien savonnée et vêtue d'une engageante, au lieu de cette matchicoté *(indiquant sa robe en peau de chevreuil)* qui sent le gibier et la fumée...

FRONTENAC
(La colère lui montant visiblement à la figure) Lussigny... c'est lui qui se mêle...ah, le... *(et il frappe la table de son poing. Avant qu'il ne puisse poursuivre sa réplique, Barrois fait irruption dans le cabinet, suivi de Sieur Bizard).*

BARROIS
(Décontenancé, et d'un débit précipité) Pardonnez l'interruption, Monsieur le Comte, mais il y là Sieur Bizard qui mande à vous voir, et qui ne peut...

BIZARD
(Bousculant Barrois en se présentant devant le gouverneur) Arrière, arrière, Barrois! Voilà un bon moment que je fulmine et ronge mon frein dans cette antichambre. Je vous prie, Monsieur le Comte, pour ma satisfaction, de vouloir m'entendre. L'affaire ne souffre aucun délai.

FRONTENAC

Mais, diantre*, Sieur Bizard, quelle mouche vous a piqué que vous fassiez irruption ici, avec tant de fracas?

BIZARD

Monsieur le Comte, on aurait chargé d'opprobre et accablé d'injures un officier de Sa Majesté, et la loi et le bon ordre exigent que l'on désigne le coupable à la vindicte publique* pour châtiment et réparation.

FRONTENAC

Vous couvez un tel ressentiment, Sieur Bizard, j'incline à croire que c'est vous-même l'offensé dans cet outrage à un officier.

BIZARD

L'officier, c'est moi-même, Monsieur le Comte! Et l'outrage est public de surcroît. Les agitateurs ne manquent pas d'audace dans ce pays, et à moins que vous ne fassiez quelque exemple de ces affronts à l'autorité, tout sera ici dans le bouleversement*.

FRONTENAC

Retenez un peu l'ardeur qui vous emporte, et faites-nous connaître la nature de l'offense, Sieur Bizard. Il y eut, dans cette brouillerie, outrage par paroles? gestes? menaces?... Enfin, éclairez-nous.

BIZARD

Dieu m'est témoin que je n'ai jamais songé qu'à vos intérêts, Monsieur le Comte. Ces longues années que j'ai vouées à votre service depuis les campagnes d'Italie*, doivent attester de ma loyauté et de mon estime. Ainsi, un affront à ma personne ne doit-il pas être perçu comme un affront à votre autorité, laquelle je représente à juste titre, pour le maintien de l'ordre? Je vous sollicite alors de punir un très pernicieux* exemple d'outrage par paroles, gestes et menaces!

Diantre!: exclamation, juron; comme diable! marque l'étonnement.

Désigner quelqu'un à la vindicte publique: le signaler au public comme coupable de quelque chose et méritant un châtiment.

Bouleversement: désordre, perturbation.

Campagne d'Italie: en 1669, à la demande du pape, des troupes françaises s'intègrent aux troupes vénitiennes pour libérer l'île de Crête de l'Empire Ottoman.

Pernicieux: malfaisant, nuisible.

FRONTENAC

De menaces, vous dites?

BIZARD

Oui, Monsieur le Comte. Voilà à quelles extrémités on aurait porté l'abus à ma personne.

FRONTENAC

Assez de tergiverser*, Sieur Bizard. Je veux le nom de l'agitateur.

BIZARD

Ne vous en déplaise, Monsieur le Comte, ils sont deux... Le fils de Monsieur l'intendant Duchesneau... et son valet, Vaultier.

FRONTENAC

Eh, bien, alors, c'est le fils de l'intendant qui vient jouer le faraud*? On aura tôt fait de lui rabattre le caquet*, et de mater* ses bouillants mouvements de jeunesse.

BIZARD

L'appui qu'il a trouvé dans les agissements de son père aurait augmenté son insolence... sans doute, avec l'envie de continuer, lui aussi, dans la voie de ses intrigues...

FRONTENAC

Doit-on s'étonner des mauvais déportements* des jeunes gens, quand on reconnaît qu'ils viennent, en effet, de la mauvaise éducation que leur donnent leurs pères? *(Apparaissant soudain, Nicolas Duchesneau et Vaultier, suivis d'une Mère Lemieux, haletante)*

NICOLAS

Plaise à votre seigneurie de nous entendre, puisqu'il apparaît qu'on fît trop de compte d'un incident bien anodin*.

Tergiverser: user de détours, de faux-fuyants pour éviter de donner une réponse nette.
Jouer, faire le faraud: crâner, faire le malin.
Rabattre, rabaisser le caquet de quelqu'un: l'obliger à se taire, à abandonner ses prétensions, ses critiques.
Mater: dompter, réprimer.
Déportement: écart de conduite, excès.
Anodin: inoffensif.

FRONTENAC

Qui diantre, vous aurait permis de fondre ici, à l'improviste, espèces de malappris* ? Mère Lemieux?

MÈRE LEMIEUX

(Essayant de se frayer un chemin) Je n'ai fait que leur ouvrir la porte, Monsieur le Comte... Ce ne sont point des voleurs, après tout!

VAULTIER

Nous savons quel soin* talonne Monsieur Bizard, et suivant l'avis de Monsieur Duchesneau, nous soumettons ici, à votre bon jugement, quelques éclaircissements.

NICOLAS

Mon père n'y est pour rien dans cette affaire, Monsieur le Comte, et sur moi seul doit tomber l'effet* de ma conduite.*(À Bizard)* Nous vous avons suivi jusqu'ici, Sieur Bizard... sur une piste de hargne*...

BIZARD

Ah, vous voyez là le caractère de son esprit et de son insolence, Monsieur le Comte! Cet infâme sera rossé* comme il le mérite!

FRONTENAC

Nicolas Duchesneau, veuillez vous conformer à une conduite de bienséance*, et ne nous chantez plus d'impertinents propos. Faites l'aveu sincère de vos égarements*, que nous prenions en pitié votre repentance et votre punition.

BIZARD

On me fera des excuses et une réparation publiques!

Malappris: mal élevé.
Soin: préoccupation qui inquiète, tourmente.
L'effet: les conséquences.
Hargne: mauvaise humeur, se traduisant en un comportement agressif et haineux.
Rosser: battre violemment.
Bienséance: conduite sociale en accord avec les usages.
Égarement: dérèglement, désordre, erreur.

NICOLAS

Eh, bien, pour battre un chien, un bâton est vite trouvé*. On juge et l'on condamne, avant même que de connaître les faits, avant même que d'entendre la défense de l'inculpé!

FRONTENAC

La justice m'appartient!

NICOLAS

C'est le gouverneur qui appartient à la justice, pour en être l'expression et la faire triompher.

FRONTENAC

(Se dressant vivement, il lève le bras comme pour le frapper. Mère Lemieux pousse un cri d'affolement) Mille tonnerres! C'est un vil marmoussin* qui vient ici me faire la leçon?

MÈRE LEMIEUX

Ce sont là des ardeurs de jeunesse, Monsieur le Comte...et plaise à Dieu que vous n'y trouviez là outrage à un officier...

FRONTENAC

Eh, bien, allez! Je vous écoute.

VAULTIER

Nous descendions cet escalier qui conduit à la basse ville, lorsque Sieur Bizard nous croisa à mi-chemin. Pour une raison qui nous échappe, Sieur Bizard interpella Monsieur Nicolas fort grossièrement, et lança quelques invectives non moins déplaisantes...

BIZARD

Le garnement me railla à ma face lorsque je le surpris à chanter une rengaine fort irrévérencieuse* à votre endroit, Monsieur le Comte!

Pour battre un chien, un bâton est vite trouvé: pour accuser, inculper ou punir quelqu'un injustement, il est toujours possible d'en trouver le prétexte.
Marmoussin: de marmot et marmouset, jeune homme insignifiant.
Rengaine irrévérencieuse: refrain impertinent, impoli.

VAULTIER
Sieur Bizard aurait pris ombrage* d'une chansonnette que turluterait un enfant dans la rue? Y a-t-il là prétexte à ...

BIZARD
(De colère incontrôlable) Une chansonnette!... un enfant!...

NICOLAS
Quand la mouche lui monte à la tête*, Sieur Bizard a l'injure prompte. Il m'a appelé «putain de pendard»*, en menaçant de nous fouetter, mon père, l'intendant, et moi, à la prochaine occasion!

BIZARD
Ce bougre* me traita de «vile canaille» et de «vermine» et menaça de me rosser si je ne me taisais!

VAULTIER
Que ne doit-on penser d'un homme de son rang qui tente d'assouvir sa furie* sur un enfant?

BIZARD
(À Vaultier) «De mon rang»? Oh, mais, vous me reprochiez alors, de n'être pas assez bien né. «De naissance vile et vulgaire», que vous me disiez, et m'accusiez de félonie*, moi, un militaire, qui ai fait campagne aux côtés de Monsieur le Comte!

NICOLAS
Sieur Bizard a de ces écarts de cerveau fêlé qui n'étonnent plus les gens de par ici. Et c'est le Sieur Bizard qui nous fera des excuses!

FRONTENAC
Comment, diantre! tu défies l'autorité et te moques de moi? *(Empoignant Nicolas par le collet, cri d'affolement de Mère Lemieux)* Je t'apprendrai à vivre, bougre de mal élevé! Présente tes excuses à Sieur Bizard si tu ne veux t'attirer de méchantes affaires!

Prendre ombrage: s'offusquer.
Quand la mouche lui monte à la tête: se laisser aller à des mouvements de colère, s'emporter.
Putain de pendard: (pour maudire quelqu'un qu'on déteste) coquin de vaurien.
Bougre: individu.
Assouvir sa furie: satisfaire sa colère.
Félonie: déloyauté du vassal envers son suzerain; acte déloyal.

BIZARD

Il faut mettre le pendard de fils en lieu de sûreté* !

FRONTENAC

Allons! Si tu me pousses à bout, je ferai quelque chose dont tu te repentiras!

NICOLAS

(Réussissant à se dégager de l'emprise, et en constatant que sa veste est déchirée) Pardi! Monseigneur, c'est bien vous qui vous en repentirez si l'affaire tourne à conséquence!

FRONTENAC

(Poursuivant Nicolas, qu'il frappe de sa canne) Des excuses, ou je te casse le dos!

NICOLAS

Plût au Ciel qu'il ne m'en coutât plus cher!

VAULTIER

(Qui essaie de retenir le bras de Frontenac, est retenu par Barrois) Monsieur le Comte, ménagez le petit... Que dira son père?

MÈRE LEMIEUX

(Essayant de se placer devant Nicolas pour le protéger, et d'affolement) Monsieur le Comte, vous vous emportez! Sainte Marie! C'est l'enfer déchaîné!

NICOLAS

Je vous ferai procès... pour voie de fait* ! *(Mère Lemieux lui ouvre la porte, il s'enfuit, et Bizard le poursuit en criant:* Pendard!)

VAULTIER

(Retenu par Barrois) Mais quelle folie vous a saisis tous? Laissez-moi! Me voilà acculé comme greffon sur l'arbre* !

Lieu de sûreté: la prison.
Voie de fait: violence ou acte matériel insultant.
Greffon sur l'arbre: partie d'un végétal qu'on greffe sur un autre végétal.

FRONTENAC

Garde! *(Et entre aussitôt un garde avec une hallebarde qu'il dirige éperdument sur Vaultier. Cri de Mère Lemieux. Barrois affolé relâche Vaultier qui s'enfuit aussitôt. À ses gens ébahis)* Peste de sots* ! Ne suis-je donc environné que de femelles et de chapons? N'y a-t-il personne dans cette galère* sur qui je puisse compter? *(Après un moment)* Eh, bien! qu'est-ce que vous attendez? Débarrassez! *(Au garde)* Dites à Lussigny qu'il est mandé ici. Et sans tarder! *(Le garde sort).*

THÉALA

(Comme les autres sortent) La raison, ta maîtresse? *(Éclatant de rire)* De vrais Sauvages! *(Riant de plus belle, elle sort. Frontenac se détourne, sombre)*

Peste de sots: imprécation, personnes nuisibles.
Galère: bâtiment de guerre, à voiles et à rames; ici, dans cette affaire, dans cette compagnie.

Acte I, scène 7

Quelques jours plus tard,
dans une cellule du Château Saint-Louis.

NICOLAS DUCHESNEAU
VAULTIER
PEUVRET
DAMOURS, conseiller, 63 ans
LIEUTENANT LUSSIGNY

(Nicolas Duchesneau et Peuvret sont déjà dans cette cellule du château, à bouffer des restes de victuailles, lorsque Damours y est conduit par Lussigny)

DAMOURS
(Rouspétant et se dégageant de l'empoigne de Lussigny qui le pousse dans la cellule) Mais, enfin, tout cela est bien grande sottise, que je vous dis! Je porterai plainte au Conseil Souverain.

LUSSIGNY
J'ai ordre de vous enfermer, Sieur Damours, et vous prie de vous y conformer.

NICOLAS
Rien ne sert de tonner* si fort au nez de ce maroufle*, Sieur Damours. Il est une pauvre cervelle.

PEUVRET
(Reconnaissant le conseiller, s'élançant vers lui, empressé) Sieur Damours, vous ici?

DAMOURS
En effet, Peuvret. Me voilà fourré dans de beaux draps!

Tonner: faire un bruit de tonnerre; crier, gronder, exprimer violemment sa colère en parlant très fort.
Maroufle: homme grossier, fripon.

NICOLAS
Mais, Sieur Damours, vous êtes au château du gouverneur. Et à Québec, est-ce qu'on peut loger à meilleure enseigne* ? *(Sourires amusés)*

PEUVRET
Quelle indignité pour un conseiller de votre rang, de se trouver au cachot.

DAMOURS
N'en est-il point autant pour ces sujets de Sa Majesté que je vois ici, emprisonnés?

VAULTIER
Monsieur l'intendant n'est pas sans ressources et tout sera fait pour nous sortir de ce cachot.

NICOLAS
Pendant que deux pouvoirs s'opposent et s'empêtrent, faisons festin! Sieur Damours, venez donc partager avec nous, la petite chère* qu'a bien voulu nous préparer la cuisinière duchâteau. *(Damours acquiesce)*

PEUVRET
Nous triompherons des noises* qu'on veut nous chercher, Sieur Damours, et de façon juridique. On ne se bat bien qu'avec les armes que l'on connaît.

DAMOURS
Monsieur le gouverneur assure en sa main tous les pouvoirs et cela ne peut durer. On recueillera nos griefs contre lui pour les présenter au Conseil Souverain.

NICOLAS
Vous avez mon assurance, Sieur Damours, que mon père travaille à diligenter* cette affaire.

À meilleure enseigne: à meilleure auberge (l'enseigne dénotant l'auberge).
La petite chère: un petit repas.
Chercher noise à quelqu'un: se quereller.
Diligenter: à exécuter d'une façon empressée.

DAMOURS

Ma femme aussi! Avec la même assurance, je puis vous affirmer que Marie Damours, mon épouse, se présentera au Conseil et tranchera la question, que ça ne prendra pas goût de tinette* ! Une Canadienne de sa trempe ne saurait reculer devant les menaces d'un vieux courtisan de Versailles!

PEUVRET

Monsieur de Frontenac a fort perdu dans la faveur du roi, et seront produites sous peu, les preuves qui pourront l'écraser.

DAMOURS

En attendant, nous voici en belle posture, enfermés dans ce cachot comme malfaiteurs...

VAULTIER

Mais, de quel méfait êtes-vous accusé,Monsieur le conseiller, que vous dussiez être soumis à un si odieux traitement?

DAMOURS

Ah! mais d'une infraction qui n'existe que dans l'esprit de Monsieur le gouverneur. À vrai dire, messieurs, un tel ressentiment lui écartèle la poitrine* que l'esprit paraît un peu se déranger.

PEUVRET

(Gêné, risquant une pointe d'humour) L'esprit trouve une bien étrange voie, dit-on, quand la bile* n'arrive plus à s'évaporer.*(Rire)*

DAMOURS

Plaise à Dieu que nous gardions notre sang-froid et y voyions clair dans cette affaire. Comme vous le savez,Messieurs, je fais chaque année, quelques voyages à ma seigneurie de Matane, pour diriger mon commerce de pêcherie. En avril, j'obtenais de Monsieur le gouverneur mon congé de traite pour couvrir et le canot qui me rend à Matane, et la barque que je charge de poisson. Eh bien! en rentrant à Québec ce matin, avec le produit de ma pêche, voilà que les gardes de Monsieur de Frontenac me mettent le grappin dessus, et me conduisent au château!

Goût de tinette: goût de tonnelet puant.
Lui écartèle la poitrine: lui déchire le coeur, le ronge.
La bile: cette humeur liée aux manifestations de colère.

PEUVRET

Où vous reçut Monsieur le gouverneur, je parie. Enfin, vous fit-il connaître son vouloir?

DAMOURS

Et comment! Il me chercha noise au sujet de ce congé qu'il m'avait signé lui-même en avril, alléguant que le permis ne couvrait que le canot et non la barque!

PEUVRET

Selon les dernières instructions de Monsieur Colbert à ce sujet, un passeport ne serait même plus nécessaire pour de telles excursions.

NICOLAS

Et vous lui auriez servi la riposte* ?

DAMOURS

(Moqueur) Je me confondis en excuses* veuillez croire, ce que Monsieur le gouverneur ne prisa guère. *(Autre ton, en évoquant la scène)* «Mais, Monseigneur, que je lui dis, si j'ai à ce point commis grave délit*, plût à Dieu que ma conscience m'exhortât à racheter mon erreur dans le sens que Votre Seigneurie, dans sa grande mansuétude*, voudra bien lui dicter». Et en voyant la bile lui monter à la figure, je lui avouai sans vergogne* que je croyais le passeport valable pour les deux embarcations *(Autre ton)* «En outre, que je lui dis, comme l'embarcation ne fait qu'aller à ma concession de Matane, j'ai cru comprendre que Monsieur le Roi aurait stipulé qu'il fût son bon plaisir que l'on aille fort librement sur les terres qu'il nous a données. »

NICOLAS

Sur ce, il bouille et se courrouce?

Servir la riposte: répondre vivement.
Se confondre en excuses: multiplier les excuses.
Délit: infraction à la loi.
Mansuétude: bonté, indulgence.
Sans vergogne: sans scrupule.

DAMOURS

Trépidant d'une rage mal contenue, il me répondit: *(Autre ton)* «Il n'y a point là motif à vous rengorger, Sieur Damours. Vous apprendrez en prison quelles étaient les intentions du Roi. Et vous y resterez jusqu'à ce que vous les eussiez apprises!» Il appela Lussigny qui me fourra en prison.

PEUVRET

Monsieur le Comte employa le même expédient à mon endroit parce que je refusai de lui céder les dépositions des témoins dans l'affaire de madame Bonhomme. La justice parfois, réserve un bien triste sort à ceux qui la servent le mieux.

DAMOURS

Le sort n'est absurde qu'en apparence, Monsieur Peuvret, parce que l'injustice porte toujours le germe de sa propre défaite.

PEUVRET

Monsieur le gouverneur use de la confiance que nous lui faisons pour nous tromper et nous engager dans la voie qui le sert, mais qui nous perd.

DAMOURS

Alors, à nous de substituer la méfiance à la confiance, et d'opposer à ses manœuvres une habile résistance.

PEUVRET

N'est-ce point là porter atteinte à l'autorité royale et fomenter la sédition?

DAMOURS

La résistance n'est pas une révolte mais un devoir quand on abuse du pouvoir et que la justice est menacée.

NICOLAS

Comptez sur mon adhérence, Sieur Damours! C'en est assez du grand Frontenac et de son air de gueule enfarinée* ! Il nous aura bernés* et roulés pour la dernière fois!

Gueule enfarinée: comme les types de niais de l'ancien théâtre et au visage enfariné, avoir la naïve confiance d'obtenir ce qu'on demande.
Berner: tromper en ridiculisant.

DAMOURS

(À Nicolas et à Vaultier) Au fait, j'ai ouï dire* qu'il avait déchargé sur vos épaules, une furie peu ordinaire!...

NICOLAS

Le déchaînement de sa colère fut tel que l'on s'écartait devant lui, comme devant un taureau de combat! *(Rire)* Il réussit à m'empoigner par le collet et à me rouer de coups de canne, pardieu! Mais, je me débattis... eh bien! et si vigoureusement, que je réussis à m'échapper et à m'enfuir, fort heureusement. Non sans avoir cédé une manche de mon veston et pété* tous mes boutons!*(Rire)*

DAMOURS

Comment se fait-il alors, que vous vous retrouviez dans ce cachot?

NICOLAS

Nous avons été dupes d'une supercherie* !

VAULTIER

Sachez que Monsieur l'intendant a dû mener une vive résistance pour défendre son fils et son valet. En entendant le récit de notre mésaventure au château, il fit barricader le palais et armer tous les domestiques!

NICOLAS

(Riant)... De piques et d'épées! *(Rire)* Les cuisinières brandissaient leurs rouleaux à pâte... à la défense du palais! *(Rire)* On voyait alors les valets se tapir aux fenêtres avec des épieux* de chasse...comme des fantassins* rangés en bataille, quoi!*(Rire)*

VAULTIER

Puis arrivèrent le Lieutenant Lussigny et sa garde qui sommèrent Monsieur l'intendant de rendre fils et valet.

Ouï dire: entendre, écouter.
Péter (les boutons): briser, rompre.
Supercherie: tromperie.
Épieu: gros et long bâton terminé par un fer plat, large et pointu.
Fantassin: soldat d'infanterie.

NICOLAS

Pour toute réponse, un grand éclat de rire.Toute la maisonnée en rigolait à s'en fendre les côtes. Et voilà que la rigolade éclata dans l'attroupement de voisins amassés devant le palais! Ah! quel divertissement, Messieurs! *(Rire)* Et, vaincu par le rire, Lussigny dut essuyer un cuisant refus et retourner penaud au château, n'ayant pu exécuter l'ordre d'arrestation *(Rire)*

VAULTIER

Monseigneur de Laval offrit alors, ses bons offices* d'intermédiaire pour aplanir* la discorde. Monsieur de Frontenac se servant du clergé encore une fois, pour déjouer un adversaire...

NICOLAS

Si nous avons été dupes, nous ne sommes point perdants, car la perfidie a éclaté au grand jour. C'est toute la population de Québec qui fut en émoi et tenue en haleine pendant trois jours! Et toute la population qui observa ce défilé des gardes du gouverneur et des archers du commandant d'armes, faisant escorte à Monseigneur de Laval, allant de l'évêché au château, du château au palais. Puis encore du palais au château, et du château à l'évêché! Et Monseigneur, éreinté et à bout de souffle, allant chez le gouverneur chercher des assurances, et chez l'intendant, calmer les appréhensions. Mon père, craignant la vindicte de l'ennemi, demandait toujours des garanties. Et pendant ce temps, les domestiques bien armés, toujours prêts à engager le combat et à repousser un assaut quelconque, ne quittaient plus leurs postes, se relayant même durant la nuit. Voilà beau spectacle qui tient de la comédie! Monsieur Molière y aurait trouvé là, beau sujet à rire!

DAMOURS

Mais enfin, comment fut rompue l'impasse?

VAULTIER

Monsieur l'intendant exigea pour moi, un procès en bonne forme, et me fit mettre en sûreté dans la prison royale.

Ses bons offices: en diplomatie, les démarches (d'un État) pour amener les parties opposées à négocier.

Aplanir: faire disparaître les inégalités, les obstacles.

NICOLAS

Mon père accepta que Monseigneur de Laval m'accompagnât au château et fût présent à l'interrogatoire. Je me rendis à l'évêché pour attendre le jour de l'entrevue. Au bout de trois jours, le Lieutenant Lussigny et sa garde nous accompagnèrent au château, Monseigneur de Laval et moi. En me voyant arriver, Monsieur le gouverneur donna ordre à Lussigny de me mettre au cachot! Monseigneur de Laval eut beau protester contre mon arrestation, ses suppliques tombèrent dans l'oreille d'un sourd.

VAULTIER

Et moi, sur les ordres du gouverneur, je fus retiré de la prison royale par le Lieutenant Lussigny et sa garde, et jeté dans cette cellule où j'y retrouvai Monsieur Nicolas et Monsieur Peuvret qui m'avaient précédé.

PEUVRET

N'est-ce point là bien grande honte pour un homme nanti d'un haut office comme celui de gouverneur, de s'abaisser à pareille chamaillerie*, comme les gens du commun* ?

DAMOURS

Mais, c'est du vrai guignol* qui se joue dans cette sacrée* colonie! Et toute cette brouillerie, comment a-t-elle commencé, enfin?

NICOLAS

Par une petite rengaine que Sieur Bizard m'entendit chanter dans la rue, et qui eut l'heur de lui déplaire fort. Ainsi qu'à Monsieur de Frontenac!

VAULTIER

Une rengaine qui a fait son chemin depuis Versailles jusqu'ici!

DAMOURS

Mais, chante-nous ça, Nicolas!

Chamaillerie: dispute, querelle.
Gens du commun: foule des non privilégiés.
Du guignol: une vraie farce (du genre du théâtre de marionnettes).
Sacrée (colonie): placé devant le nom, sert d'épithète pour renforcer un terme injurieux.

NICOLAS

(Il vérifie à la grille, pour s'assurer que le garde n'est pas en mesure d'entendre, et se met à chanter):
Je suis ravi que le roi, notre sire,
Aime la Montespan;
Moi, Frontenac, je me crève de rire
Sachant ce qui lui pend*;
Et je dirai sans être des plus bêtes
Tu n'as que mon reste,
Roi,
Tu n'as que mon reste.
(Tous s'éclatent de rire)

DAMOURS

(Riant et se tapant la cuisse) Oh, mais, enseigne-la moi, cette rengaine, Nicolas! Y a là de quoi régaler les pêcheurs de Matane! *(Et reprenant la rengaine)*
Je suis ravi que le roi, notre sire,
Aime la Montespan...

NICOLAS

(Enchaînant) ...Moi, Frontenac, je me crève...

DAMOURS

... de rire!
Sachant ce qui lui pend *(Rire)*

NICOLAS

...Et je dirai... *(et la lumière baisse sur cette scène)*

Qui lui pend: qui risque de lui arriver; ici, à double sens.

Acte I, scène 8

La salle du Conseil Souverain, au mois de septembre.

FRONTENAC
DUCHESNEAU
MONSEIGNEUR DE LAVAL
FRANÇOIS D'AUTEUIL
LA MARTINIÈRE
VILLERAY, 53 ans
TILLY, 65 ans
PEUVRET
LAMBERVILLE
MARIE DAMOURS
garde

(Duchesneau et Monseigneur de Laval sont déjà dans la salle du Conseil avec d'Auteuil, La Martinière, Villeray, Tilly et Peuvret, attendant l'arrivée de Frontenac)

LAVAL

Plaise à Dieu, Messieurs, que nous soyons éclairés dans nos délibérations par les lumières de l'Esprit Saint, et soyons guidés par cette Vérité qu'Il nous fera connaître, et qu'on ne peut nier quand elle éclate au grand jour.

DUCHESNEAU

La Providence pourvoira bien à nos souhaits, Monseigneur, pour peu que nous l'aidions d'une main ferme. Forts de quelques devants* et précautions que nous avons pris avant cette réunion, nous n'aurons avec Monsieur le gouverneur, nul accord* s'il ne s'abandonne en tout à la volonté de Sa Majesté et de ce Conseil.

VILLERAY

Monsieur le gouverneur a le poing leste* et dût-il s'emporter et marteler la table...

Devants: mesures prises pour devancer quelqu'un ou quelque chose, pour agir avant, ou l'empêcher d'agir.
Accord: entente, arrangement.
Leste: agile, vif.

TILLY

... et la renverser, comme à la dernière réunion! *(Rires)*

LA MARTINIÈRE

Cette fois, Messieurs, le coup de poing sur la table pourrait signaler une défaite...

PEUVRET

...et nous faire culbuter de notre siège! *(Rires)*

D'AUTEUIL

Non, c'est Phaéton* qui tombera de son char! *(Sourires)*

LAVAL

Dans sa dernière missive, l'Abbé Tronson dit bien qu'à la Cour, les intéressés sont déjà nombreux qui sollicitent son poste...

DUCHESNEAU

Il y aura des changements en Canada avant que ne soit écoulée l'année, Messieurs. Sa Majesté est convaincue que le bien du pays l'exige.

GARDE

(Apparaissant à la porte pour annoncer la présence de Frontenac) Monseigneur le gouverneur et lieutenant-général, le Comte de Frontenac! *(La Martinière et Peuvret vont à sa rencontre - Frontenac jetant à Peuvret un regard fort méprisant- et l'accompagnent à son siège à la tête de la table, Monseigneur de Laval prenant place à sa droite, Monsieur Duchesneau à sa gauche, et les autres à leur place respective. Il y a une place vide cependant, celle du conseiller Damours)*

Phaéton: dans la mythologie grecque, le fils du Soleil et de la nymphe Climène qui, en conduisant pour un jour le char de son père, faillit incendier la Terre. Zeus le foudroya et le précipita aux Enfers.

FRONTENAC

Messieurs, je reconnais avec plaisir que le Conseil conserve toujours, dans la réception qu'il me fait, la considération qu'il doit au représentant de Sa Majesté. L'honneur de ce Conseil sera d'autant plus considérable que ses membres ne voudront rien souffrir* qui puisse être contraire à la dignité de son chef. *(Après un moment de silence, et un regard circulaire, s'arrêtant sur François d'Auteuil)* Sommes-nous à ce point démunis de nos effectifs, Messieurs, que nous dussions avoir recours à ce néophyte* pour combler une vacance* dans ce Conseil?

DUCHESNEAU

Maître d'Auteuil a exercé par intérim, les fonctions de procureur-général, depuis la mort de son père.

FRONTENAC

Voilà qui est fort présomptueux, Monsieur l'intendant, qu'on se permît d'exercer une telle fonction avant que d'en avoir reçu la commission de Sa Majesté!

DUCHESNEAU

Parmi les affaires qui requièrent notre attention aujourd'hui même, Monseigneur, figure justement l'enregistrement des lettres patentes qui...*(Peuvret s'empresse de remettre à Frontenac, procès verbal et lettres)*

FRONTENAC

(À peine un coup d'oeil) On se serait déjà assuré la succession si tôt après le décès de notre procureur-général?

DUCHESNEAU

Par des lettres de provision que Monsieur Colbert aurait autorisées il y a deux ans, Monseigneur...

FRONTENAC

(D'une irritation croissante) Il y a deux ans?... des lettres de provision!...

Souffrir: endurer, supporter.
Néophyte: personne récemment convertie et baptisée.
Vacance: poste sans titulaire, à pourvoir.

DUCHESNEAU

Souffrez, Monseigneur, que nous vous fassions part des décrets promulgués récemment par le Conseil d'État à Paris, et qui m'ont été transmis sous pli* scellé* pour être enregistrés par notre Conseil.

FRONTENAC

(Élevant le poing, l'index dirigé par en haut) Et pour quelle raison, je vous prie, les décrets seraient-ils maintenant dirigés à l'intendant, plutôt qu'au représentant de Sa Majesté?

DUCHESNEAU

C'est que... Eh, bien, en raison sans doute, de cette nouvelle définition des fonctions que stipulent ces décrets. Enfin, si vous permettez, Monseigneur...

FRONTENAC

(Le poing chancelant, puis d'un revers de main) Faites, Monsieur l'intendant. Faites!

DUCHESNEAU

Une première ordonnance royale donc, vient confirmer Maître François d'Auteuil dans ses fonctions, comme procureur- général, ses lettres patentes devant être enregistrées par notre Conseil. *(Peuvret va reprendre de Frontenac, les lettres patentes pour que les conseillers en prennent connaissance).*

FRONTENAC

(Regard circulaire, acerbe) D'un commun accord, tacitement* convenu par les très honorables membres de ce Conseil, voilà que toute l'administration judiciaire de la colonie, tombe sous l'égide* d'un procureur-général de vingt-et-un ans! Le comble de vos égarements, messieurs, n'est surpassé que par la témérité* de ce jeune freluquet*, qui...

Sous pli: papier sur lequel se trouve un message, et replié formant enveloppe.
Scellé: fermé par un cachet de cire au sceau de l'État, apposé sur la missive par l'autorité (ici, royale), de manière qu'on ne puisse lire la missive sans briser le cachet.
Tacitement: implicitement, sous-entendu entre plusieurs personnes.
Égide: la protection, la sauvegarde.
Témérité: disposition à entreprendre sans réflexion.
Freluquet: jeune homme frivole et prétentieux.

D'AUTEUIL

Monseigneur, vous mettriez en doute la validité de ma commission que vous porteriez atteinte au discernement* de Sa Majesté qui a bien voulu l'entériner* par ordonnance royale!

LA MARTINIÈRE

Il n'est point dans les pouvoirs de ce Conseil d'apporter quelque restriction ou condition qui puisse retarder ou entraver l'enregistrement d'une ordonnance royale. *(Frontenac, son poing chancelant, devenant un revers de main)*

DUCHESNEAU

Un deuxième décret vient trancher les questions de préséance qui engagèrent une si grande partie de nos débats au cours de ces dernières années... Il est bien ordonné, et sans ambiguïté, qu'aucun membre de ce Conseil ne devra s'arroger titre ou fonction qui ne soit clairement indiqué dans sa commission.

FRONTENAC

Bien sage ordonnance, Messieurs, qui doive vous inciter à vous acquitter de vos charges avec déférence* et soumission.

TILLY

(D'ironie) Étant nés sujets du roi, nous n'avons pas à raisonner mais à obéir.

FRONTENAC

C'est là prononcement de notre roi qu'il faille bien retenir, Messieurs. Et à raison, la volonté de notre Souverain étant aussi celle de Dieu*. N'est-ce pas, Monseigneur?

LAVAL

En effet, Monseigneur, y verrait-on une certaine concordance si la volonté de Dieu était aussi celle de notre Souverain...

Discernement: disposition de l'esprit à juger clairement et sainement des choses.
Entériner: rendre valide un acte en l'approuvant juridiquement.
Déférence: considération très respectueuse que l'on témoigne à quelqu'un.
La volonté de notre Souverain étant aussi celle de Dieu: selon la doctrine de la souveraineté forgée au XVIIe siècle, «la monarchie de droit divin», le roi est directement investi par Dieu; d'où cette affirmation, les volontés du roi sont ipso facto celles de Dieu.

DUCHESNEAU

En outre, il est bien précisé dans ce décret, que l'intendant occupe la troisième place dans ce Conseil *(Un* Ah! *satisfait de Frontenac)* ... après le gouverneur et le vicaire général, et que tout en n'ayant pas le titre de président du Conseil, il devra néanmoins en remplir les fonctions aux réunions du Conseil.

FRONTENAC

Monsieur l'intendant devra dorénavant, s'efforcer de connaître sa place, et de se faire dans sa tête une meilleure idée de la différence qui existe entre le gouverneur, représentant la personne du Souverain, et l'intendant.

LAVAL

Sa Majesté pourrait s'étonner que Monsieur le gouverneur ait à se faire tant de peine à ce sujet.

DUCHESNEAU

(N'attendant pas une riposte de Frontenac, et enchaînant vivement) Dans les registres et promulgations*, Monsieur de Frontenac aura titre de gouverneur et lieutenant-général, et devra renoncer à tout autre requête d'intitulation contraire à la Déclaration de 1675.

LAVAL

Vous êtes le seul dans tout le royaume de France, Monseigneur, à être ainsi honoré du titre de gouverneur et lieutenent-général de tout un pays. N'est-ce point là vaines prétentions que vous eussiez désiré d'être qualifié aussi, chef et président d'un petit Conseil tel que le nôtre?

VILLERAY

En vous abaissant à ce rang, Monseigneur, vous eussiez abaissé du même coup, l'autorité royale.

Promulgation: décret par lequel le chef de l'exécutif atteste officiellement l'existence d'une nouvelle loi votée par le corps législatif et en ordonne l'exécution.

DUCHESNEAU

(Pendant que Frontenac contrôle à peine une rage croissante) Monsieur le gouverneur appliquera une grande diligence aux affaires militaires, et particulièrement à la défense de la colonie, ainsi qu'aux affaires étrangères touchant les relations avec les Indiens et les Anglais. Le gouverneur n'ayant ni le titre ni les fonctions d'un président de Conseil, n'a ni le droit de garder en sa possession le registre du Conseil, ni de recueillir les voix* lors de ses réunions, ni de rendre les jugements - ces fonctions appartenant toutes à l'intendant.

LAVAL

Notre Souverain aurait sagement jugé bon de déléguer un peu plus d'autorité à Monsieur l'intendant, craignant qu'un gouverneur de votre trempe, Monseigneur, dût se ruiner par excès de zèle à vouloir tout régenter...

VILLERAY

Il ne faudrait pas y voir là offense, Monseigneur, mais bien matière à louange.

FRONTENAC

Monsieur l'intendant, vous vous donnez les gants* de tout arranger dans cette colonie, et vous amenez la chose fort habilement. Mais, en ne vous montrant guère avenant à un homme de mon état, et qui représente ici le Souverain, c'est au roi que vous faites affront. *(Élevant la voix)* Et c'est là se conduire en rebelle, et non en défenseur de la loi!

DUCHESNEAU

Nous avons le très grand désir et le devoir par commission royale, de maintenir la paix en notre colonie, et de remédier aux erreurs et aux abus.

Recueillir les voix: établir le nombre de suffrages ou d'avis favorables dans une délibération, spécialement dans le domaine politique.

Se donner les gants: (de quelque chose) en s'attribuant l'honneur, le mérite, généralement mal à propos.

FRONTENAC
C'est au Roi seul, que revient le droit de juger et de remédier aux erreurs, Monsieur l'intendant! À cette fin, il vous incombe de présenter vos griefs à Monsieur Colbert après les avoir montrés à votre gouverneur.

LA MARTINIÈRE
On ne pourra point nous reprendre sur le chapitre des procédures, Monseigneur, ayant obtenu gain de cause* dans le cas de Messieurs Villeray et Tilly... *(indiquant les deux conseillers)* que vous aviez exilés à la campagne, et dont le retour au Conseil représente bien le couronnement de nos efforts.

DUCHESNEAU
Dans le jugement qu'en a rendu Sa Majesté, il fut signalé que l'exil du procureur général et des deux conseillers pour des raisons triviales, lui aurait été des plus déplaisants, ne pouvant d'aucune façon recevoir son assentiment.

FRONTENAC
Monsieur Duchesneau, vous avez pris à tâche de censurer ma conduite par un libelle* injurieux et rempli d'accusations odieuses, que vous avez présenté à Monsieur Colbert pour noircir ma conduite dans l'esprit de Sa Majesté. Voilà bonne manière* que vous avez inventée pour vous venger d'un rival trop fort, et pour soulager vos griefs. *(Sombre)* Il y a ici, une odeur de traquenard* qui ne me plaît guère.

Obtenir gain de cause: l'emporter, réussir.
Libelle: notification.
Bonne manière: bon moyen.
Traquenard: piège (pour prendre les animaux nuisibles).

MARIE DAMOURS

(Faisant irruption, alors que le garde, criant: «Madame! Madame! Je vous prie!... » *n'arrive pas à la retenir. Au garde)* Arrière, fiston! *(Et au Conseil)* Monsieur le gouverneur, Monseigneur de Laval, Monsieur l'intendant, et très honorables conseillers, j'ai à vous entretenir d'un sujet qui doive faire l'objet de vos délibérations, parce qu'il n'y a de recours qu'auprès de ce Conseil. Vous dûtes remarquer en siégeant ce matin, que votre Conseil fût incomplet, l'un de ses conseillers manquant à l'appel. Même en supposant que Mathieu Damours occupât toujours son siège en esprit, son corps n'en est pas moins à languir dans cette cellule du château où l'a séquestré Monsieur le gouverneur. Alors que Messieurs Peuvret, Vaultier et le jeune Nicolas Duchesneau ont été affranchis de leur captivité, grâce aux bons offices de Maître d'Auteuil, mon mari continue à attendre les effets d'une justice qui lui fait la sourde oreille. Je viens donc ici, en qualité d'épouse, présenter au Conseil cette requête d'un de vos conseillers, Messieurs.*(Elle dépose, sur la table, une missive scellée. Comme personne ne la recueille, Peuvret s'avance, la prend et, après une hésitation, la remet à Duchesneau).*

FRONTENAC

(Pendant que Duchesneau examine le contenu de la requête) Madame Damours, votre irruption ici ce matin, est pour le moins fracassante. Et votre requête qui, d'ailleurs, ne se trouve nullement inscrite à l'ordre du jour... *(lui indiquant la feuille sur laquelle serait inscrit l'ordre du jour)* constitue une ingérence* fort impertinente* dans les affaires de ce Conseil.

DUCHESNEAU

Toute mesure judiciaire, Monseigneur... *(en remettant la requête à d'Auteuil)* touchant une mise en accusation, doit être dirigée à notre procureur-général, sur l'avis de ce Conseil.

Ingérence: intervention, intrusion.
Impertinent: qui agit ou parle mal à propos, sottement.

D'AUTEUIL

(Ayant pris connaissance de la requête) Nous recevons cette requête, Messieurs, dussions-nous rappeler encore une fois à Monsieur le gouverneur, que ce procédé d'emprisonnement dont il fait si grand usage, est toujours contraire à l'édit du Roi promulgué en 1679, et interdisant au gouverneur d'emprisonner quiconque arbitrairement, pour tout autre motif que la sédition ou l'intelligence avec un ennemi de l'État. *(Sans attendre la réplique d'un gouverneur qui a peine à contenir sa rage)* Monsieur Damours demande qu'on l'informât des charges portées contre lui, et qu'il fût jugé dans les formes réglementaires, c'est-à-dire, par procès. À cet effet, Monsieur Damours demande à Monsieur le gouverneur de déclarer ses intentions au Conseil.

FRONTENAC

(D'un violent coup de poing sur la table) Ce n'est point là l'affaire du Conseil! Et Monsieur Damours devra répondre de son insolence devant le roi!

D'AUTEUIL

La timidité ne messied* guère, Monsieur le gouverneur. Et la justice que j'ai l'honneur de servir, n'admettra aucune intimidation pouvant compromettre une vérité incontestable ou un droit inaliénable. Ai-je besoin de vous rappeler, Monsieur le gouverneur, la démarche juridique qui assura la semaine dernière la mise en liberté de Messieurs Peuvret, Vaultier et Duchesneau? Si Monsieur Damours est mis en accusation par le Conseil, sur ses propres preuves, je conduirai l'audience de façon à démontrer encore une fois, que le gouverneur est l'accusé plutôt que le plaignant, dans cette affaire. On déclarera, comme dans les cas précédents, que le gouverneur est partie* dans le procès, et que par conséquent, les charges sont nulles et non avenues*. Le Conseil Souverain devra relâcher le conseiller Damours. Est-il votre vouloir, Monsieur le gouverneur, que nous tenions encore ce genre d'audience? Ou préférez-vous que Monsieur Damours prenne le prochain bateau pour aller plaider sa cause devant le roi?

Ne messied guère: (messeoir) ne me convient pas.
Partie: personne engagée dans un procès.
Nul et non avenu: inexistant ou antistatutaire.

FRONTENAC

Je n'ai jamais eu plus à souffrir, Messieurs, que quand on a voulu me faire passer pour violent* et pour un homme qui troublait* les officiers de justice dans les fonctions de leurs charges. *(Après un moment)* Que Monsieur Damours soit relâché, si telles sont vos intentions. À ce sujet, tout n'est pas dit, Messieurs. Tout n'est pas dit!

DUCHESNEAU

(À Marie Damours) Monsieur votre époux sera relâché, Madame. Le Conseil en instruira la Prévôté de Québec.

MARIE DAMOURS

Mon mari et moi, ainsi que nos quinze enfants, vous savons gré hautement, Messieurs. La considération et la célérité dont vous avez fait preuve témoignent bien de la confiance que vous ont vouée les gens du pays. *(Tous se lèvent, sauf Frontenac pendant que sort Madame Damours).*

GARDE

Le Père Lamberville attend toujours là...

DUCHESNEAU

(Au garde) Faites entrer.

LAMBERVILLE

(S'inclinant) Monsieur le gouverneur, Monseigneur de Laval, Monsieur l'intendant, Messieurs les conseillers...

DUCHESNEAU

Venez vous joindre à notre Conseil, Père Lamberville. Avant que d'entendre votre requête, nous vous ferons part des ordonnances qui ne seront pas sans apporter quelque réconfort à tout le clergé. *(À Monseigneur de Laval)* Monseigneur de Laval, vos prières sont exaucées et vos efforts récompensés. Sa Majesté a bien voulu promulguer une ordonnance interdisant la vente de l'eau-de-vie aux Indiens, dans leurs villages comme dans nos établissements.

Violent: excessif.
Troubler: interrompre ou gêner dans le cours normal de.

LAVAL

Nous nous réjouissons de cette très sage décision de notre Souverain, d'autant plus qu'elle vienne contrecarrer les manœuvres concertées* de Monsieur Colbert lui-même, et de l'assemblée de notables qu'avait convoquée Monsieur le gouverneur à ce sujet.

FRONTENAC

Eh bien! Monseigneur, s'il y a maintenant interdiction légale, nous vous saurons gré de bien vouloir lever l'interdiction religieuse.

LAVAL

La vente de l'eau-de-vie demeure toujours une offense contre la morale, Monsieur le gouverneur. Et à défaut d'une sanction* sûre et valable...

DUCHESNEAU

Point n'est besoin d'avoir recours à l'excommunication, Monseigneur. L'ordonnance prévoit une amende de cent livres à la première offense; de trois cents livres à la deuxième. Et le fouet, à la troisième.

TILLY

Messieurs, l'eau-de-vie est un vice commun en pays chrétien, où personne ne punit le marchand de vin. Est-il sensé d'imposer cette peine dans un pays naissant, où les Sauvages réclament les mêmes libertés que les Français?

LAMBERVILLE

Monsieur de Tilly, vous saurez que dans nos missions à Trois-Rivières et à La Chine, on enivre les Indiens pour leur dire le lendemain, que leur consommation leur coûtât trente peaux de chevreuil! Et vingt de nos Indiens à La Chine, sont morts d'ivrognerie en un an. Nos trafiquants sont devenus des cabaretiers* d'une cupidité outrée* et absolument éhontée!

Concerté: projeté de concert avec une ou plusieurs personnes.
Sanction: peine ou récompense prévue pour assurer l'exécution d'une loi.
Cabaretier: personne qui tient un cabaret.
Outré: poussé au-delà de la mesure.

TILLY

Le cognac n'empêche pas les Indiens de devenir chrétiens. La preuve, c'est que les convertis à Montréal boivent le cognac et ils n'en demeurent pas moins dociles envers leurs maîtres, et sont rarement soûls.

LAMBERVILLE

Qu'est-ce que vous en savez, vous, Monsieur de Tilly, des ravages qui sont perpétrés par ces beuveries d'enfer? Vous en avez été épargné jusqu'ici par la grâce de Dieu. Plût au Ciel que votre famille en fût épargnée encore quelque temps!

VILLERAY

Je partage votre conseil, mon Père. Chacun dit sur cela ce qui l'arrange, et nos échappatoires* sèment plus de discorde dans la colonie qu'il n'en pousse déjà.

LAVAL

Chacun de nous n'est pas seulement comptable* de ses mauvais agissements, mais aussi de tout le mal, comme de tout le bien, dont il est l'occasion, même à son insu.

DUCHESNEAU

Il nous faudra déployer toute la vigilance humaine, Messieurs, et nous appliquer à éviter les conflits. L'intérêt de la colonie et celui de la foi, nous commandent d'agir en ce sens.

FRONTENAC

(Narquois) Les Indiens s'approvisionneront ailleurs. J'eus l'occasion de constater à Cataracoui, lors d'un grand rassemblement, que les Iroquois y avaient apporté quarante tonneaux de rhum, de peur de n'en point avoir des Français!

TILLY

Et tout le monde sait que le rhum est moins bon que le cognac!

Échappatoire: excuse, prétexte.
Comptable: responsable.

LA MARTINIÈRE

Notre cognac n'a plus la réputation qu'il en avait, depuis que Monsieur Perrot à Montréal y ajoute de l'eau pour grossir le nombre de ses tonneaux.

DUCHESNEAU

Le désaccord règne partout, Messieurs, et la confusion prévaut à travers tous les départements.

FRONTENAC

Pauvre colonie, en quelle brouille et misère ne l'auriez-vous pas mise encore, Monsieur Duchesneau, si je n'eusse gardé une patience infinie en face de provocations insupportables que vous machinez incessamment, avec ceux qui vous sont affidés dans ce Conseil.

LAVAL

Il ne nous arrive rien que ce que Dieu veut, Messieurs, parce que tout cela est dans Sa main. Et Dieu est plus fort que Diable, tout de même! Il corrigera bien les iniquités.

DUCHESNEAU

Nos brouilleries n'ont d'autres sources que nos entêtements. Nous refusons cette politique de Sa Majesté qui veuille établir la colonie sur des bases solides le long du Saint-Laurent, dans un espace de terre plus restreint, que la colonie serait elle-même en état de maintenir et de défendre.

FRONTENAC

Monsieur Duchesneau voudrait bien voir démanteler* les forts Frontenac et Niagara, et raser* tous les autres postes de traite qu'a établis Monsieur de La Salle, en territoire illinois...

VILLERAY

En vertu des concessions accordées à Monsieur de La Salle et à ses associés, voilà que le centre du commerce des fourrures est déplacé de Montréal, et dirigé vers le lac Ontario et le lac Michigan - ce qui oblige nos marchands d'engager des coureurs afin de porter les marchandises aux villages indiens.

Démanteler: démolir
Raser: abattre à ras de terre.

TILLY

Il reste à savoir si Monsieur de La Salle a besoin de tous ces postes pour défrayer ses explorations, ou s'il poursuit ses explorations pour fournir ses postes...

FRONTENAC

Monsieur de La Salle poursuit à ses frais, des explorations qui rapporteront grand profit à Sa Majesté et à toute la colonie. Il importe qu'il prît possession des terres éloignées le long du Mississipi, au cas où quelque autre nation menacerait de s'en emparer, ainsi que de notre commerce de l'Ouest. En outre, ne serait-il pas d'un intérêt primordial que nous ayons une nouvelle route de Québec à la Mer du Sud, où pourrait alors être établi un port de mer qui serait libéré des glaces durant toute l'année? Et le Fort Frontenac, bien loin de représenter une provocation en territoire iroquois, constitue un poste d'écoute et de rassemblement où nous pouvons rencontrer les délégués iroquois et prévenir des attaques sur la colonie. En tenant les Iroquois en respect*, nous empêchons les Bostonnais de déborder* au Nord-Ouest où sont accumulées les meilleures fourrures, et d'empiéter sur notre commerce.

VILLERAY

Monsieur Colbert ne semble pas partager votre avis sur l'expansionnisme* que vous préconisez, Monsieur le gouverneur. Monsieur le Ministre juge que le commerce des fourrures a déjà absorbé la plus grande partie des réserves très limitées de la colonie, en capital*, en main-d'oeuvre et en talent pour les affaires.

Tenir en respect: tenir dans une soumission forcée (en montrant sa force, en menaçant avec une arme, etc.)
Déborder: dépasser, envahir.
Expansionnisme: action de s'étendre, de prendre plus de terrain ou de place dans le monde, en se développant.
Capital: somme que l'on fait valoir dans une entreprise.

DUCHESNEAU

Non que Monsieur Colbert veuille étrangler ce commerce, mais seulement le garder sous contrôle. Il est le désir de Sa Majesté que les ordonnances royales touchant les coureurs de bois soient appliquées et sanctionnées avec plus de rigueur. Deux décrets promulgués l'année dernière à ce sujet, ne semblent pas avoir produit les résultats escomptés*. Messieurs de La Martinière et d'Auteuil qui ont été chargés de faire enquête sur le commerce des fourrures, préparent un dossier qui nous permettra de réaliser les redressements qui s'imposent. *(À La Martinière)* Monsieur de La Martinière?

LA MARTINIÈRE

Un premier décret stipulait que vingt-cinq permis de traite seulement, seraient accordés chaque année. Et un deuxième décret accordait l'amnistie à tous les coureurs de bois qui abandonneraient le trafic illicite pour rentrer dans les établissements. Pour tout résultat, Messieurs, environ cent quatre-vingt coureurs ont fui vers l'Ouest avant que l'ordonnance eût été enregistrée par le Conseil. Et, après la proclamation de l'amnistie, les peaux de castor reçues par la Compagnie de la Ferme montèrent de soixante-neuf mille livres à quatre-vingt-trois mille livres. Pourtant, la foire de Montréal rapporta très peu de fourrures cette année, les Outaouais ayant refusé d'y apporter leurs fourrures parce qu'ils auraient ouï dire qu'il y avait là une épidémie de variole.

D'AUTEUIL

Nous avons en notre possession des écrits et des témoignages qui établissent les malversations* commises par Messieurs Perrot et Bizard, et suffisamment de preuves pour les traduire en justice, ayant retenu contre eux divers chefs d'accusation, dont l'intimidation, l'extorsion, le détournement de fonds et la contrebande!

Escompté: attendu, prévu.
Malversation: corruption, détournement, trafic d'influence.

FRONTENAC

(Martelant la table de son poing) Je proteste céans à la face du ciel contre ces mensonges et ces calomnies qui coulent sans vergogne, comme salive, de votre bouche. Ce sont là commérages que font circuler mes ennemis, et complot bien formé pour nous compromettre, Monsieur Perrot et moi ensemble, et nous faire des affaires* à tous les deux! Et vous saurez, Messieurs, que j'ai tous les sujets du monde de me louer de la civilité et de l'honnêteté de Monsieur Bizard qui n'a jamais songé qu'à mes intérêts, depuis...

D'AUTEUIL

En effet, sous plusieurs chefs, vos intérêts et les leurs semblent se confondre, Monsieur le gouverneur. Si les faits qu'on soupçonne étaient avérés, vous pourriez être inculpé par association...

FRONTENAC

Mais, quelle engeance* de traîtres! De conspirateurs éhontés! Rusant, discutant, promettant, feignant*... Sous le couvert de la justice et des fines arguties* de la loi, vous machinez toute une opération pour informer* ouvertement contre le gouverneur et le soumettre à votre juridiction!

D'AUTEUIL

Non pas à notre juridiction, mais à celle de Sa Majesté!

FRONTENAC

Peste soit à tous les diables* ! Quelle parodie* de la justice! Poursuivez donc l'enquête dans l'autre camp, et faites réquisitoire* maintenant, contre Monsieur de La Chenaye! N'est-il point connu que sa maison au Sault-au-Matelot soit le rendez-vous des renégats* qui font la traite illégale en territoire indien? Ses entrepôts regorgent de butin. Allez-y voir!

Affaires: ensemble de difficultés.
Engeance: catégorie de personnes méprisables.
Feindre: faire semblant de.
Argutie: raisonnement pointilleux, subtilité de langage.
Informer: faire une instruction en matière criminelle.
Peste soit à tous les diables!: imprécation, souhait de malheur contre quelqu'un.
Parodie: imitation burlesque.
Réquisitoire: discours ou écrit par lequel on accuse quelqu'un en énumérant ses torts.
Renégat: traître.

LAVAL

Monsieur de La Chenaye est très estimé dans la colonie, et un parangon* d'honnêteté et de générosité. Dois-je vous rappeler, Monsieur de Frontenac, qu'à la suite des pertes subies dans la basse ville, par l'incendie du 4 août dernier, Monsieur de La Chenaye assista tous nos gens pour le financement des cinquante-cinq maisons qui durent être reconstruites?

FRONTENAC

Monsieur de La Chenaye prête avec usure* ! Et que diront les enquêteurs de ce grand commerce que poursuivent les jésuites sous l'oriflamme* de la foi? Il ne fait pas de doute chez les Iroquois, que les Robes Noires font trafic de fourrures avec les Anglais de New York, pour ensuite s'approprier les deux-tiers de la terre arable du Canada! En raison de la pauvreté du pays, leurs revenus ne sont-ils pas démesurés? Et ce, pour des ecclésiastiques qui ont fait voeu de pauvreté! Tout ce Conseil est sous leur empire et ne prend aucune décision sans leur avis. Ils ont des espions même dans ma maison! Ils disent dans les missions qu'ils sont les égaux de l'Onontio, et tout ira mal aussi longtemps qu'ils ne gouverneront pas le Canada. Leur but est la maîtrise du pays, que je vous dis, et ils y emploieront tous les moyens!

LAVAL

Monseigneur, vous vous montez la cervelle! Le délire vous aurait-il à ce point gagné la raison que vous soyez porté à de telles extrémités? Plaise à Dieu que le calme revienne en votre âme, Monseigneur... Le malheur qui vous accable est le produit d'un bien mauvais entourage que Satan a semé d'embûches.

FRONTENAC

Gardez vos conjurations pour vos ouailles*, Monseigneur! Je n'y entends goutte*, et n'en ai point peur. Allez! Excommuniez donc le gouverneur! N'avez-vous pas déjà prétendu que vous en aviez le pouvoir?

Parangon: modèle.
Usure: intérêt excessif.
Oriflamme: petit étendard, ancienne bannière des rois de France.
Ouailles: des chrétiens par rapport à l'un de leurs pasteurs.
N'y entendre goutte: ne rien comprendre.

DUCHESNEAU

Monsieur le gouverneur, reprenez vos esprits. On ne saurait tolérer ici, de telles outrances*.

LAMBERVILLE

Monsieur le gouverneur, le coup est de taille*, et de nature à justifier tout ce qu'on avancera de vos prétendus emportements. Grand dommage qu'un tel excès vînt ternir l'éclat de votre position et nous obligeât à mesurer la distance qui nous sépare encore de vos bonnes grâces. C'est nous mal connaître que de nous croire inspirés par l'appât du gain*...

DUCHESNEAU

Mon Père, l'œuvre des jésuites est grande et sublime dans cette colonie, et le dénigrement* que feraient pleuvoir sur vous les mauvais esprits ne saurait dissimuler à ce point les élans de charité et de générosité héroïques qui marquent votre apostolat. Vous nous apportez aujourd'hui un message de grande urgence, mon Père, et ce Conseil ne souffrirait d'autre délai à vous entendre.

LAMBERVILLE

Messieurs, mon message est d'urgence, et le péril n'en est pas pour l'heure détourné. De l'avis de nos missionnaires à Michilimackinac, des récollets à Cataracoui, et des sulpiciens à Quinté, les Iroquois prépareraient des représailles fort menaçantes pour notre colonie. Nous n'avons plus à nous leurrer sur leurs intentions, encore moins sur leur pouvoir. La défaite des Andastes et la défection de la nation des Loups a fait pencher la balance du pouvoir en leur faveur. Et, forts de leurs conquêtes, ils revendiquent la suzeraineté des territoires appartenant aux Illinois et aux Miamis.

FRONTENAC

Ce ne sont point tant les Iroquois qui sont fautifs que les artifices de certaines gens qui auraient incité les Iroquois à attaquer les Illinois afin de dresser des obstacles aux explorations de Monsieur de La Salle.

Outrance: chose ou action poussée à l'excès.
De taille: important, considérable.
L'appât du gain: l'attirance du profit, de l'argent.
Dénigrement: critique, médisance.

LAMBERVILLE

(Après un moment, ignorant l'insinuation) Les Anglais y ont sans doute joint leurs artifices, car les Iroquois ont reçu d'Albany, un puissant renfort d'armes et de munitions, alors que les Illinois se défendent encore avec des arcs et des flèches! Et les Anglais font sous main* ce qu'ils peuvent pour obliger les Iroquois à conclure un traité avec les Outaouais, ce qui engagerait les Outaouais à rompre avec nous.

FRONTENAC

L'esprit iroquois est astucieux et connaît bien des détours, et pour les mater, il suffit de temporiser* et d'user les nerfs en attendant de marquer sur lui, un avantage d'autorité et de force. Voilà comment on les tient en respect, ces Iroquois.

LAMBERVILLE

Ce sont là les tactiques dont ils sont bien coutumiers, et qui leur ont permis de passer à l'attaque très souvent ces dernières années, et avec succès. Les escarmouches et le pillage deviennent plus fréquents. Il y a deux ans, en 80, le long de l'Illinois, jusqu'au Fort Crèvecoeur, six cents Iroquois firent là de bien grands ravages et prirent de nombreux prisonniers. Mais plus nombreux encore, furent ceux qu'ils tuèrent et mangèrent. Plusieurs centaines d'Illinois furent dévorés, Messieurs! Un récollet fut brûlé au bûcher, ainsi que quelques Français de l'expédition de Monsieur de La Salle. Les Illinois durent repousser deux autres attaques depuis.

FRONTENAC

À quoi a-t-il donc servi tout cet apostolat dont vous vous targuiez si hautement? En rendant les Sauvages sujets de Jésus-Christ, ne faut-il pas aussi les rendre sujets du Roi? Le véritable moyen de les rendre chrétiens n'est-il pas de les faire devenir hommes? Or, les Sauvages dans vos missions ne connaissent même pas la langue française! Pendant ce temps, les Bostonnais emploient leur temps à leur enseigner l'anglais! Comment pouvez-vous leur enseigner la doctrine catholique en leur permettant de retenir leurs coutumes barbares?

Sous main: en secret.
Temporiser: différer d'agir, par calcul, dans l'attente d'un moment plus favorable.

LAMBERVILLE

Ne vous en déplaise, Monsieur le gouverneur, je ne suis point ici en tant que prédicateur*, mais bien comme émissaire. Il y a un an, vous envoyiez Monsieur de La Forest chez les Iroquois pour les convoquer à une rencontre avec vous au Fort Frontenac, devant avoir lieu en septembre de cette année. Et Monsieur de La Forest s'y étant employé pendant un an, les délégués des Cinq-Nations se trouvèrent réunis au Fort Frontenac il y a trois semaines, tel que convenu. Or, vous n'y étiez pas! Voilà une impolitesse fort contrariante à faire à des Iroquois...

FRONTENAC

Pour la sûreté et la dignité de mon état, il m'eût fallu une escorte beaucoup plus importante qu'à l'accoutumée en raison des nombreuses embuscades qui nous guettent dans ce territoire. Et une telle escorte serait coûteuse et donnerait l'alarme aux Iroquois... et pourrait faire paraître suspectes mes intentions. Et encore, si les Iroquois avaient comploté de m'attaquer à Cataracoui?

LAMBERVILLE

Une escorte trop coûteuse? Plût au Ciel que nous en fussions quitte pour si peu, si la guerre se déclarait, Messieurs... Voilà bien belles manœuvres d'apaisement et de temporisation, Monsieur le gouverneur! Tegannissorens, de la nation des Onontagués, et Monsieur de La Forest, se sont rendus à Montréal où ils vous attendent présentement. Monsieur le gouverneur serait-il encore empêché par quelque indisposition de se rendre à Montréal, que Tegannissorens lui saurait gré de bien vouloir fixer une rencontre avec les délégués des Cinq-Nations à une date ultérieure, à Ochuguen, sur la rivière Onontagué.

FRONTENAC

En plein territoire iroquois! La voilà l'astuce que l'on vient me servir. Et je donnerais dans ce panneau*, moi? Pardi, on verra bien qui sait l'emporter dans cette guerre de nerfs! Dites à Tegannissorens que j'attendrai deux ou trois délégués de chaque nation, à Montréal!

Prédicateur: celui qui prêche.
Donner dans le panneau: tomber dans le piège.

DUCHESNEAU

Il est sans doute, et tout le monde en convient, que si on laisse faire les Iroquois, ils soumettront* les Illinois, et en peu de temps ils se rendront maîtres de toutes les nations de l'Outaouais, et porteront le commerce aux Anglais. De sorte qu'il est d'une nécessité absolue de nous les rendre amis, ou de les détruire.

LAMBERVILLE

Et quand cette rencontre vous siérait-elle, je vous prie, Monsieur le gouverneur?

FRONTENAC

À vrai dire, il me faudrait trouver moyen d'empêcher un grand désordre sans compromettre l'autorité de Sa Majesté en faisant voir aux Iroquois que la force de Sa Majesté est assez grande pour soutenir son autorité sans y employer des mesures de coercition.*(Divaguant)* Je n'appréhende jamais l'effet de leur mauvaise volonté pourvu qu'ils aient la bonté de vouloir faire approfondir les choses, parce que je suis sûr que l'éclaircissement tournera à leur confusion et à notre avantage...

LAMBERVILLE

Mais enfin, à quand cette rencontre, Monsieur le gouverneur? Puisque sur vous entièrement, repose la responsabilité de faire face à cette menace...

FRONTENAC

(Surpris dans ses réflexions et son indécision, il se ressaisit, et d'un coup de poing sur la table) L'année prochaine, au mois d'avril! Dites à Tegannissorens que l'Onontio a parlé! *(Il se lève et sort. Lumière sur cette scène)*

Soumettre: réduire, subjuguer par la force des armes.

Acte 1, scène 9

Château Saint-Louis, début d'octobre, fin d'après-midi.

FRONTENAC
GREYSOLON DULHUT, coureur de bois, 43 ans
MÈRE LEMIEUX
MONSIEUR PIERRE
BARROIS

(Dans le cabinet du gouverneur, il y a apparence d'un départ imminent: paperasses, livres et objets réunis sur la table; coffres ouverts à demi-remplis; cheminée dégarnie. DuLhut, assis, Frontenac debout devant la fenêtre donnant sur le Saint-Laurent)

FRONTENAC
En vérité, DuLhut, cette partie du royaume de France, est destinée à un grand avenir. Rien ne me paraît si beau et si magnifique que la situation de la ville de Québec, qui ne pourrait pas être mieux postée si elle devrait devenir un jour la capitale d'un grand empire.

DULHUT
C'est là bien grand rêve, Monsieur le Comte. Puisse le roi en être saisi avant que ne fût accompli ce rêve par d'autres que des Français.

FRONTENAC
Il y a dix ans, lorsque j'aperçus pour la première fois ce rocher gris, dressé à l'entrée du fleuve, j'eusse cru qu'il siégeât là, le Grand Manitou du Nouveau Monde, fier et courroucé comme Jupiter* sur l'Olympe, et nul étranger ne dût s'en approcher sans éprouver quelque sentiment de respect mêlé de crainte et d'appréhension.

Jupiter: nom latin du dieu grec, Zeus. Sa demeure est l'Olympe, et ses armes, l'éclair et le tonnerre; et tous, dieux et hommes, lui doivent obéissance.

DULHUT

Et de convoitise, Monsieur le Comte! Et de convoitise! Tout le monde veut le posséder, ce rocher gris.Il y a ici, tout un continent à exploiter et à conquérir. Mais nous ne rencontrons que des obstacles administratifs.

FRONTENAC

Les rivalités d'intérêt, mon ami. Voilà qui alimente toutes les luttes. Le projet que vous proposiez à Sa Majesté l'année dernière, n'est pas sans revêtir quelque aspect devant promouvoir l'agrandissement du royaume de France. Pourtant, vous vous êtes heurté à grande dureté* de refus en présentant votre requête à Versailles.

DULHUT

Et je ne demandais rien de plus qu'une permission, Monsieur le Comte! La permission d'explorer les territoires au nord et au sud du lac Supérieur. Guère plus audacieux, ce projet, que celui de Monsieur de La Salle, lorsqu'il proposa au roi en 75, d'explorer les territoires au sud des Grands Lacs et tout le long du Mississipi!

FRONTENAC

À Versailles, on n'a que peu d'idée de l'immensité de ce pays. Et les cartes étant encore bien imprécises, comment savoir qui de La Salle ou DuLhut dût se réclamer du plus grand espace?

DULHUT

Folie pour folie, si fou il y a, le sort me fut bien contraire. Quel que fût l'instrument avec lequel on mesurât ces projets de visionnaire, le projet de Monsieur de La Salle devait être gratifié d'une commission, et couronné d'un titre de noblesse de surcroît! Alors que le mien fut rejeté. Voilà bien chiche* remerciement pour les services que j'ai rendus à Sa Majesté.

Dureté: caractère de ce qui est pénible à supporter, brutalité.
Chiche: peu abondant, mesquin.

FRONTENAC

Monsieur de La Salle nous avait rallié les Iroquois, et c'est bien ce qui assura le succès de notre entreprise à Cataracoui. Et fort de l'expérience acquise dans leurs tribus, de la connaissance de leur langue et de leurs moeurs, sa demande dut y gagner en éloquence, eu égard aussi à ces puissants appuis* qu'il comptait à la cour.

DULHUT

Je n'ai ni l'éloquence ni les appuis de Monsieur de La Salle. Mais les efforts que j'ai appliqués depuis sept ans, à maîtriser la langue des Outaouais, à rallier ces tribus aux Français et à les empêcher d'aller chez les Anglais à la baie d'Hudson, n'en sont pas moins louables. J'ai amené les Sioux, les Sauteux et autres tribus au nord du lac Supérieur, à conclure une paix dans un grand rassemblement. Je dressai les armoiries de France dans les établissements voisins, pour signifier aux Anglais que ces terres étaient revendiquées par notre Roi Louis. On ne se soucie guère dans cette colonie, de la présence anglaise à la baie d'Hudson. Et pourtant, il y a là deux forts qui détournent le commerce de Tadoussac. N'est-il point dans les intérêts de Sa Majesté que soient poursuivies dans l'Ouest les entreprises françaises, Monsieur le Comte?

FRONTENAC

L'expansion territoriale de l'empire français en Amérique n'a pas la faveur de Monsieur Colbert par les temps qui courent. On veut rendre le Canada autonome et mercantile* qu'il fût en mesure de procurer à la Mère-Patrie sa matière première, et d'absorber* ses produits manufacturés. Après les bouleversements des années 70 - la guerre de Hollande, la famine et les insurrections - la Mère-Patrie a besoin de s'appuyer sur sa colonie d'Amérique.

Appui: aide, assistance, protection.
Mercantile: commercial.
Absorber: résorber, consumer.

DULHUT

On ferait peser le poids de vingt-trois millions de Français sur une population de dix mille habitants, à mille lieues au-delà des mers? C'est mal connaître cette population si l'on croit la contenir sur quelques arpents de terre, pour l'obliger à soutenir un tel joug*. La preuve, c'est que les infractions à la loi se multiplient! Une ordonnance nous commande de ne point dépasser une lieue au-delà des terres cultivées. Mais quel coureur de bois voudra s'y soumettre? Et l'habitant qui a envie de se tailler un domaine, qui l'empêchera de défricher une terre à sa mesure dans ce pays sauvage?

FRONTENAC

Cher ami, je ne suis pas étranger à ce genre de détours qu'il faille exercer pour pousser à bonne fin un projet d'expansion à l'encontre des restrictions. Il n'y eut point d'inventions et de stratagèmes qu'on ne fît en 73 pour m'empêcher de fonder un poste à Cataracoui. Et qui eût cru alors, que le fort que nous érigions devant un auditoire éberlué* de cinq cents Iroquois, dût devenir un établissement aussi considérable? On ne saurait concevoir l'ardeur et la diligence avec lesquelles tout le monde s'employa pour faire le fort que je fis tracer, puisqu'en six jours il fut entièrement fermé et en défense, et qu'on fit plus de vingt arpents de défrichement. Les Sauvages ne pouvaient assez témoigner leur étonnement de voir cette diversité de travaux qui se faisaient tous à la fois, et ce grand nombre de canots et de gens - une corvée de quatre cents hommes, mon ami, et de cent vingt canots! N'est-ce pas que tout cela pouvait donner aux Iroquois à connaître combien la puissance du roi, et la vigoureuse industrie des Français, pouvaient être redoutables? Tout le monde tomba d'accord que c'était là la plus grande affaire que l'on pût faire pour l'avancement de la religion, pour la sûreté du pays et l'augmentation du commerce. Aujourd'hui, il y a là deux villages, une douzaine de familles françaises établies sur des terres, des gens de tous les métiers, une garnison, des récollets, un chirurgien... N'est-ce point là grand accomplissement qui soit assuré de durer après moi?

Joug: esclavage.
Éberlué: ébahi, stupéfait.

DULHUT

En effet, Monsieur le Comte. «À l'oeuvre, on connaît l'artisan»*, comme dirait Monsieur de La Fontaine. Et ce sont des établissements comme celui-là qui peuvent un jour devenir très considérables, et assurer votre place dans l'histoire de ce pays.

FRONTENAC

On me brave à ma barbe*, on se prélasse* en Conseil, on déclame contre moi dans les maisons particulières*de Québec, on essaie de corrompre* de mes gardes. J'ai eu grand-raison, mon ami, et bientôt on me saura gré d'avoir ainsi contribué hautement à l'accroissement de cette colonie.

DULHUT

Monsieur le Comte, vous n'êtes pas homme à reculer devant la calomnie, fût-ce la pire. Et les fadaises* dont cette administration est assaisonnée, ne sont que flammèches* fumeuses propres à faire bon feu de grands fagots.

FRONTENAC

Ils ne me briseront* pas si aisément, ces gens dont l'esprit y paraît concerté. Car il pourrait bien arriver que le poids de cette cabale qu'on a mobilisée pour me perdre, si injurieuse pour moi et si propre à porter le peuple à la sédition, se retournât contre ses auteurs et les menât dans un fâcheux dédale*. Les appétits d'honneurs et de richesses, longtemps bridés ou contrariés, ne vont pas tarder à se déchaîner dans la colonie. Et c'est alors que les gens comprendont qu'on ne gouverne pas seulement avec des patenôtres*. Ah, DuLhut, je suis si fort accoutumé de mépriser mes ennemis qu'il me semble qu'ils vont me manquer...

À l'oeuvre on connaît l'artisan: on juge de l'habileté, du mérite d'une personne selon sa production, selon ses réalisations.
Braver à sa barbe: défier, narguer en sa présence.
Se prélasser: prendre un air important.
Particulier: qui appartient à un individu.
Corrompre: suborner, acheter.
Fadaise: niaiserie.
Flammèche: parcelle enflammée qui se détache d'un brasier.
Briser: réduire la résistance, abattre l'orgueil de quelqu'un.
Fâcheux dédale: confusion embarrassante.
Patenôtre: du latin,«pater noster»; une prière.

DULHUT

Est-ce que Monsieur Duchesneau ne rentre pas en France sur le même vaisseau que vous, Monsieur le Comte? C'est dire que votre association se poursuivra encore pendant un mois? *(Rire)*

FRONTENAC

À la première irrévérence, j'en fais mon souffre-douleur* pour le reste du voyage! *(Rire. Après un moment)* J'éprouve un tel vide à l'âme...Valait-il la peine d'oeuvrer autant dans ce hallier* épineux, pour des gens qui me tiennent en si grande aversion? Quelle chose amère que ce pouvoir que nous nous targuons d'exercer.

DULHUT

Nulle renommée n'est acquise qui n'ait pas sa part de fiel, Monsieur le Comte. Et ils sont encore nombreux ceux dont la loyauté et la gratitude garantiront le parachèvement* de votre oeuvre.

FRONTENAC

C'est sagement pensé, DuLhut. Votre avis m'est précieux et vos paroles me réconfortent. Si les honneurs ne m'ont pas encore été dévolus* c'est qu'ils sont en passe* de l'être, eu égard à la qualité de mon expérience et aux accomplissements qui marquèrent les dix années de mon intendance. *(Et, s'apercevant que Monsieur Pierre et Mère Lemieux attendent à la porte, il s'éclaircit la gorge)* Mais, qu'est-ce que vous attendez, Mère Lemieux, pour faire ici un peu de lumière?

MÈRE LEMIEUX

Justement, Monsieur le Comte, j'allais vous allumer quelques bougies pour égayer un peu la pièce.

FRONTENAC

Et vous, Monsieur Pierre, ranimez le feu. Dois-je vous rappeler encore, combien m'est déplaisante l'humidité de ces jours d'octobre?

Souffre-douleur: personne qui est en butte aux mauvais traitements, aux tracasseries de son entourage.
Hallier: groupe de buissons serrés et touffus.
Parachèvement: action de conduire à son dernier point de perfection.
Dévolu: acquis, échu par droit.
Être en passe de: sur le point de.

MONSIEUR PIERRE
(Ranimant le feu) Quelques bûches de bouleau, Monsieur le Comte, et il y fera chaud comme dans une boulangerie.

FRONTENAC
(Se saisissant le bras droit) Mon bras est tout froid et parcouru* de frémissements. *(À DuLhut)* Une vieille blessure de guerre... que j'ai reçue à vingt-quatre ans au siège d'Orbitello.

DULHUT
Il y a de ces blessures qui ne sont pas sans laisser quelques vestiges.

FRONTENAC
Je n'ai jamais eu l'occasion de regretter celle-ci. Elle m'a toujours servi de blason*, m'ayant même mérité le brevet de maréchal de camp, à un très jeune âge. *(Sourires amusés)*

MÈRE LEMIEUX
Vous avez des fourmis dans le bras, voilà tout. Frottez-le un peu.

FRONTENAC
J'ai peine à croire que les beaux jours s'achèvent... *(Regard à la fenêtre)* Qu'il ne me sera plus donné de contempler les pentes rougeoyantes des Laurentides, et ces flamboiements d'automne qu'allume le soleil couchant... Quand je rentrerai à Paris, la pointe de Lévis* sera déjà recouverte d'une première neige...

MÈRE LEMIEUX
(Pleurnichant) Oh, Monsieur le Comte, c'est si grand chagrin de vous voir partir!

FRONTENAC
Je vous sais gré, Mère Lemieux, et vous, Monsieur Pierre. Vous m'avez fait service en tout avec une fidélité qu'il me faut louer.

MONSIEUR PIERRE
L'honneur de vous avoir servi nous récompense bien assez, Monsieur le Comte.

Parcouru: traversé.
Blason: emblème d'une famille noble.
Lévis: établissement en face de Québec, sur la rive sud du fleuve Saint-Laurent.

MÈRE LEMIEUX

(Pleurnichant) Après tant d'années, nous voilà orphelins, Monsieur le Comte! Par quelle fatalité perdons-nous si grand seigneur et le père de nous tous?

FRONTENAC

Pardi, plutôt par quelle conspiration et quelle sédition, bonne dame! Enfin, séchez vos larmes, Mère Lemieux, et gardez-vous bien de donner dans de telles sottises quand arrivera Monsieur de La Barre.

MÈRE LEMIEUX

On s'intrigue* fort de l'arrivée de ce nouveau gouverneur, Monsieur le Comte. Chacun se plaît à croire que les mauvais temps sont finis. Moi, c'est mon avis qu'ils ne font que commencer...

FRONTENAC

Mère Lemieux, il est mon vouloir que vous réserviez grand accueil au nouveau gouverneur.

MONSIEUR PIERRE

Nous serons tout à son service, Monsieur le Comte.

MÈRE LEMIEUX

J'ai tant prié Dieu qu'Il me gardât en votre service jusqu'à la fin de vos jours, Monsieur le Comte.

FRONTENAC

Pardi, bonne dame, vous souhaiteriez me voir passer les pieds outre*, pour couronner votre service?*(Rire)*

MÈRE LEMIEUX

(Pleurnichant de plus belle) Oh, Monsieur le Comte, je prie la Vierge Marie qu'elle vous garde encore longtemps en sa sainte protection.

S'intriguer: se donner du mal.
Passer les pieds outre: mourir.

FRONTENAC

À soixante ans, un Périgourdin* comme moi, n'a-t-il pas encore assez de mine pour plaire aux yeux? *(Rire)* Il y a trente-quatre ans, mes amis, le gouverneur que vous voyez devant vous, convolait en justes noces* avec Anne de La Grange dans une petite église de Paris, un beau mercredi d'octobre.

MÈRE LEMEIUX

(Ses pleurs se transformant rapidement en des ébats de joie) Oh! Monsieur le Comte! Et ce furent alors de somptueuses célébrations où se retrouvèrent les beaux esprits* et les grandes dames de la Cour?

FRONTENAC

Sans pompe* et dans le plus grand secret, mes amis! Et ce n'est qu'au bout de six semaines que je dus déclarer à Monsieur de La Grange, que j'avais épousé sa fille de seize ans, au mépris de ses objections...

MÈRE LEMIEUX

...et sans avoir obtenu le consentement du père? Oh, alors!...

FRONTENAC

Si l'hymen* n'arrangea pas l'affaire du père, elle n'ajusta guère la mienne. La jeune mariée fut placée dans un couvent pendant cinq mois, pendant que le père la déshérita et tenta vainement de faire annuler le mariage.

MÈRE LEMIEUX

Quel malheureux début pour de jeunes amoureux!

FRONTENAC

Nous avions dans le monde la réputation d'être plutôt désargentés*, ce qui n'est point cependant obstacle insurmontable pour des gens de la Cour.

Périgourdin: du Périgord, déjà un comté de la France; maintenant, forme le département de la Dordogne et une partie du Lot-et-Garonne.
Convoler en justes noces: se marier.
Les beaux esprits: gens cultivés.
Pompe: déploiement de faste dans un cérémonial.
Hymen: mariage.
Désargenté: qui est démuni d'argent.

MÈRE LEMIEUX

Est-ce bien vrai, Monsieur le Comte, que le père de notre présent roi fût votre parrain?

FRONTENAC

En effet, et mon parrain, Louis le Treizième, me donna son nom - le roi voulant ainsi récompenser le père en honorant le fils.Mais sachez, bonne dame, que le fils de Molière n'en fut pas moins honoré, et son père, Monsieur Poquelin, pas moins récompensé par notre présent roi. Quelle époque nous vivons, n'est-ce pas, quand la bourgeoisie se voit décerner les mêmes honneurs que la noblesse, et le rire s'attirer même récompense que les faits d'armes! Mais remettons ces discours à un autre temps et retournez à vos occupations, Mère Lemieux.*(Mère Lemieux et Monsieur Pierre s'inclinent, et sortent)*

DULHUT

Est-ce qu'il vous tarde, Monsieur le Comte, de reprendre le train de la cour?

FRONTENAC

J'ai été formé à ses airs* dès mon enfance... La pompe et l'éclat que tout cela comporte ne me sont pas indifférents, à vrai dire. Si nous faisons bonne traversée, je rentrerai à Saint-Fargeau sur l'Inde*, avant l'hiver. Ah! les courres* de cerf à l'automne, dans le pays de la Loire! De conduire encore la meute de lévriers* à la brisée*, de les mettre à la voie*... Et de lancer le taïaut* au son du cor... La belle écurie qu'était la mienne... Des chevaux superbes, de grande race, et pouvant se mesurer à tous les obstacles!

Airs: allure, façon de vivre.
Saint-Fargeau sur l'Inde: où se trouvait le château de Frontenac.
Courre: chasse qui se fait avec les chiens courants, et à cheval.
Meute: troupe de chiens courants, dressés pour la chasse à courre.
Lévrier: chien à jambes hautes, au corps allongé, agile et rapide, ainsi nommé parce qu'on l'emploie à chasser le lièvre.
Brisée: l'endroit où se trouve la bête et qui se trouve marqué par des branches qui ont été brisées par le veneur.
Mettre à la voie: mettre sur la piste de.
Taïaut: dans la chasse à courre, cri du veneur pour signaler la bête.

DULHUT

Je n'échangerais pas la chasse au chevreuil pour vos courres de cerf, Monsieur le Comte. Le risque étant si insignifiant que l'effort m'eût apparu bien puéril* ! *(Un haut-le-corps de la part de Frontenac. Sans s'en rendre compte, poursuivant)* Et encore vous faut-il voir les chasses aux bisons auxquelles les Sioux de l'Ouest me donnèrent de participer...*(voyant que Frontenac se rembrunit et se détourne de lui pour fixer son regard à la fenêtre)* Enfin, à vivre dans ce pays sauvage, au contact des Indiens, voilà qui accoutume l'homme à se contenter de peu...*(comme Frontenac ne change pas)* Monsieur de La Salle rentrera bientôt à Québec. Il aurait eu si grande joie de vous revoir pour vous faire le récit de son voyage... Comme je quittais Michilimackinac, il arrivait de Saint-Louis-des-Illinois où il avait mis quarante jours à se remettre d'une fièvre...*(Frontenac ne répond pas)* Monsieur de La Salle a construit St-Louis sur la rivière Illinois en revenant de son voyage sur le Mississipi... Le fort est placé très haut sur un rocher. C'est là un premier jalon posé entre le Canada et le Golfe du Mexique qui permettra un premier relais sur la route de la mer... Il en a confié l'intendance à mon cousin, Henri Tonti, qui l'a accompagné pendant toute cette entreprise... Quels n'ont pas été les déboires qu'il aura connus, Monsieur de La Salle, au cours de ces trois dernières années... Plût au Ciel que ses efforts dussent se solder par un tel succès... Vous saviez, n'est-ce pas, que le Griffon fut perdu dans une violente tempête sur le lac Michigan?... avec toute sa cargaison à bord! *(Frontenac s'appuie sur la fenêtre, le front sur le carreau)* Au sujet de l'Iroquoise.. la fille de Grand Aigle... celle que j'avais enlevée aux Tsonnontouans... Monsieur de La Salle ne m'a pas caché son grand déplaisir devant le fait qu'elle ait été enlevée et emmenée ici en captivité... Enfin, je ne pouvais pas savoir, moi, qu'il y tenait à ce point à l'Iroquoise... qu'elle s'échapperait si facilement et irait se jeter dans les chutes du Niagara! *(Sans se retourner, Frontenac s'affaisse dans son fauteuil)* Il ne faut pas non plus, Monsieur le Comte, charger mon beau-frère Lussigny, de tout le blâme. Fallait s'y attendre. Qui pourrait bien retenir un oiseau en cage, la grille ouverte? *(Après un moment)*

Puéril: qui ne convient qu'à un enfant.

Plaise à Dieu qu'on n'aille pas attribuer d'intention infamante* à mes gestes! J'ai fait cela pour bien faire, moi... Si les Iroquois renoncent à cette coutume barbare, de sacrifier chaque année au dieu des chutes leur plus belle pucelle, ce sera bien grâce aux bons offices de Monsieur de La Salle... Il n'a pu prévenir la mort de Théala, mais il livra aux Tsonnontouans une telle harangue, qu'elle aura sans doute l'effet d'empêcher de tels sacrifices à l'avenir...*(Se levant pour sortir)* Je ne veux point troubler vos pensées, Monsieur le Comte. Il y a de ces brusques chagrins qu'on ne peut comprendre. Enfin, il vous est bien permis de songer: après dix années en Canada, ils ne doivent pas manquer ces souvenirs qu'il vous faut rappeler et préserver avant de partir...Je suis bien aise d'avoir été tout à votre service, Monsieur le Comte, vraiment bien aise... Je serai sur le quai, demain, pour assister à votre départ... *(Comme Frontenac ne se retourne pas, il se dirige vers la porte au moment où Barrois entre)* Adieu, Monsieur le Comte... *(Il sort)*

BARROIS

(S'éclaircissant la gorge) Pardon, Monsieur le Comte... *(Frontenac se retourne)* Avant de fermer le dossier sur l'affaire Radisson... euh, de Monsieur Radisson, ne serait-il pas fort utile à votre successeur que nous ajoutions ici les derniers renseignements qui nous arrivent à l'instant? *(Comme Frontenac ne répond pas, et en consultant le dossier)* Si vous êtes en bonne mémoire, il y a deux ans, après avoir été gracié par le roi, Monsieur Radisson fit une demande de permis pour partir sur un bateau que lui fournissait Monsieur de La Chenaye, dans le but d'établir des postes depuis le Bas Saint-Laurent jusqu'à la côte du Labrador. Sur votre refus, il demanda alors un permis pour aller visiter sa femme, en Angleterre. Nous apprîmes par la suite qu'il avait hiverné en Acadie avec Monsieur Des Groseillers, au lieu d'aller en Angleterre. Aujourd'hui, nous apprenons... *(consultant une dépêche)* qu'au mois de juillet de cette année, Radisson, euh, Messieurs Radisson et Des Groseillers,

Infamant: honteux, déshonorant.

mirent le cap* sur la baie d'Hudson, où ils auraient capturé deux vaisseaux anglais. Ils auraient fait de nombreux prisonniers en prenant possession du fort de la Compagnie de la Baie, sur la rivière Nelson. Ils rentreront à Québec dans un mois avec une grande quantité de fourrures pour le compte de la France. En raison de ces exploits qui prouvent bien qu'ils aient abjuré le Roi d'Angleterre pour servir le Roi de France, il est suggéré que Messieurs Radisson et Des Groseillers soient exemptés de la taxe sur leurs fourrures...

FRONTENAC

Et de qui vient cette suggestion, je vous prie?

BARROIS

De Monsieur de La Chenaye, Monsieur le Comte.

FRONTENAC

(Secoué d'une rage soudaine) Que le Diable l'étrangle ferme, ce bélître* de La Chenaye! Et avec ses propres tripes!

BARROIS

(S'inclinant) Oui, Monsieur le Comte. *(S'éclaircissant la gorge)* Mère Lemieux voudrait savoir combien de couverts elle doit préparer pour ce soir...

FRONTENAC

(Se retournant vers la fenêtre) Un seul!

BARROIS

Bien, Monsieur le Comte. *(S'inclinant, il sort)*

FIN DE L'ACTE PREMIER

Mettre le cap sur: se diriger vers.
Bélître: terme injurieux désignant un homme de rien.

ACTE DEUXIÈME

L'action se passe en Nouvelle-France, pendant le deuxième gouvernement de Frontenac, à partir de son arrivée en 1689, jusqu'à la veille de sa mort qui survint le 28 novembre 1698.

Acte II, scène 1

À Montréal, près de la Place Royale,
au début de septembre 1689,
quelque temps après le massacre de La Chine.

VEUVE
LAMBERVILLE
GARDE
CHAMPIGNY, 40 ans
FRONTENAC
VAUDREUIL, 46 ans
CALLIÈRES, 41 ans

LAMBERVILLE

(Priant, avec cette veuve épleurée qu'il tente de consoler) In manus tuas, Domine. Entre tes mains, Seigneur, nous remettons le repos des êtres très chers que tu rappelas à Toi la nuit du cinq août dernier, alors que s'abattit sur le village de La Chine, grand carnage aux mains des féroces Iroquois. Nous espérons maintenant en cette infinie miséricorde dont nous avons grand besoin. *(À la Veuve)* Le Ciel nous a punis de notre impiété. Et pour notre intempérance* et le trafic d'eau de vie, Dieu fait pleuvoir ses malédictions* sur nos têtes.

VEUVE

Et avec quelle force et violence, mon Père, ne pourrions-nous mourir de désespoir sous leur sombre fardeau.

LAMBERVILLE

La foi, chère dame, doit encore soutenir le courage contre toutes les adversités qu'il plaira à Dieu de nous envoyer.

Intempérance: abus, excès des plaisirs de la table et des plaisirs sexuels.
Malédiction: malheur auquel on semble voué (par Dieu, le sort ou le destin).

VEUVE

Quand les Iroquois s'abreuvent du sang de nos enfants et se pourlèchent les lèvres de cette chair qu'ils ont encore entre leurs dents, ce n'est plus malédiction de Dieu, mon Père, mais bien démence* de tous les démons de l'Enfer! Satan a grand empire sur ces horribles sauvages qu'il faudrait exorciser avant que de baptiser. Puisse Dieu les occire* sans pitié, et les plonger tous en enfer! Il n'y a point péché à expédier en enfer ceux qui sont déjà de connivence avec le diable!

LAMBERVILLE

La douleur vous égare, ma bonne dame. L'affliction est un corrosif* qui ravage la raison.

VEUVE

Je ne suis point folle, mon Père, mais plût au Ciel que je le fusse! Ils ne seraient pas sentis si vivement ces supplices que m'infligent tant de calamités. Quelles ne sont pas les images de corps mutilés et de bûchers fumeux qui habitent* mon esprit, que la mort assiège* à coups répétés de ses visions macabres? Et les atrocités qui y sont évoquées fouillent* ma chair et mes entrailles comme autant de braises ardentes. Oh! mes petits, à quel feu, à quelle lame a-t-on livré ces petits corps qu'il me plaisait tant à presser dans mes bras et à couvrir de baisers? Ô parfum si doux de vos corps! Cette journée-là, en découvrant notre cheminée dressée derrière les poutres noircies, il me prit à la gorge une odeur d'incendie si âcre et si pénétrante! Et sous les décombres, dans un lit calciné, les deux formes inertes de mes brebis égorgées.

Démence: folie, ensemble de troubles mentaux graves.
Occire: tuer.
Corrosif: qui ronge, détruit.
Habiter, résider (dans).
Assiéger: cerner, essayer de pénétrer dans.
Fouiller: creuser, retourner.

Ah, Grand Dieu, quel glaive me navra* le coeur! Je m'effondrai à leurs pieds, sans voix et muette d'horreur, vaincue comme par la vague d'une mer déchaînée. J'eus voulu hurler mon déchirement à toute la terre, et ajouter à la ruée de ces meurtres, ma propre mort. Aucune trace de mon mari... Je n'ai retrouvé aucune trace de mon mari... Et l'effroi me glace encore le coeur à la pensée qu'on l'eût fait prisonnier pour lui réserver le supplice du bûcher. Mon mari chargé des fers brûlants, sa chair écorchée et rôtie à petit feu par des démons grimaçants sortis de l'enfer. J'eus préféré le retrouver taillé en pièces à côté de mes petits que de le savoir dépecé comme bétail, et dévoré par ces cannibales repus de chair!

LAMBERVILLE

Ayez confiance en la Providence, chère dame. Les Iroquois ont fait de nombreux prisonniers, et votre mari serait peut-être de ceux qui pourront être rançonnés...

VEUVE

Mon coeur a rompu ses amarres* et vogue sans voile. Y a-t-il un seul fil qui me retienne à la vie? Grand Dieu! que ne puis-je m'abandonner à la folie et échapper à la tyrannie de ces pensées qui me tiennent comme dans un étau! Je voudrais fuir dans la forêt noire pour me confier à ce destin qui assurât dans l'Au-delà, à mes petits et à mon mari, une douce félicité*...

LAMBERVILLE

Ah, que cela me fait grande tristesse de vous savoir consumée de si funeste* chagrin. Dieu est là et n'abandonnera pas ses enfants.

Navrer: blesser à mort.
Rompre ses amarres: briser ce qui retenait à un point fixe.
Félicité: bonheur (du ciel), béatitude.
Funeste: fatal, qui cause la mort.

VEUVE

Mais où était-Il, ce Bon Dieu, quand ces quinze cents Iroquois fondirent sur le village endormi pour éventrer* hommes, femmes et enfants dans leurs lits, pourfendant* et mutilant dans une boucherie indescriptible et livrant aux flammes, maisons, granges, champs et bétail? Où était-Il, ce Bon Dieu, quand des enfants et de nombreux prisonniers furent rôtis et dévorés de l'autre côté du lac St-Louis, dans une orgie d'atrocités?

LAMBERVILLE

Dieu n'est pas responsable des malheurs qui résultent de la négligence des hommes et des animosités qu'ils sèment. Il y a à proximité de La Chine, trois garnisons - à St-Rémy, à Roland et à La Présentation - et un cantonnement de trois cents réguliers sous le commandement de Subercase à qui on avait confié la sûreté des colons. Où étaient-ils tous, la nuit du cinq août?

(Viennent à passer, Frontenac, accompagné de Callières, Vaudreuil Champigny et un garde)

VAUDREUIL

(À Lamberville) À défendre les forts dont ils avaient la garde, ainsi que les colons qui avaient reçu les instructions de ne pas s'éloigner des forts...

VEUVE

(Apercevant Frontenac, se prosternant à ses pieds et lui baisant les mains) Ah! Dieu soit loué! Nous avons si longtemps attendu votre retour, Monsieur le gouverneur! C'est le Ciel qui vous envoie à notre secours, la colonie se trouvant menacée d'un si grand péril depuis votre départ.

FRONTENAC

J'avais pourtant appliqué une telle vigilance à éloigner le péril dont nous menaçaient les Iroquois, en leur inspirant grand-peur et en leur ménageant quelques apaisements*. N'aurais-je donc autant fait que pour voir tous mes efforts ruinés?

Éventrer: déchirer en ouvrant le ventre.
Pourfendre: fendre complètement, couper.
Apaisement: déclaration ou promesse destinée à rassurer.

VAUDREUIL

Toute bienveillance qu'on accorde à ces Iroquois se retourne contre nous, et ne les encourage qu'à plus de vilenie*,Monsieur le Comte.

FRONTENAC

(Regard à Lamberville) La repentance ne suffit pas à désarmer les discordes qu'on a semées. Et un tel problème ne doit pas rester plus longtemps irrésolu.

VEUVE

Vous voyez devant vous une veuve éplorée qui fut si durement éprouvée par ce dernier carnage, Monsieur le gouverneur. Mes petits y ont péri au fil de la hache, leurs corps abandonnés aux flammes qui rasèrent notre maison et tous nos biens. Et mon mari... Ah!Monsieur le gouverneur, mon mari est l'un de ceux qui furent portés disparus...

CHAMPIGNY

(Au regard que lui dirige Frontenac) Il y eut vingt-quatre morts, une cinquantaine de maisons incendiées et, selon nos calculs, près de quatre-vingt-dix auraient été faits prisonniers par les Iroquois.

FRONTENAC

(À la Veuve) Sachez la grande déploration* que nous avons de la mort de ces enfants qui furent si violemment arrachés à vos soins, et de la disparition d'un mari enlevé à votre affection. C'est profonde pitié, en vérité. Si votre mari est encore vivant, chère madame, nous aurons tôt fait de le rançonner et de vous le rendre céans.

VEUVE

(Baisant les mains de Frontenac) Ah, Monsieur le gouverneur, à vrai dire il n'y a de recours qu'auprès de vous, et je vous en fais grand merci. Vous nous avez conquis le coeur, même ceux qui comme le mien, vous étaient fermés. Vous réduirez à merci* ces barbares haineux et méprisables, et leur ferez subir toute la vengeance de votre colère.

Vilenie: infamie.
Déploration: complainte, lamentation.
Merci: situation où l'on dépend entièrement du bon plaisir de quelqu'un.

FRONTENAC

Nous nous appliquerons à rétablir une paix durable dans la colonie, chère madame, et ferons de notre vengeance un remède qui guérisse votre douleur.

LAMBERVILLE

(À la Veuve) Que ma bénédiction aille avec vous, et mes prières vous accompagnent, chère madame. *(Elle s'empresse de baiser les mains de Lamberville. Regard échangé entre Lamberville et Frontenac)*

CHAMPIGNY

Veuillez suivre ce garde, chère madame, qu'il vous conduise chez mon secrétaire qui notera en bonne forme, tous les renseignements que vous voudrez bien lui fournir au sujet de votre mari.*(La Veuve sort, accompagnée d'un garde)*

FRONTENAC

(À Vaudreuil) N'est-il pas vrai, Monsieur de Vaudreuil, que vous auriez pu infliger aux Iroquois de très lourdes pertes si vous aviez permis à vos troupes de donner chasse à l'ennemi après le massacre de La Chine, au lieu de les obliger de se cantonner dans les forts à attendre les survivants?

VAUDREUIL

En effet, Monsieur le Comte. Mais non sans contrevenir aux ordres de Monsieur Denonville qui nous obligea de maintenir la défensive.

FRONTENAC

Et quand Monsieur Subercase voulut attaquer l'arrière-garde, n'est-ce pas qu'il eût grande chance de libérer plusieurs prisonniers, étant donné l'état de stupeur* dans lequel se trouvaient plongés la plupart des Iroquois, après avoir fait grande beuverie des réserves d'eau-de-vie trouvées à La Chine?

VAUDREUIL

C'est-à-dire que... oui, Monsieur le Comte.

Stupeur: état d'inertie et d'insensibilité profondes lié à un engourdissement général.

FRONTENAC

J'ose croire, Monsieur le Marquis, que les honneurs que vous vous êtes mérité dans les grandes campagnes d'Europe, et au service de Sa Majesté comme mousquetaire de la Maison du Roi, ne seront pas démentis en Canada, de par le commandement que vous exercerez sur les Troupes et sur la milice de ce pays.

VAUDREUIL

Quand il ira de mon honneur et de mon initiative, Monsieur le Comte, la sûreté du pays y trouvera bien son compte.

FRONTENAC

Et maintenant, avant que les Iroquois fassent festin de tous nos prisonniers, il importe que soient entreprises les négociations d'échange de prisonniers.

LAMBERVILLE

Les Iroquois ne seront guère disposés à un tel échange, à ce moment... Monsieur DuLhut et ses compagnons ont abattu une vingtaine de Tsonnontouans au lac des Deux-Montagnes, et fait quatre prisonniers qu'ils livrèrent aux Hurons de Montréal pour être torturés en grand déploiement ici sur la Place Royale. Des bûchers de tortures sur la Place Royale, Messieurs, et avec notre acquiescement! Voilà beau spectacle que l'on propose à l'édification* des fidèles, sitôt après le massacre de La Chine, et que l'on ne dédaigne point dans cette colonie quand il est occasion d'assouvir des sentiments de haine et de vengeance. La torture est-elle moins barbare quand elle est pratiquée par des Sauvages convertis pour le compte des Français? La vengeance n'a rien de chrétien, Messieurs, dût-elle être menée pour une juste cause. Et nous paierons encore de nos têtes tant de présomption et d'impiété.

VAUDREUIL

Pour se gagner l'appui de nos alliés, quels que soient nos scrupules, il importe que leur soit reconnue leur part des dépouilles* dans cette guerre contre les Iroquois, ainsi que leur façon de disposer des prisonniers.

Édification: action de porter à la vertu, à la piété.
Dépouilles: tout ce qu'on enlève à l'ennemi sur le champ de bataille.

FRONTENAC

Nous n'avons d'autre vouloir que l'apaisement, mon Père. À cet effet, nous voudrions que vous usiez de votre empire sur les Iroquois pour désarmer leur haine et obtenir d'eux l'échange des prisonniers dont le sort pèse si lourdement dans l'esprit et le cœur de nos gens.

LAMBERVILLE

Quelque empire que j'eusse exercé sur eux dans le passé, il n'en demeure pas moins que ces bons rapports furent durement éprouvés et compromis à plus d'une reprise. Je ne suis pas sans reconnaître au terme de mon apostolat*, Monsieur le Comte, et non sans quelque amertume, que j'aurais été dupe des intrigues de trois gouverneurs successifs, dans ce pays. *(À la réaction de Frontenac)* Si, Monsieur le Comte. Et vous fûtes l'auteur d'une première tromperie en 82, lorsque vous me chargiez de préparer une rencontre avec les chefs des Cinq-Nations, pour des négociations de paix devant avoir lieu en avril de l'année suivante.

FRONTENAC

Mais, mon Père, puisque je fus rappelé en France, cet automne-là...

LAMBERVILLE

Vous déteniez déjà l'avis de rappel, Monsieur le Comte, au moment où vous fixiez la date de la rencontre à l'année suivante - rencontre à laquelle vous n'aviez alors aucune intention d'assister.

FRONTENAC

Plus on attend, plus on gagne sur leurs esprits, mon Père. C'est là l'art de temporiser.

Terme de l'apostolat: la fin de son ministère d'apôtre.

LAMBERVILLE

Si les Iroquois excellent dans ce genre de temporisation, il ne leur plaît guère d'en être les dupes. En 84, ce fut Monsieur de La Barre qui me confia une mission semblable, en compagnie de Charles Le Moyne et de Tegannissorens. N'eût été cette fièvre qui décima* ses troupes au poste de La Famine, Monsieur de La Barre attaquait les Onneyouts, les Onontagués et les Goyogouins pour les empêcher de s'insinuer dans le commerce de l'Ouest. Non content de me faire tromperie, Monsieur de La Barre me laissa seul à La Famine, avec Monsieur de LaDurantaye, à conclure les termes de la paix, pendant qu'il rentrait malade à Montréal avec une armée bien ravagée.

VAUDREUIL

Et voilà qui fut une paix bien déshonorante pour les Français, mon Père.

LAMBERVILLE

Plût au Ciel que Monsieur de La Barre en fût quitte pour si peu. Parce que les Iroquois eurent tôt fait de les tailler en pièces, ces Français languissants et déjà bien réduits par la maladie. Mais le comble de la perfidie fut bien la trahison de Monsieur Denonville en 87, lorsqu'il fit prisonniers au Fort Frontenac, les chefs et délégués iroquois qu'il m'avait prié de convoquer pour des négociations de paix. Assuré alors que ceux-ci ne pourraient sonner l'alarme dans les tribus, il donna ordre de surprendre les Tsonnontouans dans leur territoire où bon nombre furent massacrés et quatre villages livrés aux flammes.

FRONTENAC

Vous saurez, mon Père, que j'ai ramené avec moi, de France, ces Iroquois que Monsieur Denonville avait envoyés sur les galères du roi. Et ce sont ces Iroquois qu'il vous serait donné d'échanger contre les prisonniers de La Chine. Enfin, il s'agirait de treize survivants...

Décimer: faire mourir un grand nombre de personnes.

LAMBERVILLE

... sur les trente-six qu'on envoya sur les galères? *(Après un moment)* Permettez, Monsieur le Comte, que je soupçonne, encore ici, anguille sous roche*, et veuille me désister de ce genre de mission sur lequel je n'ai que trop ouvert les yeux. Comme émissaire, j'aurais peine à me frayer une voie diplomatique sur tant de corps rôtis, mutilés, empalés*... sur tant de trahisons et de forfaits inexcusables.

FRONTENAC

Je suis assuré, mon Père, que vous voudrez bien aider encore une fois à ma tâche pour le bien de la colonie, et me donnerez au plus tôt votre agrément*.

LAMBERVILLE

En raison d'un état de santé bien précaire où m'ont réduit le scorbut et les fièvres, je dois obéir à mon supérieur qui m'ordonne de rentrer en France pour une cure de repos. C'est à regret que nous avons dû, mon frère et moi, abandonner nos missions en territoire iroquois, il y a deux ans. Puisse cette semence de la foi chrétienne y germer - si fragile soit-elle - de par la conviction de nos quelques convertis, comme le chef Garakontié et la jeune Kateri Tekakouitha. Il est de mon désir le plus cher de retourner chez les Onontagués pour y finir mes jours...

CHAMPIGNY

Que le Seigneur veille sur votre chemin, mon Père, et vous comble de ses bénédictions.

FRONTENAC

(Narquois) Si le démon a profité de nos discordes pour y semer de l'ivraie*, mon Père, nous nous appliquerons à l'extirper* pour faire droit le chemin d'ici votre retour.

Anguille sous roche: il y a une chose qu'on nous cache et qu'on soupçonne.
Empaler: transpercer, piquer, embrocher.
Agrément: adhésion, permission.
Ivraie: plante herbacée, nuisible aux céréales.
Extirper: arracher, faire disparaître complètement.

LAMBERVILLE

(Hésitant un moment avant de répondre) Certaines voies sont d'autant plus périlleuses qu'elles sont ambitieuses, Monsieur le Comte. Nous apprenions dernièrement, avec un retard de dix-huit mois, que Monsieur de La Salle aurait péri au cours de sa troisième expédition, alors qu'il tentait de fonder une colonie à l'embouchure du Mississipi... Il serait mort, assassiné par deux de ses hommes, le 19 mars 87, et abandonné sans sépulture sur les bords de la rivière Trinité, au Texas...

CALLIÈRES

(Pendant que Frontenac reste figé, consterné) Monsieur de La Salle était un visionnaire et un colonisateur, mon Père. Il fut le premier, en avril 82, à toucher l'eau salée de la Mer du Sud. Il y dressa là une croix avec les armoiries de France, à l'embouchure du Mississipi et revendiqua toutes les terres environnantes, depuis les Grands Lacs jusqu'au Mexique! Une telle entreprise n'est pas moins méritoire, mon Père, dût-elle se solder par un geste fort coûteux.

LAMBERVILLE

Il semble bien que le mauvais sort qui détruisit l'homme, s'acharnât aussi à détruire l'oeuvre. Le Fort Niagara dut être abandonné. Et voilà qu'avant son départ, Monsieur Denonville aurait envoyé au commandant du Fort Frontenac les ordres de raser le fort, et de rentrer à Montréal avec toute la garnison. *(Vive réaction de Frontenac, mais Lamberville continue)* Les Iroquois voyaient dans ces forts un tel sujet de provocation, qu'en leur ôtant ainsi les épines du pied, n'est-ce pas que nous leur donnerons enfin bon sujet d'apaisement? *(Comme Frontenac dirige un regard foudroyant sur Vaudreuil)* Mes craintes n'étaient pas vaines quand je désespérais de vous faire connaître l'urgence de la menace iroquoise. Vous devez user de méfiance en appliquant beaucoup de vigilance, Messieurs, car les Iroquois eux-mêmes vous diront qu'ils «s'avancent comme des renards, frappent comme des lions, et s'enfuient comme des oiseaux». *(S'inclinant)* Messieurs. *(Il sort)*

FRONTENAC

(Rageur, à Champigny) Monsieur l'intendant, que signifie cette manœuvre?

CHAMPIGNY

(Feignant l'ignorance) Laquelle, Monsieur le Comte?

FRONTENAC

Mais, pardieu! celle qui a mission de détruire le fort Frontenac!

CHAMPIGNY

En effet, Monsieur le Comte, sur les ordres de Monsieur Denonville, le Fort Frontenac devra être rasé et abandonné...

FRONTENAC

Et pour quelles raisons, je vous prie, aurait-on commandé des mesures aussi insensées?

CHAMPIGNY

Le fort est devenu une entreprise trop onéreuse*, Monsieur le Comte. La garnison y est prisonnière, les gens ne pouvant s'aventurer en dehors de la palissade depuis que les Iroquois maraudeurs y font le siège. Une épidémie de fièvre y a fait cent morts l'année dernière, et les levées d'hommes* dont les frais incombent au concessionnaire*, Monsieur de La Salle... *(S'éclaircissant la gorge)* maintenant trépassé... ont déjà grevé* sérieusement tous les revenus qu'il eût pu tirer de son commerce. De plus, pour ravitailler le fort en denrées et en munitions, il y faut expédier chaque fois un détachement d'une centaines d'hommes, en raison des nombreuses embuscades qui menacent maintenant nos voyageurs - et ce, à un moment où nos effectifs ne peuvent souffrir de réduction étant donné le péril qui pèse sur la colonie.

Onéreux: qui est cher, coûteux.
Levée d'hommes: enrôlement.
Concessionnaire: personne qui a obtenu une concession de terrain à exploiter.
Grever: frapper de charges financières, hypothéquer.

FRONTENAC

Monsieur de Champigny, le maintien du Fort Frontenac reste toujours la mesure défensive la plus importante dans cette colonie, pouvant tenir en respect et les Iroquois et les Anglais. Et l'ennemi dût-il s'entêter à poursuivre encore longtemps la destruction de ce fort, que nous y trouverions là grand raison de maintenir encore plus résolument sa conservation. Monsieur le commandant, il est mon vouloir que soit dépêché à Cataracoui, aujourd'hui même, un détachement spécial devant contremander les ordres de Monsieur Denonville.

VAUDREUIL

Mais, Monsieur le Comte, je crains qu'il n'arrive à Cataracoui trop tard pour empêcher l'exécution des ordres qui l'auront précédé de quelques jours.

FRONTENAC

Faites diligence, Monsieur le commandant. C'est du nouveau gouverneur que vous tenez maintenant vos ordres.

VAUDREUIL

(Claquant les talons, et s'inclinant) À vos ordres, Monsieur le gouverneur.*(Il sort)*

FRONTENAC

Monsieur de Champigny, nous devons envoyer chez les Onontagués, trois de nos prisonniers en compagnie du converti, Ourehouaré, afin de négocier quelques ententes d'échange qui puissent sans plus de délai, amorcer avec les Iroquois des ententes de paix. Plût au Ciel que la situation ne fût irrémédiable, et que nous réussissions à mettre fin à ces hostitilités que Monsieur Denonville aurait provoquées de par ses politiques inconsidérées.

CHAMPIGNY

Nous avons épuisé toutes les voies diplomatiques avec les Iroquois, Monsieur le Comte. Les Iroquois n'attendent même plus les sujets de discorde pour se jeter sur les colons et les abattre dans leurs champs et jusque dans leurs lits. On s'étripe ferme sur les routes de portage et sur toutes les voies navigables.

FRONTENAC

Quand les Iroquois apprendront que l'Onontio est de retour au pays, ils se rallieront à sa parole comme des enfants à la parole de leur père, et renonceront à tous les projets de guerre avec les Français.

CHAMPIGNY

Mais, Monsieur le Comte, nous sommes déjà en guerre avec les Iroquois! Et cela, depuis votre départ en 82! Les Iroquois n'ont point peur de l'Onontio, et non contents d'anéantir les Sauvages alliés des Français, il est dans leurs intentions d'exterminer tous les Français du pays! Vous êtes bien le seul, Monsieur le Comte, pour qui la chose fasse un doute.

FRONTENAC

La colonie était en paix lorsque je l'ai quittée en 82, Monsieur de Champigny! Si mes successeurs, Monsieur de La Barre et Denonville, commirent des imprudences inexcusables, on ne saurait m'en imputer la faute!

CALLIÈRES

Cette paix était bien illusoire, Monsieur le Comte, parce que deux ans plus tard, lorsque j'arrivai en Canada, la population était déjà fort excédée* et angoissée de la suprématie qu'exerçaient les Iroquois dans tout le pays. Et l'échec cuisant que dut essuyer Monsieur de La Barre à La Famine fut peut-être moins la cause que l'effet, de cet état de choses.

FRONTENAC

Ou encore, l'échec fût-il l'effet d'une grande incompétence, Monsieur de Callières. Est-il fort propre à commander, celui qui dirigerait douze cents habitants dans un terrain marécageux, à lutter contre vingt-six cents Iroquois bien aguerris?

Excédé: accablé au-delà de ce qu'on peut supporter.

CHAMPIGNY

Douze cents habitants, comme vous le dites, Monsieur le Comte, parce qu'en effet, l'expédition de 84 n'avait rien de militaire. Monsieur de La Barre aurait agi sous les mauvaises incitations et les seuls conseils de Monsieur de La Chenaye et des plus gros marchands de la colonie, dans l'unique but de forcer les Iroquois à faire le commerce avec les Français et non plus avec les Anglais. Qu'on eût agi par inconscience ou par cupidité, tout le monde n'y aurait vu là qu'une affaire à effrayer les Iroquois.

FRONTENAC

Pardieu! Que venait faire encore dans cette galère, Monsieur de La Chenaye?

CHAMPIGNY

Il fut question de reprendre au sud des Grands Lacs, le commerce qui lui avait été enlevé à la baie d'Hudson. Monsieur de La Chenaye et ses associés venaient de perdre, au profit de la Compagnie de la Baie, tous les capitaux qu'ils avaient destinés à la Compagnie du Nord - une valeur de cent vingt mille livres! - lorsque Radisson déserta encore une fois du côté des Anglais, et leur céda les forts, le commerce et tout le territoire qu'il leur avait enlevés en 82! N'eût été ce refus que dut essuyer Radisson en 82, quand il demanda une exemption de taxe sur ses fourrures, il est fort probable qu'il n'eût jamais trahi La Chenaye et sa Compagnie, et que Monsieur de La Barre n'eût jamais entrepris une telle expédition à La Famine, et que...

FRONTENAC

(L'interrompant) Ou encore, n'eût été la cupidité de La Chenaye, son mauvais calcul ne se fût retourné contre lui...

CHAMPIGNY

(Laissant passer la remarque, sans y donner suite) Les événements s'enchaînant ainsi, de cause à effet, il est possible d'en retirer quelques leçons salutaires* pour juger du présent.

Salutaire: bienfaisant, profitable.

FRONTENAC

Le massacre des Tsonnontouans en 87 n'est pas une conjecture*, et cette trahison dont Monsieur Denonville est le premier responsable nous coûta de bien grands malheurs lorsque les Iroquois fondirent sur les habitants de La Chine.

CALLIÈRES

Là n'est pas l'unique cause de l'attaque, Monsieur le Comte. Les Iroquois y auraient été incités par le gouverneur Dongan de New York, et fournis d'armes et de munitions à un moment où la France et l'Angleterre étaient en guerre. Car, les Iroquois n'étaient pas sans savoir que, la colonie se trouvant privée de tout secours de la France, elle leur fût une victime fort vulnérable. Les Anglais ont grand intérêt à faire sous main de telles incitations, car il ne fait plus aucun doute qu'ils considèrent maintenant, les Iroquois comme sujets britanniques, et se réclament ainsi de tout leur territoire jusqu'à la rivière Illinois! Depuis 85, nous devons nous appliquer à bloquer les routes vers Michilimackinac, pour empêcher les trafiquants anglais de se rendre dans l'Ouest, et de s'emparer de notre commerce avec les Outaouais et les Hurons.

FRONTENAC

Voilà bien pourquoi nous devons maintenir le Fort Frontenac à tout prix, puisqu'il nous faut couper la voie aux Anglais! Il est encore temps de se rallier les Iroquois, et de réparer la perfidie de Monsieur Denonville.

CHAMPIGNY

On ne saurait associer Monsieur Denonville à une perfidie quelle qu'elle soit, Monsieur le Comte! Monsieur Denonville est un homme d'une probité exemplaire dont toute la population lui sait gré. Il a pourvu la colonie de bienfaits inestimables au cours de son mandat de quatre ans. Les congés de traite sont maintenant accordés aux familles pauvres, et la conduite des coureurs de bois rigoureusement soumise à la censure de nos missionnaires. Les commissions dans les Troupes sont accordées à des gentilshommes canadiens, et nous avons notre école de navigation pour les besoins de la défense et de la marine marchande.

Conjecture: hypothèse, supposition.

Nous lui sommes redevables pour cette palissade qui entoure Montréal, et qu'il fit construire par les Troupes, et pour ce magasin où l'entreposage des munitions et des denrées se trouve désormais à l'épreuve du feu. Nous avons repris, en 87, nos trois forts à la baie d'Hudson...

FRONTENAC

Si les colons ont souvenance de tous ses bienfaits, les Iroquois n'auront souvenance que de son infamie. Une seule erreur de jugement, et s'écroulent alors les fondements de nos relations avec les Iroquois.

CHAMPIGNY

Monsieur Denonville fut envoyé en Canada avec ordre de Sa Majesté d'écraser les Iroquois et de mettre fin aux hostilités. Et c'est à cette fin qu'il s'employa même si, pour en assurer le succès, il dut tolérer quelques subterfuges. À la guerre, comme à la guerre, Monsieur le Comte, puisqu'il nous fallut garantir le secret sur lequel reposât l'enjeu de toute notre manoeuvre militaire. Il est vrai que Monsieur Denonville renvoya le Père Lamberville chez les Onontagués avec des assurances de paix. Mais, n'eût-il pas compromis toute l'entreprise s'il eût dévoilé ses intentions à l'émissaire des Iroquois? Car le Père Lamberville était bien l'émissaire des Onontagués et non du gouverneur, dans cette affaire. Il est vrai aussi, qu'ayant devancé l'expédition au Fort Frontenac, j'ai dû m'emparer de deux cents Iroquois, hommes, femmes et enfants qui, attirés par les préparatifs, se trouvèrent dans les parages. Pouvais-je faire autrement, et courir le risque que ces Iroquois aillent sonner l'alarme dans leur pays? Notre armée, en 87, regroupait des corps expéditionnaires* de tous les postes de traite, Monsieur le Comte, et c'est ainsi qu'après un an de préparatifs détaillés, soignés et très secrets, nous avons réussi à rassembler au Fort Frontenac une armée de vingt et un cents hommes, comprenant des soldats, des miliciens et des Indiens alliés, ce qui, pour la première fois, constituait une force comparable à celle des Iroquois.

Expéditionnaire: envoyé en expédition militaire.

FRONTENAC

Vous avez fait de grands ravages chez les Tsonnontouans, mais en détruisant le guêpier vous n'avez pas détuit les guêpes. Et la menace iroquoise est toujours là...

CALLIÈRES

Tous les militaires de ce pays inclinent à croire, comme l'a toujours prétendu Monsieur l'intendant, que pour enrayer la menace iroquoise dans ce pays, il fallût monter une armée de quatre mille hommes, et compter sur un approvisionnement de deux ans. Comme Monsieur le Ministre Pontchartrain n'est pas prêt d'agréer à nos instances, et qu'il faille retomber sur nos effectifs, quels qu'ils soient, il nous incombe de miner ce pouvoir qu'exercent les Iroquois, non seulement en se ralliant leurs ennemis, mais en écrasant leurs alliés.

FRONTENAC

Vous entretenez toujours l'idée de livrer bataille aux colonies anglaises, Monsieur de Callières?

CALLIÈRES

Notre ennemi, c'est la puissance anglaise et sa fièvre d'agrandissement, Monsieur le Comte. Les Iroquois ne sont que les pions sur l'échiquier de cette lutte qui nous oppose. Les Anglais entendent bien s'emparer de tout le Canada quand les Français auront été décimés par ces Iroquois qu'ils entretiennent comme des troupes mercenaires, et exploitent à leurs fins destructives. Enrayons la menace anglaise et nous reprendrons nos accords avec les Iroquois. Selon nos intelligences, les colonies anglaises seraient fort désunies et divisées par des factions rebelles depuis l'accession de Guillaume d'Orange. En agissant avec célérité, nous pourrons porter là un coup décisif, avec très peu de pertes de nos effectifs.

FRONTENAC

Voilà un beau sujet qui fera l'objet de nos entretiens pendant les longs mois d'hiver, Monsieur de Callières.

CALLIÈRES

Voilà un sujet pressant qui devra faire l'objet d'un conseil de guerre, Monsieur le Comte, et dès les prochains jours!

FRONTENAC

Mais il est inconcevable, Monsieur de Callières, que vous songiez d'entreprendre une campagne militaire cet automne! Voilà qui serait précipiter un peu trop, une entreprise de cette envergure.

CALLIÈRES

Nous mènerions une campagne en plein hiver, Monsieur le Comte, en rejoignant le territoire anglais par le réseau de la rivière Richelieu, le lac Champlain et la rivière Hudson. L'élément de surprise nous serait d'un avantage capital...Car enfin, qui soupçonnerait une telle manoeuvre quand les voies navigables sont recouvertes de glace?... Et nous pourrions nous emparer des établissements frontaliers*, comme Schenectady, Salmon Falls, et le Fort Loyal à la baie de Casco, pour ensuite prendre d'assaut Albany. Au printemps, nos frégates seraient dans le port de New York où elles seraient rejointes par l'armée française arrivant d'Albany. Après la prise de New York, nous dirigerions de là, une attaque contre Boston et la Nouvelle-Angleterre.

FRONTENAC

Vos projets militaires ne manquent pas d'audace et d'envergure, Monsieur de Callières. En quelle mesure pouvons-nous compter sur nos effectifs pour les mettre à exécution?

CALLIÈRES

Nos Troupes de la Marine sous Monsieur de Vaudreuil, sont maintenant fort pourvues de preux Canadiens bien rompus* à la guerre d'escarmouches*,Monsieur le Comte. Et figure parmi les plus intrépides, une jeunesse bien aguerrie, comme les frères Le Moyne — Ste-Hélène, d'Iberville et de Bienville — et enfin, d'Ailleboust, Hertel, Portneuf, Le Ber Du Chesne, Repentigny de Montesson...

Frontalier: habitant une région frontière.
Rompu à: très exercé, expérimenté.
Guerre d'escarmouches: guerre faite de petits engagements entre des tirailleurs isolés.

FRONTENAC

Je suis bien aise de vous savoir mon second, Monsieur de Callières. Il ne me fait aucun doute que vous saurez tirer avantage, non seulement de votre propre expérience, mais encore de celle de mon prédécesseur, Monsieur Denonville.

CALLIÈRES

Et de la vôtre, Monsieur le Comte. Ayant remplacé Monsieur Perrot ici, à Montréal, il n'est pas dit que je ne vous remplacerai pas un jour, à Québec.

FRONTENAC

(Étonné, puis amusé) Pardi, Monsieur de Callières! Le gouverneur serait sitôt arrivé au pays, que déjà vous vous assureriez sa succession?

CALLIÈRES

Non sans lui ménager encore bien des années de service loyal et dévoué. *(Sourires des trois)* En attendant, Monsieur le Comte, Monsieur de Champigny, vous êtes conviés à ce dîner que nous vous saurions gré d'honorer de votre présence... *(S'inclinant, il leur cède le pas, et les trois sortent)*

Acte II, scène 2

À Montréal, chez Ste-Hélène, à la fin de février 1690.

CATHERINE LE MOYNE, 49 ans
JEANNE STE-HÉLÈNE, 17 ans, enceinte de huit mois
MARICOURT, 27 ans
D'IBERVILLE, 28 ans
STE-HÉLÈNE, 30 ans

(Catherine Le Moyne se berce en tricotant. Jeanne apparaît, les mains sur les reins)

JEANNE
Les enfants ne tarderont pas à s'endormir, ce soir. Ils tombaient de fatigue.

CATHERINE
Si tous les jours ils pouvaient ainsi prendre leurs ébats dans la neige, voilà qui serait de santé.

JEANNE
Tous les jours à gréyer* et dégréyer* les enfants? À trier* bougrines*, jambières, mitaines et bottes? Non, merci, Mère. Pour sûr que j'en crèverais avant la fin de l'hiver!

CATHERINE
Allons, don'! Tu t'amusais comme une petite folle, à les tirer dans leur traîne sauvage* !

JEANNE
Dans la neige jusqu'aux genoux, avec cet embonpoint du huitième mois... J'en ai les joues en feu et les reins moulus.

CATHERINE
Tu m'apparais rose et fraîche comme une églantine.

Gréyer, dégréyer: (argot français) habiller, déshabiller.
Trier: choisir parmi d'autres.
Bougrine: (canadianisme) veston, pardessus, vareuse.
Traîne sauvage: petit traîneau plat dont on se sert pour glisser (d'origine amérindienne).

JEANNE

Une églantine bien alourdie, qui va bientôt livrer son fruit! *(En regardant à la fenêtre)* Les enfants voulaient faire un bonhomme de neige devant la porte pour chasser les loups-garous et les Iroquois.*(À peine amusée)* Maintenant que je le regarde d'en arrière, ce bonhomme de neige, je trouve qu'il me ressemble - balourd*, corpulent, et même gros derrière!

CATHERINE

Quand je fus grosse* la première fois, j'avais craint que Charles, mon mari... *(se signant)* - que Dieu garde son âme! - ne me trouvât moins avenante et n'allât s'écarter* de moi.

JEANNE

J'eus la même inquiétude en me trouvant grosse, à douze ans.

CATHERINE

Voilà une inquiétude mal fondée. Dieu fait bien les choses, ma petite Jeanne, car à vrai dire, l'amour grandit avec chaque enfant.

JEANNE

À dix-sept ans, il m'est difficile de croire que je pourrais en avoir quatorze comme vous, Mère Le Moyne.

CATHERINE

Comment en serait-il autrement, quand un mari est si fort épris de sa petite femme?

JEANNE

Comment en serait-il ainsi, quand mon mari est si souvent parti? Ste-Hélène est là tout juste le temps de me mettre grosse. Les nuits me pèsent, Mère, et je me languis* de mon mari. Fasse Dieu qu'il revienne avant mes couches*. Je me suis assez fait pleurer l'âme, la dernière fois.

Balourd: personne maladroite.
Grosse: enceinte.
S'écarter: se détourner.
Se languir: souffrir d'être séparé (de lui).
Couches: alitement de femme qui accouche.

CATHERINE

Nous sommes vouées* à l'attente, dans ce pays. Et à filer ce fil dont tient tout notre espoir. Aussi nous faut-il vaquer à nos occupations, et voir à ce que ne s'épuise le dévidoir*.

JEANNE

Nos hommes auraient bien mérité un bon repos avec leur famille en revenant de la baie James. Surtout après avoir reconquis les forts anglais.

CATHERINE

Mes fils semblent toujours puiser dans l'enivrement du succès le goût et la fièvre de la prochaine aventure... qu'il leur tarde toujours de poursuivre comme des endiablés...

JEANNE

(Devenue sombre) S'ils ne devaient pas revenir... Ah, Mère, la nuit je suis habitée de telles angoisses et de tels pressentiments... Mon mari dût-il échapper à la flèche iroquoise, qu'il pourrait encore être abattu par un boulet* anglais. Quel ennemi ne nous guette pas encore, dans ce pays sauvage?

CATHERINE

Il faut interdire à la pensée cette sorte de vaines réflexions, ma petite Jeanne, et avoir foi en la Providence qui ramène toujours les hommes à bon port. Nous avions bien craint pour eux quand ils entreprirent de rejoindre la baie James par l'Outaouais. Pourtant ils atteignirent Monsoni, et eurent tôt fait de reprendre les trois forts anglais, et plusieurs vaisseaux.

JEANNE

Croyez-vous cela, Mère Le Moyne, que d'Iberville ait pu s'escrimer* seul contre les Anglais, après qu'ils eurent refermé derrière lui la porte de la palissade ?

Voué: destiné irrévocablement (à un état, à une activité).
Dévidoir: instrument dont on se sert pour mettre en écheveau.
Boulet: projectile sphérique dont on chargeait les canons.
S'escrimer: se battre; se servir de quelque chose comme d'une épée contre quelqu'un; se battre.

CATHERINE

Jusqu'au moment où ses compagnons arrivèrent à la rescousse... Pourquoi pas? Il a de qui tenir... Son père en a déjà fait autant contre une centaine d'Iroquois. Mais Ste-Hélène ne donne pas sa place, lui non plus. Il n'y a pas dans toute la colonie, de tireur qui fût plus adroit que ton mari, et dans le pays, pas une défense anglaise qui pût lui résister bien longtemps.

JEANNE

Je tremble à la pensée que cet homme qui partage ma couche* et me témoigne tant d'affection, fût aux yeux des Anglais un homme aussi redoutable.

CATHERINE

Les ennemis de la veille peuvent se réconcilier le lendemain... Mon mari, Charles... *(se signant)* - que Dieu garde son âme! - dut guerroyer ferme contre les Iroquois. Et pourtant, il fut fort estimé de ces Sauvages. Il fut adopté comme un des leurs quand il fut leur captif. Il apprit leur langue et devint grand émissaire dans toutes les négociations entre Français et Iroquois. Maricourt semble bien en voie de suivre les traces de son père.

JEANNE

Plût à Dieu que Ste-Hélène mourût dans son lit comme votre mari, Charles, et fût estimé des Anglais qu'il aura conquis. Je redoute fort cette vie sauvage et dangereuse qui lui plaît, et qu'il recherche avec un tel appétit...

CATHERINE

Quand seront épuisées toutes les manœuvres militaires, il souffrira bien comme les autres hommes, d'être apprivoisé par sa femme et ses enfants.

Ma couche: mon lit.

JEANNE

Je doute que Ste-Hélène fût à ce point apprivoisable... Sitôt rentré d'une mission, qu'il repart pour une autre. A-t-on jamais vu folie pareille, Mère Le Moyne, que celle d'expédier des troupes en manœuvre militaire en plein hiver? Ils sont partis depuis janvier et nous ignorons tout de leur destination. Sont-ils partis guerroyer contre les Iroquois ou les Anglais? Ou pour ravitailler un poste?

CATHERINE

Mieux vaut ne point se tracasser à ce sujet, et faire confiance à la Providence et à la Vierge Marie. Allume la bougie à la fenêtre. Il fait déjà noir, dehors...

JEANNE

(S'apprêtant à allumer la bougie pour la poser à la fenêtre) Je vous sais gré, Mère Le Moyne, d'être venue vous installer chez nous pendant l'absence de Ste-Hélène. Dût-il ne pas revenir avant le printemps, c'est près de vous que je souhaiterais faire mes couches. *(On frappe à la porte. Reconnaissant Maricourt qu'elle aperçoit par la fenêtre)* C'est Maricourt! Dieu soit loué! Nous ne serons pas seules, ce soir! *(Elle déverrouille)*

MARICOURT

(Apparaissant à la porte, blagueur) Salut, petite dame! Ce bonhomme enneigé qui garde votre porte, nous donne assurance qu'il y a gîte et couvert* à cette enseigne...

JEANNE

Maricourt! Que c'est grande joie de te voir ce soir! Entre vite, je t'en prie. Il fait grand froid.

MARICOURT

(Ne quittant pas le seuil) Mais nous vous saurions gré, petite dame, de faire la charité aussi, à ces gueux bien affamés qui arrivent d'un long voyage...

Gîte et couvert: abri, logement et repas.

JEANNE

(Apercevant mal les deux hommes qui l'accompagnent) Je ne connais point ces hommes, Maricourt. *(Aux étrangers)* Messieurs, mon mari n'est point ici... Les enfants sont au lit... C'est vendredi et nous faisons maigre et jeûne*. *(En entendant s'esclaffer les hommes)* Ste-Hélène? Ah! le fin finaud! *(Voyant s'avancer un barbu bien emmitouflé jusqu'aux oreilles, reconnaissant son mari, elle se jette à son cou)* Ah! Ste-Hélène, mon mari, c'est bien toi qui blagues ici?

STE-HÉLÈNE

Eh, oui, ma mie! Voilà le gueux que tu allais rejeter dans la rue... *(Grosse bise sur le* «oh!» *de Jeanne)*

CATHERINE

(S'approchant d'eux) Ste-Hélène! *(Et apercevant d'Iberville non moins méconaissable)* Et d'Iberville! Mais quelle mine de loup-garou vous faites là, mes fils!

D'IBERVILLE

(Bise à Catherine) Salut, sa mére!* *(Bise à Jeanne, qu'il serre très fort)* Salut, p'tite mére! *(Et pendant que Ste-Hélène qui a laissé choir son attirail*, donne une bise à Catherine, d'Iberville, encore chargé du sien, exécute quelques grands gestes de théâtre)* À peine nous reste-t-il un dernier souffle, Mesdames, que nous vous le cédons volontiers avec la palme de notre victoire, avant que de nous écraser à vos pieds, morts d'épuisement! *(Et de feinte, il se laisse choir par terre)*

MARICOURT

(Sur les «oh!» *de Jeanne, et le rire des autres)* Tout cela pour vous dire...*(Et soutenant d'Iberveille qui se relève)* que ces voyageurs ont fait bien longue route en raquettes* pour être à Montréal, ce soir!

STE-HÉLÈNE

(Serrant Jeanne contre lui) Et rejoindre le lit bien douillet de ma mie, après six longues semaines de froidure et de marche.

Maigre et jeûne: pratique religieuse où l'on se prive volontairement de viande et de nourriture.
Sa mére: (expression dialectale) ma mère.
Attirail: équipement.
Raquettes: sorte de large semelle ovale qu'on adapte aux chaussaures pour marcher dans la neige (d'origine amérindienne).

CATHERINE
(Apprêtant la table) Dégréyez-vous, les enfants. Je vous réchauffe un bon potage et du vin épicé. *(À Ste-Hélène)* Le temps de ton absence a fort pesé à ta petite femme, mon fils.

JEANNE
Ton retour est bien le premier apaisement* que Dieu m'accorde depuis ton départ, Ste-Hélène...

STE-HÉLÈNE
Il me tarde de revoir les enfants... Et ce troisième... *(en passant la main sur le ventre de Jeanne)* que tu es à la veille de nous livrer... *(Prenant une bougie, il se dirige vers la chambre des enfants)*

JEANNE
(À Ste-Hélène) Ne fais point de bruit, je t'en prie. Ils avaient si grand sommeil...

D'IBERVILLE
Si le petit Canadien qui lui enfle le ventre tient de son père, il aura tôt fait d'expédier outre tous les Anglais d'Amérique! *(Rires)*

CATHERINE
Oh, alors, vous étiez chez les Anglais?

MARICOURT
Ils sont allés foudroyer les Hollandais directement dans leur tanière*, à Schenectady.

JEANNE
Mais, quel sujet de brouille avons-nous avec les Hollandais? *(S'affairant à la table, elle aussi)*

Apaisement: retour à la paix, au calme.
Tanière: habitation, logis dans lequel on se cache.

D'IBERVILLE
Les Hollandais de Schenectady ou d'Albany, comme les New Yorkais et les Bostonnais, c'est du pareil au même. Nous avons entrepris de les réduire tous à l'impuissance. Car, c'est le seul moyen de soumettre entièrement les Iroquois. Quand les Anglais auront assez goûté au sort qui fut réservé à La Chine, à La Chenaye et à l'Ile Jésus, ils réfléchiront à deux fois avant de lancer les Iroquois contre les établissements français!

CATHERINE
Il me semble qu'on aurait pu négocier et attendre une rebuffade* ou une brouille, de quoi entrer en conflit ouvert avec la Nouvelle-Angleterre, avant de lancer une attaque...

D'IBERVILLE
Rien ne sert de transiger* avec ces félons* ! Ils ont déjà maintes fois spolié* nos établissements en Acadie et, depuis dix ans, ne cherchent qu'à nous extorquer le commerce des fourrures de l'Ouest.

MARICOURT
Eh bien! alors, raconte! Comment fut dirigée cette manœuvre?

D'IBERVILLE
Eh bien! Callières et Vaudreuil expédièrent trois contingents en janvier. Le nôtre, de Montréal, sous d'Ailleboust de Mantet et Ste-Hélène. Celui de Trois-Rivières, sous Hertel, se dirigeait vers Salmon Falls. Et un troisième, de Québec, sous Portneuf. Cré* Hertel, va! Il n'avait qu'une cinquantaine d'hommes, y compris ses trois fils et une vingtaine d'Indiens! Y a rien à son épreuve, ce gaillard-là!

MARICOURT
Je ne comprends pas que vous ayez dirigé votre manœuvre contre Schenectady, quand c'est Albany qui nous fait de la misère avec son grand comptoir de traite.

Rebuffade: refus hargneux, méprisant.
Transiger: faire des concessions réciproques de manière à régler un différend.
Félon: traître.
Spolier : dépouiller d'un bien par violence ou abus de pouvoir.
Cré : (dialecte) abréviation et atténuation de «sacré», dans les jurons.

D'IBERVILLE
Un hasard né d'une nécessité, mon vieux. Le trajet est long de Chambly à la rivière Hudson quand tu parcours cela en raquettes l'hiver, en tirant les traînes sauvages chargées de provisions et de couvertures... Toujours est-il qu'en arrivant à une croisée sur la rivière Hudson le dix-huit février, il nous fallut choisir entre Albany, à cinq lieues à gauche, et Schenectady, à deux lieues à droite. La fatigue, le froid et les grognements des Indiens furent tels que d'Ailleboust de Mantet et Ste-Hélène optèrent pour l'expéditif et la proximité.

MARICOURT
Et vous avez attaqué Schenectady. La place était bien défendue?

D'IBERVILLE
Mais, cré yâble* ! pas du tout! Nous étions devant Schenectady à minuit. Tout le monde dormait. Les deux portes de la palissade, grande ouvertes. Même pas de gardes! Sauf deux bonshommes de neige, à l'entrée... Vous voyez cela? Deux bonshommes de neige qui font la garde! *(Rire)* Deux heures avant l'aube, nous avons pénétré à l'intérieur de la palissade et encerclé les maisons. Au signal, hurlèrent les Indiens et foncèrent les troupes. Une surprise complète! Les habitants furent saisis dans leurs lits comme entre pinces à ferrer*, bardés d'acier avant que de pouvoir fuir par les portes. En peu de temps nous avions expédié aux enfers, une soixantaine de Hollandais, et incendié quatre-vingts maisons! Nous sommes revenus avec cinquante chevaux chargés de butin, et vingt-cinq prisonniers, hommes et garçons. *(Ste-Hélène vient de réapparaître à la porte)*

JEANNE
(Décontenancée) Vous avez massacré dans leurs lits, femmes et enfants... égorgé des innocents...

STE-HÉLÈNE
Mais nous en avons épargné beaucoup... près de quatre-vingt-dix!

Yâble!: (dialecte) diable!
Ferrer: pour garnir (un cheval) de sabots de fer.

JEANNE

(Dolente) Vous avez abandonné au froid de l'hiver et à bien grande misère, femmes et enfants en chemise de nuit...

CATHERINE

Mes fils, tant d'horreurs entendues me donnent grand tourment. Sont-ce là les enfants de ma chair que j'ai vus naître et mouiller leurs langes*, qui se targuent maintenant d'une si odieuse victoire?

D'IBERVILLE

Eh ben, quoi! Qu'est-ce que vous attendriez d'une expédition punitive* ? Qu'on s'annonçât, bannières déployées et trompettes sonnantes? Qu'on leur fît quartier* et qu'on échangeât quelques mièvreries* ?

CATHERINE

Mais, ce carnage est non moins abominable que celui de La Chine, et votre conduite, non moins ignoble que celle des Iroquois! N'êtes-vous pas des chrétiens, mes enfants, et comptables devant Dieu?

JEANNE

(Divaguant, dolente) Femmes et enfants raide navrés*, et repoussés dans les brasiers...

STE-HÉLÈNE

Enfin, elle n'a rien de répréhensible, cette tactique d'encerclement* quand il s'agit de désarmer l'adversaire.

D'IBERVILLE

À la guerre, comme à la guerre! Tous les moyens sont bons! Et risquerait fort d'y laisser sa peau qui serait inférieur à la tâche confiée.

Lange: large carré de laine ou de coton dont on emmaillotte un bébé de la taille aux pieds.
Punitive: destinée à frapper d'une peine pour avoir commis un délit ou un crime.
Faire quartier: épargner, accorder la vie sauve.
Mièvrerie: gentillesse affectée, enfantine.
Raide navré: blessé à mort.
Encerclement: le fait de cerner de toutes parts à la suite de manoeuvres d'enveloppement.

CATHERINE

Vous parlez de guerre, quand l'ennemi vous oppose une si faible défense? Et vous déclarez ennemi, celui qui n'a point levé une arme contre vous? N'est-il point exécrable* ce triomphe que vous comptez sur le dos des faibles et des innocents? Prenez garde que Dieu ne vous juge en ce monde, mes fils, et que les flammes de l'enfer ne commencent de vous lécher en votre vivant.

MARICOURT

Sa mére, dans le feu du combat et en compagnie des Indiens, les excès sont inévitables et les déchaînements incontrôlables.

CATHERINE

La malédiction ne viendra pas de Dieu, mais de l'horrible crime et des inexpiables* ressentiments que vous aurez semés. Votre père, Charles... *(se signant)* - que Dieu ait son âme! - vous maudirait pour si grande infamie!

MARICOURT

C'est en allant à la source du mal que nos troupes pouvaient couper tout à fait la racine.

CATHERINE

Mes pauvres enfants, au lieu de dissuader les Anglais, vous les aurez obligés de s'unir contre nous!

D'IBERVILLE

Que diable! Est-ce aux créatures* de juger des manoeuvres militaires, et de condamner des actions auxquelles elles n'entendent* rien, et dont elles ne furent même pas témoins? En voilà beau remerciement pour tous les dangers encourus, pour toute cette sacrée misère de froid et de privations!

Exécrable: qu'on a en horreur.
Inexpiable: que rien ne peut apaiser.
Créature: (expression dialectale) femme, épouse, jeune fille (non péjoratif).
Entendre: comprendre.

JEANNE

(Marmonnant d'un ton dolent, les deux mains sur le ventre) Tous ces bébés... criant... se débattant aux portes du trépas... ces petits crânes fendus à coups de hache... oh, ces traces de sang dans la neige... ils dormaient si bien, tous ces enfants... Ils tombaient de fatigue... d'avoir pris leurs ébats dans la neige... d'avoir fait si beau bonhomme de neige... Oh! mes enfants... voilà qui attire les assassins, ce bonhomme de neige... les assassins qui guettent les maisons, la nuit.. là où sourit le bonhomme de neige, là sommeillent les enfants à égorger...

CATHERINE

(S'approchant de Jeanne) Mais ma petite Jeanne, quel dérangement te saisit donc l'esprit?

STE-HÉLÈNE

On lui a causé trop violente peur... ma pauvre Jeanne... ma mie.

JEANNE

(Se dégageant de Catherine et de Ste-Hélène, s'élance vers la porte de l'extérieur) À bas, à bas, le bonhomme de neige! Maman détruit le bonhomme de neige, mes enfants! Il trahira mes petits! *(Elle s'élance dehors. Maricourt et Ste-Hélène la suivent aussitôt)*

CATHERINE

(Dans l'embrasure de la porte) Grand Dieu! Notre petite Jeanne qui s'acharne à démolir le bonhomme de neige! Elle va attraper son coup de mort...

D'IBERVILLE

Des accès de femme enceinte. Ça va passer. *(Ste-Hélène et Maricourt rentrent, en retenant une Jeanne bien dolente, qui se débat en sanglotant)*

CATHERINE

(S'approchant de Jeanne) Tout doux, ma petite Jeanne, ma mignonne, tout doux. Mère Le Moyne s'occupe de la belle petite Jeanne qui a grand sommeil... Viens, Jeanne, viens. Allons nous coucher... *(Catherine se dirige vers la chambre à coucher, enserrant et entraînant une Jeanne qui sanglote un peu et qui marmonne:* «Si c'était cette nuit qu'on nous surprenait... Si c'était cette nuit...» *Elles sortent. Les trois frères sont là, debout, pendant que baisse la lumière)*

Acte II, scène 3

À Montréal, le 10 octobre 1690.

FRONTENAC
VAUDREUIL
CHAMPIGNY
OUANABOUCHIE, chef outaouais
LA BARON, chef huron
OUREHOUARÉ, un Iroquois (Onontagué) converti
MESSAGER
ABÉNAQUIS
Quelques Français (Callières, Vaudreuil, Maricourt, soldats); quelques Indiens, Hurons et Outaouais

(Chefs français et chefs indiens sont réunis en conseil de guerre, à l'occasion de la foire de Montréal)

FRONTENAC
Nous avons allumé le calumet de paix* et l'avons offert au ciel et à la terre. Nous avons fumé ensemble. Maintenant, nous sommes prêts à parler.

OUANABOUCHIE
(Se dressant debout devant l'assemblée) Onontio, nous te remercions d'être venu ici à notre rencontre. Nous avons fait un long trajet, de Michilimackinac à Montréal, et nous constatons que l'arrivée de nos canots chargés de fourrures est l'occasion d'une grande réjouissance pour tous les Français de la colonie. Les bonnes odeurs de ragoût qui montent des grandes marmites fumantes sur la Place Royale, nous disent bien que l'Onontio nous réserve encore un grand festin pour célébrer la foire de Montréal.
Onontio, si tes enfants des Grands Lacs sont venus si nombreux aujourd'hui, c'est dans l'espoir de renouer avec les Français des liens d'amitié et d'obtenir d'eux certaines assurances face à la marée montante des hostilités iroquoises.

Calumet de paix: pipe à long tuyeau que les Amérindiens fumaient officiellement pendant les délibérations graves.

Car, Onontio, les tribus huronnes et outaouaises ne sont pas moins menacées que les Français par cette guerre d'usure*. L'Onontio est le Père de nous tous et, comme ses enfants, nous l'avons écouté lorsqu'il parlait. Aussi, aujourd'hui, nous espérons que l'Onontio écoutera ce que diront ses enfants. L'Onontio nous promettait son appui et son conseil; nous devions de notre part l'aider, au besoin, à revenir sur ses erreurs. Et Ouanabouchie, en présentant à l'Onontio ce wampum... *(il présente à Frontenac une ceinture dont le dessin fait de porcelaine fine, représente la tribu des Nipissing)* veut relever une de ces erreurs que l'Onontio, notre Père, voudra bien corriger, parce qu'elle a causé la perte de plusieurs de nos guerriers. *(Murmures de l'assemblée)*
En revenant dans ce pays, Onontio, tu as donné l'ordre à tous les Indiens alliés des Français, de ne point lever les armes contre les Iroquois, sauf en cas de légitime défense. Quand l'ennemi nous attend, embusqué sur toutes les routes, prêt à nous tailler en pièces et à nous mettre en chaudière, comment peux-tu nous demander de ne jamais porter le premier coup? N'est-ce pas là donner à l'ennemi l'avantage de la surprise, et le droit de nous abattre? *(Murmures de l'assemblée)* Ouanabouchie et ses guerriers outaouais ont accompagné les Français à Schenectady. Or, nous avons trouvé dans ce village, une trentaine d'Iroquois de la tribu des Agniers que Ste-Hélène nous a priés d'épargner sur les ordres de l'Onontio. Ces Agniers, que nous avons épargnés, se sont mis à notre poursuite. Ils ont tué et capturé une quinzaine de guerriers français et indiens aux portes mêmes de Montréal! *(Murmures de l'assemblée)* En remontant vers Michilimackinac, Ouanabouchie et ses guerriers ont rencontré des Iroquois. En voulant obéir à la consigne de l'Onontio, nous avons attendu le premier geste de l'ennemi. Cette hésitation nous a coûté six blessés.
De tout cela, Ouanabouchie doit-il conclure que l'Onontio désire faire la paix avec les Iroquois? L'Onontio met-il plus de prix sur la vie d'un Iroquois que sur la vie d'un allié? Ouanabouchie veut être informé de la pensée de l'Onontio sur cette politique d'apaisement. Ouanabouchie a parlé. *(Murmures de l'assemblée)*

Guerre d'usure: combat pour user, fatiguer quelqu'un.

LE BARON

(Se dressant à son tour, devant l'assemblée) Le Baron te présente, ô grand Onontio! les salutations de toutes les tribus huronnes des Grands Lacs. Nous sommes heureux de participer à cette grande foire et d'accepter ta grande hospitalité, parce que cette rencontre nous permet de raffermir cette amitié qui a toujours uni Français et Hurons. C'est aussi pour Le Baron, l'occasion de faire présentation à l'Onontio de trois wampums! *(Murmures de surprise dans l'assemblée. Puis, présentant un premier wampum à Frontenac)*
Ô Onontio! quand je te vois ici parmi nous, mon cœur est rempli de joie et déborde comme le ruisseau qui se gonfle neige au printemps. Ce premier wampum est un gage du respect et de l'affection que veulent témoigner des enfants heureux de pouvoir célébrer le retour de leur Père, après avoir connu une longue absence qui les laissa orphelins et bien malheureux. *(Murmures d'acquiescement)*
Depuis ce temps, il y a un bruit comme celui de l'orage qui se fait entendre par tout le pays, et nous ne savons plus quel chemin prendre. Le chemin de la paix est rude et beaucoup d'heures sombres l'obscurcissent. Puisse le Grand Esprit Manitou jeter la lumière sur le tien, ô Onontio, notre Père! et faire couler dans ton oreille, la voix de la sagesse. Nous, tes enfants, suivrons ton conseil.
(Murmures d'acquiescement. Présentant un deuxième wampum)
Avec ce deuxième wampum, Le Baron veut plaider la cause des Outaouais. *(Murmures de surprise).* Le Baron connaît bien les inquiétudes de ses frères, les Outaouais. S'ils n'ont pas confiance dans la politique d'apaisement de l'Onontio, c'est qu'ils craignent que soit scellé un traité de paix entre les Français et les Iroquois. *(Murmures d'acquiescement)*
Les Outaouais ne sont pas faibles et aveugles comme des chiots de six jours. Ils sont forts et ont la vue longue, et connaissent les dessous du jeu des Iroquois. Ils sont convaincus qu'un tel traité aurait pour effet de les isoler dans l'Ouest, et permettrait aux Iroquois de les anéantir sans peur d'intervention de la part des Français! *(Murmures d'acquiescement)*

Nous savons qu'au mois de février, trois chefs des tribus outaouaises, se sont rendus chez les Iroquois pour assister au Conseil des Cinq-Nations, afin d'y ratifier un traité. *(Murmures de surprise)* Ils sont tombés d'accord pour essayer de convaincre les autres tribus outaouaises de rompre avec les Français, et d'entrer dans l'alliance des Iroquois avec Albany.*(Murmures)*
En faisant une paix séparée, sans doute voulaient-ils laisser les Français supporter à leur place, tout le poids d'une guerre avec les Iroquois. *(Silence)*
Mais la manœuvre n'a pas réussi, puisqu'aujourd'hui, nos frères, les Outaouais, sont à Montréal plutôt qu'à Albany, et font la traite avec les Français, plutôt qu'avec les Anglais!
(Murmures d'approbation)
Ainsi, ô grand Onontio! c'est notre vœu que nos frères, les Outaouais, jouissent d'un traitement de faveur pendant ces jours de foire à Montréal, et que leur soient offertes par les Français, des marchandises à des prix comparables à ceux d'Albany! *(Quelques ébats de surprise et d'acquiescement de la part des Outaouais. Sourires polis et quelques applaudissements des Français)*
L'incertitude a semé beaucoup de méfiance dans certaines tribus. Mais là où il y a eu trahison, il y a eu conspiration des Iroquois et des Anglais. *(Murmures approbateurs)* L'hiver dernier, l'Onontio a fait subir aux Anglais tout le poids de sa colère en portant le coup de sa vengeance directement dans leur territoire. Trois villages anglais ont été anéantis! Que son courroux retombe ainsi sur la tête de tous les provocateurs! *(Ébats d'approbation)*
Mais sont-ils moins coupables ceux qui exécutent les volontés de ces mauvais esprits? Sont-ils moins coupables ceux qui brandissent le tomahawk, et se disputent nos scalps* ? Ceux qui rasent nos bourgades et pillent nos canots?
(Murmures. Et présentant un troisième wampum)
En présentant ce troisième wampum, Le Baron exprime le voeu suivant: que l'Onontio, le Père de nous tous, s'engage à protéger tous ses enfants, les Indiens comme les Français; et qu'il s'engage à punir les Iroquois et à porter l'attaque jusque dans leurs territoires, comme il l'a fait et continuera de le faire en territoire anglais.
(Ébats d'approbation)

Scalps: dépouille, trophée constitué par la peau du crâne avec sa chevelure.

Si la main de l'oppression se lève contre nous, Le Baron espère que la voix de l'Onontio en fera l'écho dans tout le pays et remplissant les montagnes et les vallées, criera très fort:«À bas, les vipères! À bas, les Iroquois!»
(Ébats d'approbation. Puis, fixant Ourehouaré)
Nous avons entendu la voix des Outaouais. Vous avez entendu la voix des Hurons. Qu'il nous soit permis maintenant, d'entendre la voix des Iroquois.*(Après un silence inconfortable, et quelques murmures désapprobateurs)*
Il y a parmi nous à ce Conseil, un Iroquois converti, de la tribu des Onontagués, et qui est assis à la droite de l'Onontio.*(Tous les regards convergent sur Ourehouaré)* Ourehouaré - car tel est son nom - est l'un des prisonniers de La Famine qui furent esclaves sur les galères du Roi, et l'un des treize survivants que l'Onontio ramena avec lui de France, l'année dernière. *(Murmures de surprise)* Ourehouaré habite au château de l'Onontio, à Québec, et mange à sa table. Voudra-t-il nous dire pourquoi il a choisi de vivre parmi les Français, au lieu de rentrer dans son village, parmi les siens? *(Murmures. Il s'assied)*

OUREHOUARÉ

(Qui ne s'attendait pas de parler, tourne un regard interrogateur vers Frontenac, à sa gauche. Frontenac donne son assentiment d'un grave mouvement de tête, et Ourehouaré se lève pour s'adresserà l'assemblée)
Ourehouaré admire beaucoup la franchise des chefs Ouanabouchie et Le Baron, et les paroles sans détour qu'ils ont adressées à ce conseil. Ourehouaré en fera autant, puisqu'il ne craint aucun homme, et ne dépend que du Grand Esprit Manitou. Si le chef des Onontagués a été esclave sur les galères du Roi pendant qu'il fut prisonnier des Français, il fut aussi honoré de leur amitié et reçu à la cour quand il fut affranchi par le grand Onontio.
Ourehouaré a vu le Roi de France, le grand capitaine qui habite au-delà des mers. Ce Roi est puissant et redouté de tout le monde. C'est le plus grand de tous ceux qui commandent de l'autre bord. Il aime la paix, et ses bontés s'étendent jusque sur les Indiens du Canada. Il veut leur conservation et leur plus grand avantage, et c'est pourquoi ses sujets sont venus ici, faire connaître ses lois et répandre sa religion.

Le Roi de France veut que les Indiens obéissent à ses lois et qu'ils n'entretiennent point de guerre sans la permission de l'Onontio qui commande en son nom à Québec. L'Onontio aime également toutes les nations indiennes parce que le Roi le veut ainsi. L'Onontio est l'arbre touffu dont la cime protège l'arbrisseau contre les tempêtes déchaînées. *(Murmures d'approbation)*

Ourehouaré n'a pas renié les siens, mais l'éloignement lui a ouvert la conscience. Nos territoires sont envahis par une marée sale de tromperies et d'avidité, et le mensonge coule comme salive de la bouche des traîtres. Comment l'Onontio peut-il s'acquérir leur fidélité et négocier leur soumission quand ils affûtent* leurs haches, toutes griffes dehors? Nous pouvons aussi bien attendre des rivières qu'elles coulent à l'envers! *(Murmures d'acquiescement)*

À deux reprises, depuis un an, l'Onontio a envoyé au Conseil des Cinq-Nations, une délégation pour négocier la paix et l'échange des prisonniers. La première délégation sous Gagniocoton, fut renvoyée à Montréal, et les termes de l'Onontio rejetés avec mépris, sous les mauvais conseils des marchands d'Albany qui assistaient alors au Conseil des Iroquois. *(Murmures)*

La deuxième délégation, sous le Chevalier Dau, n'a pas eu plus de succès, ce printemps. Trois hommes ont été brûlés au bûcher, et le Chevalier Dau a été remis aux Anglais d'Albany, où il languit en prison.*(Murmures)*

Le mois dernier, un contingent d'Anglais et d'Iroquois ont tué et capturé une cinquantaine de Français à La Prairie, et rasé toutes les fermes.*(Murmures)*

Vous avez ouvert mes oreilles aux trahisons. Mon coeur est une pierre: il est lourd de tristesse. Tout notre pouvoir nous venait du cercle sacré de la nation et l'arbre florissant en était le centre vivant. Maintenant, le cercle est brisé et l'arbre a dépéri. Mon sang vous est acquis*, puisque c'est maintenant aux armes à décider. *(Murmures d'approbation)* Puisse le Grand Esprit Manitou rassembler toutes ces tribus en un faisceau de guerriers résolus! Ourehouaré a parlé! *(Murmures d'approbation. Il se rassied et Frontenac se lève)*

Affûter: aiguiser un outil tranchant.
Mon sang vous est acquis: ma vie est à votre disposition.

FRONTENAC

Mes enfants, l'Onontio, votre Père, vous parle. Prêtez l'oreille à ses paroles. *(Indiquant le centre où sont dressées en rond, les haches)* Ici, au centre du Nouveau-Monde, où vous m'avez instruit, il se peut qu'une petite racine de l'arbre sacré de la nation vive encore. L'Esprit qui vit au fond de moi en communion avec le passé me dit de ne point désespérer. L'ennemi fuira sur une piste de sang, et l'arbre fleurira et s'emplira du chant des oiseaux. Le Grand Esprit Manitou a fait que les pouvoirs se croisent pour éprouver notre foi et notre courage. Il en est ainsi de par sa volonté, et il est sacré cet endroit où se croisent la route des félicités et la route des difficultés. Mes enfants, écoutez-moi, non pour moi-même, mais pour tous ces vieux chefs indiens qui habitent l'Onontio, et qui vous parlent à travers lui. *(Murmures d'étonnement)* La voix des anciens me parvient depuis les heureuses terres de chasse où sont rassemblés tous vos parents et ancêtres depuis le commencement du monde. Écoutez-moi, écoutez la voix des anciens, afin que le peuple puisse retrouver le cercle sacré et nourrir l'arbre qui protège. *(Chantonnant de façon incantatoire)*

Hé ah ah hé he...

Ô Grand Esprit Manitou! Regarde l'Onontio sur terre, et prête l'oreille pour entendre la voix des chefs et des sachems disparus.

Wi yo ya-ne-no hé ah ah hé.

Rends-nous, Grand Esprit Manitou, le courage des anciens et la force de lutter contre l'agresseur qui s'acharne contre ton peuple.

Wi yo ya-ne-no! Wi yo ya-ne-no!

Ô Esprit suprême! Tu as vécu le premier.

Tu es plus vieux que tout besoin.

Tu connais le nôtre.

L'Onontio commençait à bien augurer* de son entreprise d'apaisement et à croire qu'il pourrait exhorter les Iroquois de maintenir la paix.

Or, les Iroquois sont des chiens de mauvaise race!

(Murmures d'approbation)

Augurer: pressentir, deviner, présager..

À ces avances, ils opposèrent tête sourde et traîtrise! Leurs visages sont dénaturés par la fourberie. Sont-ils des hommes ceux-là qui n'ont aucune loyauté? Comment l'Esprit de la terre pourrait-il les aimer? Partout où ils ont touché la terre, ils ont laissé des plaies et des embrasements fumeux. *(Murmures d'assentiment)*
Ya-ne-no wi-i hi-vo a-wi no ya-ne-no!
Wi yo ya-ne-no!
L'Onontio a ouï les conseils des anciens. L'Onontio a ouï vos conseils, ô chefs Ouanabouchie et Le Baron. Et tous ces conseils ont prévalu sur lui. Nous sommes liés, Français, Hurons et Outaouais, par les outrages qui nous ont été infligés. Sur ce point, nous sommes bien dans l'agrément, pour faire commune cause. *(Murmures approbateurs. Saisissant une hache, et chantonnant, il danse en décrivant le cercle tracé par les haches)*
Wi yo ya-ne-no! Hé ah ah hé!
(Puis, droit devant l'assemblée, et brandissant haut la hache)
L'Onontio défie céans, les Iroquois en combat meurtrier, et ira jusque dans leurs bourgades assouvir sa furie!
Sus* à l'Iroquois! *(Ébats délirants)*
Leurs heures à vivre sont petitement comptées. Ils verront éclater la colère de l'Onontio. Ils verront l'Onontio courroucé s'abattre sur eux comme l'Oiseau-Tonnerre, pour les réduire à merci et faire un charnier* de leurs bourgades!
(Ébats frénétiques pendant que Frontenac poursuit la danse de guerre autour du centre)
Wi yo ya-ne-no! Wi yo ya-ne-no! Ya-ne-no!
Wi-i hi-vo a-wi yo ya-ne-no!
(Et prenant une deuxième hache qu'il présente à Vaudreuil, il l'invite d'un mouvement de tête, à suivre son exemple. Vaudreuil finit par accepter la hache, et pendant que Frontenac continue l'incantation, il essaie plutôt maladroitement de se mettre au pas, et d'entonner l'air. Quand il montre un tant soit peu de succès, Le Baron et Ouanabouchie prennent les haches du centre, en distribuent deux ou trois, et poursuivent la danse de guerre avec Frontenac et Vaudreuil. Et rapidement viennent se joindre d'autres Français et d'autres Indiens, emportés dans une frénésie qui atteint vite son paroxysme.

Sus!: allons attaquer!
Charnier: lieu où l'on déposait les ossements des morts.

Un messager accompagné d'un Abénaquis s'est avancé, inaperçu, et fort agité, cherche à obtenir l'oreille d'un chef français. Callières les aperçoit et leur fait signe d'approcher. Callières est consterné en prenant connaissance de la missive, se dresse debout vivement, et essaie d'attirer l'oeil de Frontenac. Celui-ci quitte le cercle et rejoint Callières. À l'expression de ces deux hommes, Vaudreuil quitte le cercle, allant s'enquérir auprès d'eux. Graduellement le tempo de la danse ralentit à mesure que les Indiens constatent que les Français sont absorbés dans une discussion à voix basse.
Quand plane soudain, un grand silence)
Mes enfants, les Anglais sont à nos portes! *(Murmures d'étonnement)* Sur les côtes d'Acadie, on aurait aperçu, venant de Boston, une flotte considérable se diriger sur Québec. *(Murmures)*.Selon nos intelligences, il appert que l'intention des Bostonnais en serait une d'agression. *(Murmures de consternation)* L'Onontio doit rentrer d'urgence à Québec, avec Monsieur de Champigny. Là viendront nous rejoindre les Troupes sitôt que Messieurs de Callières et de Vaudreuil en auront fait la levée*. L'Onontio compte sur ses enfants qui se rallieront, comme dans le passé, à la défense de la colonie. Que le Grand Esprit Manitou veille sur notre entreprise! *(Il sort, suivi d'Ourehouaré et de la plupart des Français. Maricourt et quelques Français, dont DuLhut et deux ou trois miliciens, restent parmi les Indiens pour les renseigner davantage, dans une langue qu'ils comprennent. Et l'assemblée se disperse)*

La levée: action d'enrôler, de recruter des soldats, des troupes.

Acte II, scène 4

Château Saint-Louis, le 16 octobre 1690.

FRONTENAC
CHAMPIGNY
MADAME CHAMPIGNY, 30 ans
PROVOST, major de Québec, 52 ans
SUBERCASE, capitaine, 29 ans
LUSSIGNY
MÈRE JUCHEREAU, supérieure des Hospitalières
RELIGIEUSE, compagne de Mère Juchereau
MONSEIGNEUR DE ST-VALLIER, 37 ans
MAREUIL, lieutenant, comédien amateur
OUREHOUARÉ
SAVAGE, émissaire de Phips
BARROIS
MÈRE LEMIEUX
CALLIÈRES
VAUDREUIL
STE-HÉLÈNE
MARICOURT
LONGUEUIL
Messieurs, dames, demoiselles, officiers, coureurs de bois et deux sergents.

Frontenac arrive, suivi de Provost.

PROVOST
Et des renforts*, quelle nouvelle, Monsieur le Comte?

FRONTENAC
De Montréal et Trois-Rivières, s'achemine un contingent de six cents hommes, Sieur Provost.

PROVOST
La flotte anglaise mouille déjà dans notre rade, Monsieur le Comte. Il y a là trente-quatre voiliers...

Renfort: augmentation de la force, du nombre d'une armée.

FRONTENAC

Les troupes de Monsieur de Callières et de Vaudreuil seront à Québec aujourd'hui même. J'ai bon espoir que la célérité leur fraye* un chemin, Sieur Provost. Trente-quatre voiliers, vous dites? *(Et prenant la lunette, il la fixe sur le fleuve).*

PROVOST

Dont quatre gros vaisseaux pourvus de canons. Voyez vous-même... Quelques autres moindres, et le reste, des quaiches* et autres petits bâtiments*.

FRONTENAC

A-t-on réussi à dénombrer* leurs effectifs?

PROVOST

Pour autant qu'on puisse le savoir, Monsieur le Comte, un peu plus de deux mille recrues, dont peut-être trois cents matelots. Je tiens ces intelligences de mon beau-frère, le Sieur de Granville, que j'avais dépêché à Tadoussac le 6 octobre, pour épier l'ennemi.

FRONTENAC

Eh bien! soit! Installons-nous pour ètre assiégés, Sieur Provost. La lutte pourrait bien durer deux ou trois semaines.

PROVOST

Notre adversaire compte sans doute répéter à Québec le bref exploit qui lui valut en mai dernier, de prendre Port-Royal* sans coup férir*.

FRONTENAC

Pardi! Ce serait donc ce malotru de William Phips qui se livra à un tel pillage de nos établissements en Acadie?

PROVOST

Et y profana nos églises et nos autels. Celui-là même, Monsieur le Comte.

Frayer: ouvrir, pratiquer (un chemin) en écartant les obstacles.
Quaiche (ketch): voilier à deux focs dont le mât est en avant du gouvernail.
Bâtiment: bateau de fort ou de moyen tonnage.
Dénombrer: faire le compte de.
Port-Royal: place fortifiée en Acadie.
Sans coup férir: sans combattre, sans rencontrer la moindre résistance.

FRONTENAC

Voilà beau motif pour éprouver toute cette artillerie à canons, Sieur Provost. Et Monsieur Phips aura tôt fait de découvrir que nos troupes et nos milices sont aussi bien rompues au tir qu'à la guerre d'escarmouche, et que le gouverneur de Québec ne désarme pas aussi rapidement que le gouverneur de Port-Royal.

PROVOST

(Étalant devant Frontenac un plan de la ville) À votre demande, Monsieur le Comte, j'ai reproduit ici le plan de nos dispositifs de défense...*(indiquant sur le plan)* Là, et là, des retranchements* que nous avons creusés... Aux issues*, sur la côte de la Montagne surtout, des barricades que nous avons aménagées. Et enfin, voici les quatre batteries*... Dans la Haute Ville, à la droite du château, à l'Anse-aux-Mères, une batterie de huit canons. Nous avons pensé de prévenir...

FRONTENAC

...au cas où Monsieur Phips s'aviserait de tenter une percée* en escaladant le Cap. Soit! Nous vous saurons gré de votre prévoyance, Sieur Provost.

PROVOST

Une deuxième batterie dans la Haute Ville, celle-ci de trois canons sur le rocher Sault-au-Matelot, au-dessus de la côte de la Montagne...*(assentiment de Frontenac)*. Et dans la Basse Ville, deux batteries, chacune de trois canons, l'une sur la rive près du Marché, et l'autre, plus au nord, sur la pointe. Une redoute* ici, et quelques remparts du côté de la rivière St-Charles surtout, où nous pourrions attendre un débarquement*...

Retranchement: enceinte, position utilisée pour couvrir, protéger les défenseurs.
Issue: ouverture, passage offrant la possibilité de sortir.
Batterie: réunion de pièces d'artillerie; emplacement, ouvrage de fortification destiné à recevoir ces pièces.
Percée: action de percer, de rompre les défenses de l'ennemi.
Redoute: ouvrage de fortification détaché.
Débarquement: opération militaire consistant à mettre à terre un corps expéditionnaire destiné à agir en territoire ennemi.

FRONTENAC

Sieur Provost, en six jours, vous avez mis la ville en état de défense, et voilà bien grande besogne qui soit cause d'émerveillement. Je reconnais le soin et la vigilance que vous dûtes appliquer à cette tâche, et vous en sais gré hautement.

PROVOST

Je me dois, Monsieur le Comte, de faire état du bon vouloir et de la diligence de nos habitants de la ville et des environs qui ont mis tout en oeuvre pour parer au plus pressé. Je dois faire état du bon vouloir de la Providence, aussi...

FRONTENAC

...qui accabla l'ennemi de vents défavorables?

PROVOST

En effet. Car, si nous avons pu réaliser en six jours un travail de deux mois, c'est bien grâce aussi au fait que les Bostonnais mirent trois semaines à parcourir une distance de trois jours!

FRONTENAC

Et nos milices, sur les côtes? À Beaupré, à Beauport, à l'île d'Orléans et à Lauzon?

PROVOST

J'ai donné ordres de ne point quitter leurs côtes, et de ne point jeter dans Québec avant qu'ils ne vissent l'ennemi descendu à terre, et déterminé à vouloir attaquer la ville.

FRONTENAC

Il est mon vouloir, Sieur Provost, qu'on se conforme aux instructions que vous avez fort judicieusement données.

PROVOST

Merci, Monsieur le Comte. Sur toutes les côtes, vous est acquise la loyauté des riverains*. Là où il n'y a pas de milice, le curé de la paroisse prend lui-même capote* et mousquet, et guide ses paroissiens à se cacher en embuscade sur les rives, afin de repousser toute chaloupe qui voudrait mettre quelques gens à terre...

Riverain: personne qui habite le long d'un cours d'eau.
Capote: manteau militaire.

SOLDAT

(Faisant irruption dans la salle, essoufflé) Ne vous en déplaise, Monsieur le Comte... On me prie de vous signaler qu'une pinasse* battant pavillon blanc*, vient d'être détachée du bateau amiral*, et se dirige sur notre rive!...

FRONTENAC

(Saisissant la lunette, et constatant le fait) En effet, aurons-nous l'insigne honneur de recevoir l'émissaire de Monsieur Phips. Voyons à mobiliser tous les moyens pour lui réserver fort grand accueil.*(À Provost)* Sieur Provost, nous vous confions le soin d'aller à la rencontre de cet émissaire avant qu'il ne mette pied à terre. Veuillez déjouer comme vous l'entendrez, sa curiosité par trop excessive, et avant que de le conduire devant nous, lui ménager quelques délais qui nous permettent de composer bonne figure*.

PROVOST

(S'inclinant) À vos ordres, Monsieur le Comte.

FRONTENAC

(Il sonne Mère Lemieux et Barrois. Au messager) Avertissez le lieutenant Lussigny et le capitaine Subercase, que j'attends céans tous les officiers de la garde, des Troupes et de la milice, en grand costume d'apparat*... *(Mère Lemieux et Barrois apparaissent à la porte).*

SOLDAT

(Incrédule) En costume d'apparat, Monsieur le Comte?

FRONTENAC

En costume d'apparat, j'ai bien dit... Galons d'or et d'argent, rubans, plumets*, poudre et la frisure*, que rien ne manque. Et les coureurs de bois, eh bien! qu'ils s'habillent le plus proprement qu'ils le pourront. Et dites au lieutenant Mareuil...

Pinasse: petit vaisseau long et léger, propre à la course.
Battre pavillon blanc: signaler à l'ennemi par drapeau blanc, qu'on veut parlementer ou se rendre.
Bateau amiral: bateau ayant à son bord un amiral, le chef d'une formation navale.
Composer bonne figure: affecter une mine de circonstance.
D'apparat: pompeux, solennel.
Plumet: grande plume ou touffe de plumes garnissant une coiffure, spécialement une coiffure militaire.
Frisure: état des cheveux frisés, boucle, frisette.

SOLDAT

(Incrédule) ... le comédien, Monsieur le Comte?

FRONTENAC

Celui-là même... Qu'il se présente céans, avec tout l'attirail de théâtre dont il dispose, pour régler un tableau vivant* digne de pompe royale.*(Devant un garde hésitant)* Et qu'on m'obéisse en toute célérité!

SOLDAT

Bien, Monsieur le Comte.*(Provost et le garde sortent précipitamment)*

MÈRE LEMIEUX

Il y a là, des religieuses Hospitalières, Mère Juchereau et sa compagne, qui voudraient vous parler, Monsieur le Comte...

FRONTENAC

(À Barrois) Barrois, courez avertir Monsieur de Champigny et son épouse, que je les prie instamment de réunir ici les conseillers et leur épouse, bien vêtus dans leurs plus beaux atours. Allez, allez, avec promptitude! *(Il sort)*

MÈRE LEMIEUX

Les religieuses, Monsieur le Comte...

FRONTENAC

Ah, Mère Lemieux! Dites à Ourehouaré que je l'attends ici, dans son costume de grande cérémonie... Et vous, Mère Lemieux, préparez-vous à jouer le rôle d'une comtesse, car vous occuperez la place à ma gauche dans ce tableau de grand déploiement!

MÈRE LEMIEUX

Moi, Monsieur le Comte? Mais, Monseigneur veut se moquer de sa vieille servante!... Les religieuses sont là...

Tableau vivant: tableau constitué par un ou plusieurs êtres vivants.

FRONTENAC

Allez, Mère Lemieux. Vous êtes une comtesse qui s'ignore, et je n'en veux point d'autre à mes côtés. *(Lui relevant le menton)* Il importe moins que vous soyez de haut lignage, chère dame, que de grande vertu. Parez-vous de votre plus belle toilette, et efforcez-vous de nous faire bon visage... *(Et lui baisant les mains)* Reposez-vous* en tout sur moi, madame la Comtesse. *(Un peu éberluée, elle lui tire une révérence, qu'elle voudrait digne et gracieuse, et sort)*

MÈRE JUCHEREAU

(Faisant irruption, suivie de sa compagne) Ah, que le Dieu de miséricorde, la Vierge Marie, les Anges et tous les saints du ciel nous protègent, Monsieur le Comte! Les hérétiques sont à nos portes! Et quels fléaux le Tout-Puissant ne fera-t-Il pas pleuvoir sur nos têtes, si nous permettons à ces créatures du diable, de saccager nos églises et de profaner nos saints autels?

FRONTENAC

Mais, par Dieu juste! mes bonnes Soeurs! Où allez-vous chercher cela? Le Bon Dieu est bien à l'abri sur ce rocher, et n'en délogera point si facilement. Calmez vos esprits. Et sachez que le Tout-Puissant saura bien pointer ses canons dans la bonne direction si les Bostonnais se mêlent de nous chercher noise ici.

MÈRE JUCHEREAU

Sont-elles instruments de Dieu, ces grandes bouches à feu qui sentent tout autant le soufre* de Satan? M'est avis que l'ennemi en fera grand emploi lui aussi, et quels ravages ne causeront-elles pas alors! C'est pourquoi, Monsieur le Comte, nous avons pris la précaution de creuser une tranchée dans notre jardin, pour y enterrer toute l'argenterie et les vases sacrés.

FRONTENAC

Voilà une mesure dont je vous félicite hautement, Mère Juchereau.

Se reposer sur: faire confiance à, se décharger sur, quelqu'un d'un soin.
Soufre: considéré comme une condensation de la matière du feu et associé à une intervention diabolique.

MÈRE JUCHEREAU

Nous avons éteint la lampe du sanctuaire, Monsieur le Comte, et quittons l'Hôtel-Dieu pour nous rendre à Lorette, où nous mettrons à l'abri des canonnades le Saint-Sacrement... que nous protégerons de nos vies si l'inévitable dût se produire et que telle fût la volonté de Dieu.

FRONTENAC

Mais, vous priveriez les habitants de la présence de Dieu, et les abandonneriez à leurs blessures... peut-être même à mourir dans leur sang, ma Bonne Mère? Est-ce là la compassion à laquelle vous oblige votre Sainte Règle?

MÈRE JUCHEREAU

Mais comment protéger le Saint-Sacrement, Monsieur le Comte? Le Supérieur des jésuites a l'intention de quitter la ville, lui aussi, avec les plus âgés de sa communauté, et de se réfugier dans leur chapelle de Notre-Dame-des-Anges où ils se prépareront à mourir devant l'autel si les puritains* s'avisent d'escalader nos murs!

FRONTENAC

Les jésuites ont toujours craint que les puritains ne fissent des colliers de leurs oreilles avant que de leur trancher la gorge! *(Rire)* Des sornettes*, mes bonnes Soeurs! On protège le Saint-Sacrement en communiant plus souvent, et l'on protège les lieux saints en défendant les murs.

MÈRE JUCHEREAU

Mais toute la Haute Ville fourmille de gens, Monsieur le Comte! Des gens qui affluent de partout... de la Basse Ville et des environs... pour se réfugier dans nos murs! Le séminaire, les caves du couvent des Ursulines, et maintenant l'Hôtel-Dieu! Toutes nos enceintes pieuses sont bondées de femmes, d'enfants et de vieillards... En plus de tous nos malades! Comment nos Soeurs peuvent-elles vivre en communauté et faire leurs dévotions* dans un tel chambardement?

Puritains: membres d'une secte de presbytériens qui voulaient pratiquer un christianisme plus pur, et dont beaucoup émigrèrent en Amérique après les persécutions du XVIIe siècle.

Sornettes: propos frivoles et creux, balivernes.

Dévotions: prières règlementaires dictées par la Sainte Règle de la communauté religieuse.

FRONTENAC

Mes Soeurs, n'êtes-vous pas appelées à soutenir les habitants de cette ville autant par vos soins que par vos prières? Il est de mon vouloir, Mère Juchereau, que vous rentriez à l'Hôtel-Dieu, de peur que votre départ n'alarmât les habitants... et y remplissiez vos tâches avec toute la piété et l'application que nous vous connaissons.

MÈRE JUCHEREAU

Nous voulons bien obéir en tout à la volonté du Tout-Puissant, Monsieur le Comte... pour peu que nous la reconnaissions quand elle se révèle à nous, ses humbles servantes... *(De la salle voisine, parviennent des bruits qui vont augmentant. Font alors irruption dans la salle, Mareuil, suivi d'officiers et de gens en grande tenue, dans une animation un peu enjouée).*

FRONTENAC

(En conduisant à la porte les deux religeuses un peu consternées à la vue de ce déploiememnt mondain) Mes Soeurs, toute la population vous saura gré de l'assistance que vous lui apporterez pendant l'épreuve, et de l'exemple sanctifiant* de vos hautes vertus, qui auront des suites plus étendues encore sur la résolution* de nos combattants et l'édification des fidèles. *(Elles sortent. S'adressant à Mareuil)* Lieutenant Mareuil, je compte sur vos grands talents de comédien et de metteur en scène pour que fussent disposés nos gens autour du trône du gouverneur dans une suite* suffisamment imposante, telle qu'il sied au représentant du roi, et qui produise avec éclat, sur l'émissaire de Monsieur Phips, une très vive et fort durable impression. Qu'on sache bien qu'ici comme à Versailles, les Français ne se laissent point surpasser en cérémonie.

Sanctifiant: qui rend saint.
Résolution: détermination.
Suite: cortège, escorte.

MAREUIL

(S'inclinant) Bien, Monsieur le Comte. *(Les gens s'inclinent et frayent un passage au gouverneur qui sort. L'animation reprend de plus belle. Se mettant à l'oeuvre)* Allons, allons, mes enfants, laissez-moi gouverner* les choses puisqu'il nous faut composer ici un ensemble harmonieux et plaisant à la vue. *(Il s'applique vivement, et avec panache, à vérifier le vêtement de chacun - il corrige, ajuste, modifie, en ajoutant galons, rubans, plumes, bijoux ou colifichets qu'il puise à un coffre d'accessoires - à poudrer ici et là, et à régler l'attitude et la place que doit occuper chacun, ses gestes s'accompagnant de divers commentaires).* Holà, oh! doucement!... Ah! mon Dieu! miséricorde!...Comme vous voilà ajusté, cher monsieur!... Ah! chère madame! qui vous aurait reconnue?... Oh, mais, quelle figure vous faites là, mon cher!... Allons, mes enfants! La tête droite, le corps ferme... Allez, allez! Ferme, que je dis!... Ah! Voilà de bien plaisantes gens! ... Le regard assuré... Bien! Le bras, pas tout à fait si tendu, voyons!... Ah, diantre! que ces rubans sont mal assortis* !... Souffrez que j'y fasse un tout petit ajustement, chère madame... voilà!... Bien... deux petits pas en arrière. Oui... non, à droite. Voilà! Encore un peu, et l'on se croirait bien à Versailles!... Ah! cela est tout à fait galant!... Holà! qu'on ne bouge plus!... Ou tout cela sera gâté, mes enfants! *(Entre les commentaires qui accompagnent ses gestes, sont intercalées diverses remarques des gens)* «Qu'est-ce donc cela?... Pardi! c'est un bal masqué?... J'ai-ti l'air d'un homme d'importance, ma mie?... Tout cela est-il fort nécessaire pour recevoir un quelconque émissaire?... Hé, j'ai des mailles de rompues dans mon bas de soie!... Croyez-vous que mon habit m'aille bien?... C'est donc cela se mettre en personne de qualité?... Hé, ma perruque est-elle comme il faut?... Diantre! est-il nécessaire de secouer votre poudre sur mon pourpoint* ?... C'est là se moquer du monde, à la fin!... On aurait l'air fin tout fagotés* de la sorte, si les Anglais se mettaient à nous tirer dessus!...*(Rires)* Pardi! on arriverait-i pas en paradis en personnes de qualité?» *(Rires)*

Gouverner: diriger.
Mal assorti: qui ne va pas bien avec autre chose.
Pourpoint: partie du vêtement d'homme qui couvrait le torse jusqu'au-dessous de la ceinture.
Fagoter: habiller mal, sans goût.

BARROIS

(Entrant et constatant l'ensemble) Ciel! C'est la cour de Versailles qui est toute ici rassemblée? Voilà grand accueil en effet, pour un si petit puritain de Boston!

SUBERCASE

Quel air fait-il, ce laquais? Tu l'as vu?

BARROIS

Non point un laquais, capitaine Subercase, mais un major. C'est le major Thomas Savage qui s'achemine devers nous... *(en observant de la fenêtre)* les yeux bandés...

MAREUIL

Les yeux bandés! *(S'élançant aux fenêtres)* Ah, le Colin-Maillard* que voilà! On lui fait sauter les barricades... *(tous s'élancent aux fenêtres)* Holà, oh! mon beau tableau! *(Quelques exclamations des gens)* « Quels détours, on lui fait faire!... On veut l'embrouiller, le pauvre!... Holà, il trébuche encore!... Attention! le voilà à tâtons, sur une autre barricade!... Oh, ne va-t-il pas s'empêtrer encore... Il nous arrivera si éberlué qu'il en aura oublié tout son discours!... Le Sieur Provost s'entend bien à le confondre... Elles sont bien de la partie, ces dames et demoiselles qui l'interpellent à gorge déployée... Dieu de miséricorde! S'il se blessait sur nos barricades... Hé, ben, c'est-i pas un ennemi, non?»

LUSSIGNY

(Arrivant à leur insu, et s'éclaicissant la gorge, bruyamment, puis d'une voix forte) Monseigneur le gouverneur et lieutenant-général, Louis de Buade, Comte de Frontenac et de Palluau! *(Interdits un instant, tous s'élancent autour du trône pour réintégrer leurs places respectives. Frontenac entre, accompagné de Mère Lemieux, et suivi de Monsieur de Champigny et de son épouse, de Monseigneur de St-Vallier, de Ourehouaré, et tous s'inclinent. Mareuil, s'inclinant, accompagne Frontenac à son trône, et voit vite à placer le reste de la suite)*

Colin-Maillard: de Colin et Maillard, noms de personnages. Jeu où l'un des joueurs, les yeux bandés, doit chercher les autres à tâtons, en saisir un et le reconnaître.

FRONTENAC

(À Mareuil) Je vous sais gré de votre diligence, lieutenant Mareuil. Mais pour un peu, vous eussiez raté votre coup de théâtre* si l'émissaire se fût avisé de paraître ici avant nous!

ST-VALLIER

N'est-ce point là duperie, Monsieur le Comte, que de faire un tel étalage* de mondanités quand le grand faste* convient si peu à la modestie de nos gens? *(Sourires des gens)*

FRONTENAC

Nous donnons volontiers congé* à quiconque de notre entourage se sentirait lésé dans sa modestie, Monseigneur. On ne saurait voir ici une duperie, mais tout au plus, une quelconque prétention*, Monseigneur... que nous opposons d'ailleurs à une plus grande prétention encore, celle d'un quelconque Bostonnais qui se réclamerait d'un droit de conquête sur ce pays! *(Assentiment amusé des gens)*

LUSSIGNY

(À Frontenac, devant l'assemblée) Monsieur le Comte, Sieur Provost, le major de Québec conduit devers vous le major Thomas Savage qui mande audience, en qualité d'émissaire.

FRONTENAC

(D'un geste qui réclame le silence absolu. Puis) Nous recevons céans, et Sieur Provost et l'émissaire, Monsieur Savage. *(Sieur Provost entre, suivi de Savage qui, les yeux bandés, est conduit par deux sergents. Quand Savage se trouve devant Frontenac, celui-ci fait signe au sergent d'enlever le bandeau. Grand silence, pendant que Savage, aveuglé momentanément par la lumière, reprend graduellement son aplomb, devant cette assemblée qui ne manque pas de l'impressionner)*

Coup de théâtre: rebondissement dans une pièce, destiné à accroître l'intérêt de l'action.
Faire étalage de: exposer avec ostentation, exhiber.
Faste: déploiement de pompe, splendeur.
Donner congé à: donner la permission de partir.
Prétention: désigne le droit qu'on a ou qu'on croit avoir d'ambitionner quelque chose.

SAVAGE

I would have wished, Sir, that the duty assigned me had been of a more agreeable nature. However, as I have been bidden to hand you this letter, I do so forthwith*. *(et il remet la lettre à Frontenac)*

FRONTENAC

(Après un coup d'oeil rapide) Mais, c'est en anglais! *(Murmures amusés dans l'assemblée. En remettant la lettre à Barrois)* Allez, Barrois, faites-nous connaître les prononcements de ce Bostonnais. Je n'y comprends mie* !

BARROIS

(Traduisant) «Sir William Phips, général et commandant en chef des forces de Leurs Majestés de la Nouvelle-Angleterre, par terre et par mer, au Comte de Frontenac, lieutenant-général et gouverneur pour le Roi de France en Canada; ou en son absence, à son Député, ou à ceux qui commandent à Québec»...*(il s'arrête, et Frontenac fait signe de continuer)* «Les guerres entre les deux Couronnes d'Angleterre et de France ne sont pas seulement un suffisant motif, mais la destruction faite par les Français et les Sauvages sous votre commandement et encouragement, sur les personnes et les biens des sujets de Leurs Majestés de la Nouvelle-Angleterre, sans aucune provocation de leur côté, les oblige de faire cette expédition pour leur propre sûreté et satisfaction. Et même si les cruautés que leur infligèrent les Français et les Sauvages durent en cette présente occasion, nous inciter à une revendication sévère, cependant sommes-nous désireux d'éviter toute action inhumaine et peu chrétienne, et d'empêcher toute effusion de sang, autant que cela puisse être.

«... forthwith.»: J'aurais souhaité, Monsieur, que la tâche qui me fut confiée fût d'une plus agréable nature. Cependant comme je fus chargé de vous remettre cette lettre, je m'exécute sur-le-champ.

Mie: (particule de négation) pas.

Je, le susdit William Phips, chevalier, réclame par la présente, au nom des Très Excellentes Majestés Guillaume et Marie, Roi et Reine d'Angleterre, la reddition* immédiate des forts et châteaux, intacts, la livraison des munitions et des entrepôts, et la remise opportune de tous les captifs; y compris la mise à ma disposition de toutes les personnes et propriétés; ce en quoi tel acquiescement me disposerait à la clémence, comme chrétien, selon ce qui sera nécessaire à la sûreté des sujets de Leurs Majestés.
À défaut de quoi, je viens préparé et résolu, avec l'aide de Dieu en qui j'ai confiance, par la force des armes, de venger tous les méfaits, et vous soumettre à la Couronne d'Angleterre; et sur votre hésitation, vous amener à regretter ne pas avoir accepté notre faveur. Votre réponse positive en une heure devra être signalée par votre trompette, sur quoi je répondrai de la mienne; cela est requis, sur le péril qui s'ensuivra».

SAVAGE

(Indiquant l'heure sur la montre qu'il balance devant Frontenac) Your answer in one hour, Sir. Not one minute more. *(Il tend la montre à Frontenac qui ne sait trop quoi en faire)*

FRONTENAC

(Remettant la montre à Barrois qui la remet à Savage) Je n'entends rien à vos paroles, Monsieur, sinon qu'elles sonnent comme une menace.

BARROIS

Il dit qu'il attend votre réponse dans une heure, Monsieur le Comte. Et ne vous accorde pas une minute de plus.

SUBERCASE

Oh, la belle menace! Phips n'est qu'un pirate, et l'homme qui se présente ici en son nom, mérite d'être pendu sur la place publique! *(Murmures d'assentiment. Quelques remarques:* «Diantre soit le coquin!... Qu'on l'envoie promener avec ces galimatias* !... Ambassadeur d'un tas de chaudronniers* ! Malfaisant, le diable t'étripe! Peste aux puritains!...»*)*

Reddition: capitulation.
Galimatias: discours embrouillé, inintelligible.
Chaudronnier: artisan qui fabrique et vend des ustensiles de petite chaudronnerie, comme des ustensiles de cuisine.

FRONTENAC

(D'un geste, il impose le silence. À Savage) Je ne vous ferai pas attendre si longtemps. Dites à votre général que je ne reconnais pas le Roi Guillaume; et que le Prince d'Orange qui s'intitule ainsi est un usurpateur qui a violé les lois du sang les plus sacrées, en tentant de détrôner son beau-père. Je ne connais aucun roi d'Angleterre autre que le Roi Jacques le Deuxième. Votre général ne devrait pas s'étonner des hostilités qu'il dit avoir été perpétrées dans la colonie du Massachusetts car, puisque le Roi mon maître, a pris sous sa protection le Roi d'Angleterre, et se prépare à le remettre sur son trône par la force des armes, votre général aurait dû s'attendre à ce que Sa Majesté le Roi Louis m'ordonnât de faire la guerre contre un peuple qui se serait révolté contre son prince légitime.
Votre général s'imagine-t-il que même s'il m'eût présenté des termes un tant soit peu gracieux, et que j'eusse été d'humeur à les accepter, que ces galants gentilshommes... *(indiquant ses officiers, souriant)*... y consentiraient, ou me conseilleraient de faire confiance à la parole d'un homme qui a violé l'entente de la reddition qu'il avait scellée avec le gouverneur de Port-Royal? Ou encore, me conseilleraient-ils, ces galants gentilshommes, à faire confiance à un rebelle qui a failli à son devoir envers son roi légitime et qui, oubliant toutes les faveurs personnelles qu'il a reçues de lui, s'accroche maintenant aux fortunes de Guillaume l'usurpateur, un prince qui s'efforce de se faire reconnaître des autres nations comme libérateur de l'Angleterre et le défenseur de la Foi, au moment même où il se permet de fouler aux pieds les lois et les privilèges du royaume d'Angleterre, et de renverser son Église? Voilà ce que la justice divine qu'invoque votre général dans sa lettre, ne manquera pas un jour de punir sévèrement.

SAVAGE

Sir, if you would be so kind as to put that in writing...
(Frontenac interroge Barrois du regard)

BARROIS

Il requiert votre réponse par écrit, Monsieur le Comte. *(Murmures et rires)*

FRONTENAC

(D'un geste, il impose le silence) Non, je n'ai point de réponse à faire à votre général, que par la bouche de mes canons et à coups de fusils. Qu'il apprenne que ce n'est pas de la sorte qu'on envoie sommer* un homme comme moi. Qu'il fasse du mieux qu'il pourra de son côté, comme je ferai du mien! *(Murmures d'approbation)*

SAVAGE

Begging your pardon, Sir, I...

FRONTENAC

(Indiquant au sergent de lui remettre le bandeau sur les yeux. Puis). Sieur Provost, veuillez éconduire l'émissaire à sa chaloupe. Cette audience est terminée. *(Provost et sergents s'inclinent. Ils sortent en conduisant Savage)*

ST-VALLIER

Mes frères, élevons nos yeux et voyons Dieu saisissant dans Sa main le tonnerre qu'il est prêt de laisser tomber sur nous. Il permet qu'il gronde afin de vous réveiller de la torpeur de vos péchés. Le Ciel veillera à nous défendre si nous faisons pénitence et montrons repentance sincère pour nos péchés!

SUBERCASE

Le Ciel à nous venger! Ce fieffé* pirate qui par trop nous nargue à la barbe paiera de sa tête sa présomption!

CHAMPIGNY

Les Bostonnais qui par folle témérité, viennent ici faire sommation au puissant Comte de Frontenac, sur les ordres d'un quelconque général Phips, de remettre en leurs mains la ville de Québec, ont eu à subir en ce seizième jour d'octobre, de l'année mil six cent quatre-vingt-dix, une solide et bien cuisante rebuffade...*(et s'adressant à Frontenac)* pour laquelle toute la Nouvelle-France vous saura gré hautement, Monsieur le Comte. *(À l'assemblée)* Qu'on en garde le souvenir! Vive Frontenac! Vive la Nouvelle-France!

Sommer: commander, avertir par une demande impérative.
Fieffé: achevé, complet.

(Des acclamations fusent, semées de quelques exclamations: «Vive la Nouvelle-France! Vive Frontenac! Vive le gouverneur! Sus aux Bostonnais! Peste aux puritains! Aux enfers, tous les hérétiques! Vile canaille! À bas les trousse-goussets* et les coupe-jarrets* ! Qu'on les taille en pièces!»*)*

FRONTENAC

(D'un geste rétablissant le silence) Gardons-nous de lanterner* et de donner dans les excès, Messieurs. L'ennemi est là, et la protection de la ville réclame grande vigilance. Nous ne sommes pas des gens à reculer devant l'adversité, et Dieu soit loué! cette colonie est fort bien pourvue de combattants parmi les plus lestes et les mieux intentionnés que j'aie jamais vus. *(Acclamations)* C'est piètre* saison pour faire la guerre, mais la pluie, le vent, et le froid aidant, les Bostonnais se trouveront piégés dans leur propre trappe*. Prions, Messieurs, pour un hiver prématuré! *(Rires)* L'épreuve qui nous pèse ne saurait se prolonger longuement en raison de la saison avancée, mais encore doit-elle être soutenue et affrontée avec patience, zèle et grande résolution. Que Dieu veille sur notre besogne, et punisse ces hérétiques qui s'appliquent à trahir tout ensemble*, leur seigneur sur la terre, et le Seigneur du ciel.

ST-VALLIER

«Non nobis, Domine, non nobis sed nomini tuo...» Pas pour nous, Seigneur, pas pour nous, mais en ton nom...

FRONTENAC

(Enjoignant) Et au nom de cet incomparable monarque le Roi notre Sire Louis le Quatorzième, à qui nous devons fidélité et vénération... Maintenant, Messieurs, la déclaration de siège ayant été faite dans les règles, que chacun retourne à ses tâches, et...

Trousse-gousset: voleur de bourse.
Coupe-jarret: bandit, assassin.
Lanterner: de perdre son temps en s'amusant à des riens.
Piètre: médiocre, minable.
Trappe: piège pour les bêtes, formé d'un trou recouvert de branchages ou d'une bascule.
Tout ensemble: à la fois.

(On entend une musique martiale qui va croissante, et des acclamations qui parviennent de la rue. À mesure que se rapproche la musique, se font entendre en même temps, des pas de soldats en marche. L'assemblée, un moment figée, s'anime à nouveau et fusent quelques exclamations pendant qu'on hésite à peine avant que de s'élancer aux fenêtres pour constater ce qu'il se passe dans la rue: «Les renforts?... Cela vient du chemin St-Louis!... Ce sont les renforts de Montréal!... Voilà les troupes et les miliciens à notre rescousse!... Vive Monsieur de Callières!.. Vive Monsieur de Vaudreuil!... Vivent nos galants militaires!... Quelle belle figure ils font tous!... De belle contenance fière et hardie, ma foi!... Ah, mais, s'ils sont nombreux!... Mais, où va-t-on les cantonner?... Hé, qu'ils sont bien tournés,* ces gaillards!... Hardi, les gars!» *Messieurs de Callières, de Vaudreuil, Ste-Hélène, Maricourt et Longueuil entrent. Ils se frayent un chemin: il y a force * embrassades et poignées de main, comme ils rejoignent le groupe qui entoure Frontenac: Champigny, Subercase, Lussigny... à cette table où sont étalées les cartes, et devant cette fenêtre qui donne sur le fleuve. Callières et Vaudreuil prennent connaissance de la situation au moyen des lunettes. À mesure que se vide la salle - les gens étant empressés de rejoindre ceux de la rue - on entend ces hommes en conciliabule discuter de stratégie)*

FRONTENAC

Les Bostonnais pourraient s'aviser de faire un débarquement dans les battures* de Beauport, et d'attaquer la ville du côté de La Canardière. En les engageant à la rivière St-Charles qui se traverse à gué à marée basse, à ces deux endroits... *(indiquant les deux endroits sur la carte)* on leur mettrait la rivière à dos*, rendant la retraite fort difficile.

Bien tourné: bien fait.
Force: beaucoup.
Batture: (canadianisme) partie du rivage que la marée descendante laisse à découvert.
À gué : endroit d'une rivière où le niveau de l'eau est assez bas pour qu'on puisse traverser à pied
À dos : derrière (eux)

CALLIÈRES

Le chemin pour aller à ces deux gués n'est guère praticable pour de grands corps de troupes, du côté de Beauport, à cause des bois, des rochers et des terrains vaseux... Enfin, Ste-Hélène, vous posterez vos pelotons* d'escarmouche, là... *(indiquant sur la carte)* pour les harceler et les surprendre de la rive opposée, chaque fois qu'ils tenteront de traverser l'un des gués.

VAUDREUIL

Ils dirigeront une action double, sûrement. Et alors, pour parer une canonnade des vaisseaux, Monsieur le Comte...

FRONTENAC

Voici les quatre batteries que nous installa le Sieur Provost avant notre retour... *(Et la lumière baisse sur leurs conciliabules)*

Peloton: groupe de soldats en armes, troupes en opération.

Acte II, scène 5

L'Hôtel-Dieu à Québec, vendredi, le 20 octobre 1690.

LONGUEUIL, 34 ans
ST-DENIS, capitaine, 64 ans
MÈRE JUCHEREAU
RELIGIEUSE HOSPITALIÈRE
STE-HÉLÈNE
MARICOURT
JEANNE DE STE-HÉLÈNE
SARAH GERRISH, 8 ans
PRÊTRE AUMÔNIER
ENFANT DE CHOEUR
Deux soldats

(Dans une chambre de l'Hôtel-Dieu, sont alités St-Denis et Longueuil: le premier est blessé au bras, et le deuxième, à la poitrine)

MÈRE JUCHEREAU

(Entrant dans la chambre, suivie de la religieuse Hospitalière. Ton élevé et impératif) Notre-Seigneur Jésus-Christ soit loué!

RELIGIEUSE

(Enjoignant) Par Marie!

MÈRE JUCHEREAU

(Constatant la somnolence des deux blessés, elle et sa compagne s'empressent de les aider à s'asseoir dans leur lit, en ajoutant les oreillers) Mais enfin, Messieurs, pour la seconde fois, je vous prie, secouez ce sommeil qui a par trop d'emprise sur vos esprits! Recueillez-vous et faites bon accueil à Jésus Hostie, qu'Il exauce nos prières et nous accorde une prompte et glorieuse victoire.

ST-DENIS

(S'asseyant dans son lit, marmonnant) Eh, ma bonne Mère! C'est-i un plat se soupane* fumante que vous nous apportez là?

Soupane: (canadianisme) bouillie de gruau d'avoine, de maïs, etc.

MÈRE JUCHEREAU

Non point soupane, Monsieur le capitaine, mais la sainte communion.

ST-DENIS

(À part) L'épaisseur d'une hostie, pardi! C'est la becquée*, et on nous prend pour des oisillons!

MÈRE JUCHEREAU

(S'attardant avec sa compagne auprès de Longueuil) Voyons à vous soulever encore un tout petit peu... Alors, Monsieur de Longueuil, comment ce vous va, ce matin?

LONGUEUIL

Bien petitement, ma bonne Mère... J'ai toujours de ces tournements* de tête. Si je pouvais boire quelque tisane...

MÈRE JUCHEREAU

Pas avant la communion, Monsieur le lieutenant. Est-ce qu'il ne faut pas armer l'âme tout autant que le corps en temps de guerre? D'ailleurs, à recevoir le Pain des Anges, Monsieur de Longueuil, il arrive parfois que l'on y découvre là, l'effet d'une action vivifiante...

ST-DENIS

(Plaisantant) À condition de communier sous les deux espèces*, ma bonne Mère! *(Au regard réprobateur de Mère Juchereau)* Comme le fait Monsieur le Curé! *(Rires. On entend le tintement d'une clochette et apparaissent le célébrant* dans ses vêtements liturgiques, tenant le ciboire* pour distribuer la communion, et l'enfant de choeur dans son surplis*, tenant la patène* d'une main, et la clochette de l'autre)*

Becquée: ce qu'un oiseau prend dans son bec pour se nourrir ou nourrir ses petits.
Tournement: pour tournoiement, tourner en spirale.
Les deux espèces: le pain et le vin.
Célébrant: celui qui célèbre la messe.
Ciboire: vase sacré en forme de coupe où l'on conserve les hosties consacrées pour la communion des fidèles.
Surplis: vêtement de lin à manches larges, souvent plissé, que les prêtres (et les enfants de choeur) portent sur la soutane.
Patène: vase sacré, petite assiette servant à l'offrande de l'hostie.

AUMÔNIER

(Répétant la formule à chacun à qui il donne la communion)
Corpus Domini nostri Jesu Christi custodiat animam tuam in vitam æternam. Amen.*(Alors qu'on entend les deux religieuses marmonner avec empressement, la formule qui doit précéder celle de l'aumônier :* «Domine, non sum dignus ut intres sub tectum meum, sed tantum dic verbo et sanabitur anima mea». *Ou, en français: «Seigneur, je ne suis pas digne de vous recevoir, mais dites seulement une parole et mon âme sera guérie». Après la communion, coups de clochette encore, comme l'aumônier et l'enfant de chœur sortent, suivis des deux religieuses, marmonnant toujours la même prière en latin. Les deux hommes qui se sont recueillis un moment en recevant la communion se signent rapidement, en écourtant leur prière d'action de grâce)*

ST-DENIS

Voilà maigre ration pour combattants estropiés!

LONGUEUIL

Ils n'en ont guère plus à se mettre sous la dent, ces troupes anglaises qui s'embourbent depuis deux jours dans les vases de Beauport.

ST-DENIS

Qu'ils en crèvent tous, si le général Phips n'a pas le coeur d'approvisionner ses troupes! Ils n'avaient qu'à rester chez eux! Ils ont un sacré toupet, ces Bostonnais, de s'amener ici avec toute cette merdaille*, et d'oser se mesurer à nos troupes et à nos miliciens. Je parie que la moitié de leurs recrues sont des cultivateurs qui seraient plus à l'aise à brandir fourche à fumier, que fusil à poudre!

LONGUEUIL

Ils font piètre figure dans la boue jusqu'aux jarrets, en proie aux intempéries, à la pluie battante, au froid, et sans abri la nuit...

ST-DENIS

Hé, mon lieutenant! Vous arriveriez pour un peu à me tirer des larmes! Je les eusse espérés en proie aux tourments infernaux, moi! C'est-i pas du vrai plomb qu'ils nous tirent dessus?Et sont-i pas de vraies blessures qu'ils nous ont infligées?

Merdaille: ensemble de merdeux, de personnes qu'on repousse avec mépris.

LONGUEUIL

(Regardant sa blessure à la poitrine) N'eût été ma corne à poudre* qui me protégeait, Monsieur St-Denis, j'eus été frappé en plein coeur... Une vraie chance du Bon Dieu!...

ST-DENIS

Je ne comprends pas que Monsieur de Frontenac estime plus séant* d'attendre leurs avances, alors que nous avons bonne mine* de les écraser.

LONGUEUIL

Nous perdrions notre avantage, Monsieur St-Denis. À la marée haute, la rivière St-Charles couperait notre retraite et nos troupes se trouveraient réduites à même misère que les Anglais. D'ailleurs, notre poudre à fusil n'est guère plus utile que la leur quand elle est trempée.

ST-DENIS

Votre petite incursion du côté de Beauport, mercredi, n'a pas été inutile, Monsieur de Longueuil, et nos miliciens en ont bien profité. De pouvoir enfin s'amuser de l'armée anglaise, holà! on ne demandait pas mieux! De prendre contact, d'escarmoucher, de se replier aussitôt, et d'attirer l'adversaire dans les grands marais de bouette*... Baptême! voilà une échappée* à la monotonie que mes hommes ont fort appréciée!

LONGUEUIL

Si les miliciens se plaisent à escarmoucher, les Troupes du Roi préfèrent se retrancher* derrière les fortifications et défendre leurs positions.

ST-DENIS

Voilà qui est pas mal moins divertissant, vous en conviendrez!

Corne à poudre: un contenant fait d'une corne creuse et qui renferme un mélange explosif, noir, utilisé autrefois dans les Armes à feu.
Séant: convenable.
Avoir bonne mine de: être bien disposé à.
Bouette : (vieux français), boue, vase.
Échappée: bref moment d'escapade.
Se retrancher: se protéger par des moyens de défense, se mettre à l'abri.

LONGUEUIL

Si grand vaniteux qu'il fût, Monsieur de Frontenac n'en est pas moins grand homme de guerre. Et entouré comme il est, de stratèges* comme Callières et Vaudeuil... *(On entend le bruit d'une canonnade)*

ST-DENIS

Tiens! En parlant de l'Oiseau-Tonnerre, voilà qu'il fait tonner ses bouches à feu* !

LONGUEUIL

(En prêtant l'oreille) La riposte n'est pas trop vive. Monsieur Phips aurait-il épuisé ses boulets à canons?

ST-DENIS

Il feindra peut-être le divertissement pour aller secourir ses troupes des battures de Beauport?

LONGUEUIL

M'est avis que les Anglais ne risqueront pas leurs chaloupes sur la rivière St-Charles avant la nuit.

ST-DENIS

Ils ont déjà assez goûté au tir meurtrier de vos pelotons d'escarmouches, Monsieur de Longueuil, aux deux gués où ils ont tenté une traversée.

LONGUEUIL

Mon frère, Ste-Hélène, n'a pas son pareil pour diriger les tirs de barrage*...

ST-DENIS

Ils n'ont plus envie de se battre, ces Anglais-là, tellement ils sont réduits par la faim et le froid... Un soldat qui n'a pas bouffé depuis deux jours...

Stratège: celui qui est spécialisé dans les opérations ou manoeuvres militaires.
Bouche à feu: bouche de canon.
Tir de barrage: tir d'artillerie effectué en avant des troupes ennemies pour arrêter leur attaque.

MÈRE JUCHEREAU
(Arrivant avec un bol fumant et un pichet, suivie d'une petite fille, Sarah, qui tient, elle aussi, un bol entre ses deux mains). Mais si, mais si, voilà, je suis là à votre service! *(Rires des hommes)* Comprenez notre désarroi, Monsieur de St-Denis, nous sommes débordés avec tous ces gens qui viennent se réfugier à l'Hôtel-Dieu et qui réclament nos soins. Tout le monde tire à hue et à dia*, et nous ne savons plus où donner de la tête. *(Elle signale à Sarah de servir Longueuil à la cueillerée, et comme elle s'apprête à faire la même chose pour St-Denis, un éclatement de canon la fait sursauter. Elle se signe vivement)* Oh! Dieu Tout-Puissant, ayez pitié de nous! Sainte Mère de Dieu, que nous l'avons échappé belle!

ST-DENIS
(Regardant son bouillon) Voilà un bien clair bouillon, ma bonne Mère! Une petite couenne de lard* n'y aurait pas fait de tort...

MÈRE JUCHEREAU
Que voulez-vous, Messieurs? Nos réserves s'épuisent vite, et voilà que vos soldats ont déjà dépouillé notre jardin de tous les choux et haricots qu'il nous restait. Et de surcroît, ils ont pris notre bois de chauffage pour allumer leurs feux de bivouac.

ST-DENIS
Vous aurez apporté un très louable effort de guerre, ma bonne Mère, comparable à celui que fournissent tous les jours nos valeureux soldats qui doivent affronter l'ennemi au péril de leur vie.

MÈRE JUCHEREAU
Sans doute sont-ils hardis au combat, vos soldats, mais à notre bienveillance ils opposent une impertinence insupportable. Mes religieuses n'osent plus lever les yeux sur le jardin, ni sur la rue, qu'à tout instant...

Tirer à hue et à dia: aller à droite et à gauche.
Couenne de lard: peau de porc; ou lardon, morceau de lard qu'on fait revenir pour accompagner certains plats.

ST-DENIS
...il y en a un qui baisse ses chausses pour se soulager* ! *(Rires. Elle sursaute et se signe encore en entendant un éclatement de canon)* Oh! Jésus, Marie, Joseph! Celui-là est tombé tout près!

LONGUEUIL
(Qui accepte les cuillerées de bouillon que lui offre Sarah) Les boulets des Anglais ne sont guère offensifs, ma bonne Mère. Ils n'arrivent même pas à percer nos murs! Je parie qu'il n'en coûtera guère plus de vingt couronnes* pour réparer tous les dommages.

MÈRE JUCHEREAU
Ce sera la disette* si nous ne recevons bientôt quelque secours de France, que je vous dis. Oh, je crains que l'hiver ne soit dur et long, Messieurs! La rivière St-Charles était recouverte de glace ce matin, et nous ne sommes que le vingt octobre!

ST-DENIS
Eh, ben, s'ils ont couché le cul sur la glace, les Anglais - oh! ne vous en déplaise, pardonnez mon propos, ma bonne Mère! - ils ne tarderont pas de quitter les vases de Beauport.

RELIGIEUSE
(Surgit alors la religieuse Hospitalière, en grand tablier blanc, portant un boulet de canon dans ses mains) Révérende Mère, ce boulet de canon vient de choir dans la cuisine. Qu'allons-nous en faire? Il cause un tel émoi dans la maison.

MÈRE JUCHEREAU
Ah! je savais bien qu'il était tombé dans nos murs! *(Aux hommes)* Et vous disiez, Messieurs, qu'ils n'étaient point offensifs, ces boulets, alors que pour un peu, la cuisinière en eût reçu un sur la tête! *(Rires)*

ST-DENIS
Que la communauté le garde en témoignage. N'est-ce point là un autre miracle qui nous tombe du Ciel?

Se soulager: satisfaire un besoin naturel.
Couronne: monnaie d'une valeur (anciennement) d'un écu.
Disette: manque de choses nécessaires, pauvreté, dénuement.

RELIGIEUSE
Mais, Monsieur le capitaine, nous en avons déjà recueilli vingt-six de ces boulets dans notre jardin!

ST-DENIS
Pardi! C'est ici que les choux se transforment en boulets de canon!

LONGUEUIL
Oh! Alors, rendez-les vite aux artilleurs! Ils seront fort heureux de les retourner aux Bostonnais...par la bouche de nos canons!

ST-DENIS
Ce qui s'appelle,«leur retourner la balle»! *(Rires)*

SARAH
(Examinant le boulet à canon) Oh, a cannon-ball, Sister?

RELIGIEUSE
(Reprenant Sarah) Un boulet de canon, Sarah. *(Répétant lentement)* Un bou-let de ca-non. Répétez.

SARAH
(Répétant avec un léger accent) Oun bou-leh deh cah-nonne, mah Seuhr...*(et vivement)* May I play with it?

MÈRE JUCHEREAU
(À la religieuse) Qu'est-ce qu'elle dit?

RELIGIEUSE
Elle désire jouer avec ce boulet, Révérende Mère...*(d'un sourire qu'elle retient à peine)*

MÈRE JUCHEREAU
(Aux hommes) Ah, quelle leçon ne pourrions-nous retirer de la candeur des enfants, n'est-ce pas, Messieurs? Les hommes sont si méchants et les enfants si purs. D'une parole innocente, ils désarmeraient l'agression pour la transformer aussitôt en jeu...*(À la religieuse)* Ma Soeur, voyez à ce que tous ces boulets soient remis aux artilleurs du Sault-au-Matelot avant que ne cessent les hostilités.

RELIGIEUSE
Les vingt-six boulets, Révérende Mère?

MÈRE JUCHEREAU

Tous, ma Soeur. Qu'on les retourne là d'où ils viennent. Nous n'avons que faire de ces inventions du diable! *(Rires. La religieuse sort. De lassitude)* Il faut dire, Messieurs, que cet état de siège nous aura soumises à des rigueurs et à des abnégations* pour le moins inhabituelles, et pour lesquelles notre Sainte Règle n'a guère prévu de formation spirituelle qu'on dirait appropriée ou suffisante...

LONGUEUIL

(Faisant signe à Sarah de s'approcher) C'est quoi, ton nom?... Your name?

SARAH

Sarah Gerrish, Sir.

LONGUEUIL

(Lui donnant une poignée de main qu'il tourne en un baiser sur la main) Vous êtes une bien charmante petite infirmière, Sarah, et je vous sais gré de vos bons soins.

SARAH

(Tirant une vive révérence) Mer-ci, Meh-sieuh...

MÈRE JUCHEREAU

(Caressant la tête de la petite et la serrant contre elle) N'est-ce pas qu'elle est mignonne, cette petite? Elle est chez nous depuis le mois de juin.

LONGUEUIL

Elle est anglaise, ma bonne Mère?

MÈRE JUCHEREAU

Et puritaine, Monsieur de Longueuil. Mais sur le point de devenir Enfant de Dieu par le saint Baptême, puisqu'elle a déjà de fort bonnes dispositions pour la prière. Nous n'en avons pas fait une petite Française encore, mais cela viendra. *(À Sarah)* N'est-ce pas, Sarah?

SARAH

Oui, mah reh-veh-rende Mehre...

Abnégation: sacrifice volontaire de soi-même.

MÈRE JUCHEREAU
Elle ne dit point les mots pareillement. Mais à cet âge, on ne peut en faire sujet de Dieu et de Sa Majesté tout à la fois...

LONGUEUIL
Mais comment cette enfant se trouve-t-elle chez les Hospitalières de l'Hôtel-Dieu?

MÈRE JUCHEREAU
Elle est orpheline, Monsieur de Longueuil, ses parents ayant été tués le printemps dernier au cours de l'attaque sur Port Loyal, à la baie de Casco... dans la colonie du Massa... Massachu-setts, qu'on me dit.

LONGUEUIL
N'est-ce point là l'expédition qui fut menée par Monsieur de Portneuf de Trois-Rivières?

MÈRE JUCHEREAU
Celle-là, Monsieur. Mais Sarah et les deux petites filles du capitaine Clark furent emmenées captives chez les Outaouais. Monsieur de Frontenac dut se rendre à Montréal avec Madame de Champigny, pour rencontrer les Sauvages et rançonner les fillettes. Madame de Champigny eut la bonne idée de nous les confier.

LONGUEUIL
Si on en juge de cette enfant, les parents ne sembleraient pas si méchantes gens qu'on en ait fait le portrait...

ST-DENIS
N'empêche qu'ils nous haïssent, ces Anglais! Ou ils n'aiment pas notre religion, ou ils nous jalousent!...

MÈRE JUCHEREAU
Quels que soient les mobiles du ressentiment, Monsieur de St-Denis, ce sont toujours les innocents qui en sont le plus durement éprouvés. Quelles atrocités n'ont-elles pas vécues, ces fillettes, avant que de connaître les bienveillances de nos religieuses?

(Serrant la petite Sarah contre elle. Il parvient de la salle voisine, des bruits feutrés qui vont augmentant. Font irruption dans la chambre, deux militaires portant une civière sur laquelle se trouve un blessé: Ste-Hélène. Précède un Maricourt consterné)

MARICOURT

(Aux militaires) Là, doucement... Ne brusquez pas! *(À Mère Juchereau)* Ma Mère, ne vous en déplaise, un lit pour mon frère?...

LONGUEUIL

Maricourt! C'est Ste-Hélène que vous emmenez là?

MÈRE JUCHEREAU

(S'affairant à tirer les couvertures du lit qui se trouve à côté de celui de Longueuil) Ah, Dieu de miséricorde! Quel mal vous a-t-on fait, mon gentil capitaine? *(Et Ste-Hélène est déposé dans le lit. Maricourt fait signe aux militaires de se retirer. Il souffle un mot à Mère Juchereau qui sort aussitôt)*

LONGUEUIL

Ste-Hélène?...

STE-HÉLÈNE

(Grièvement blessé, il s'efforce de prendre un ton badin) Salut, Longueuil. Je viens rejoindre mon frère, de peur qu'il s'ennuyât, chez les Soeurs...

LONGUEUIL

(Constatant la jambe fracassée de Ste-Hélène) L'adversaire t'aurait mis à suffisante épreuve*, il me semble, mon frère...

MARICOURT

L'ennemi nous tenait investis* jusqu'à l'Anse-aux-Mères ce matin, et nous dirigions l'artillerie de la Basse Ville quand Ste-Hélène fut atteint à la cuisse...

Suffisante épreuve: souffrance sévère.
Investi: encerclé.

STE-HÉLÈNE

Mais pas avant que j'eusse livré au trépas*, quelques artilleurs de Phips...

MARICOURT

... et causé de grands dommages à ses vaisseaux!

STE-HÉLÈNE

Mes frères, ne serait-ce que pour voir Phips couper ses amarres* et faire benoîtement* retraite, je me sentirais assez payé de mes peines...

MARICOURT

Les quatre gros vaisseaux furent plusieurs fois à la mâture* et à la ligne de flottaison*, et eurent leurs éparts* endommagés. Et comme la tempête les entraînait vers le Cap...

STE-HÉLÈNE

... nous avons descendu le grand mât du vaisseau amiral, et vu plonger dans l'eau la croix de St-Georges* !

LONGUEUIL

Vous avez descendu le drapeau anglais?

ST-DENIS

Baptême! C'est-i pas là la preuve que le Bon Dieu n'aime pas les Anglais quand Il va sacrer à l'eau leur drapeau?

MARICOURT

Avec l'aide de Dieu, c'est bien le tir de Ste-Hélène qui descendit le drapeau... Toutes les batteries lui firent ovation délirante au battement des tambours, et cela roula par-dessus les têtes!...

Livrer au trépas: faire mourir.
Couper les amarres: couper les cordages qui retiennent un navire.
Benoîtement: d'un air doucereux.
Mâture: ensemble des mâts d'un navire.
Ligne de flottaison: ligne que le niveau de l'eau trace sur la coque d'un vaisseau.
Épart: poutre.
La croix de St-Georges: le drapeau anglais.

ST-DENIS
Et le drapeau, qu'advient-il?

MARICOURT
La marée l'a ramené vers notre rive et nous l'avons recouvré en canot, à la barbe des Anglais!

STE-HÉLÈNE
...pour être porté à la cathédrale, au chant du Te Deum...

MARICOURT
(Constatant que l'état de son frère baisse rapidement) Doucement, mon frère, ne te fatigue plus...

STE-HÉLÈNE
J'ai grand froid, Maricourt... On dirait que la vie me fuit entre les dents...*(Comme Maricourt le recouvre d'une autre couverture, Jeanne arrive, suivie de Mère Juchereau et l'aumônier en surplis et étole,* qui marmonne une prière de son missel)*

JEANNE
(S'agenouillant au chevet de Ste-Hélène) Ste-Hélène, ma vie, mon amour...

STE-HÉLÈNE
Jeanne, ma douce amie... J'ai fait aujourd'hui bien dure besogne... et je l'ai accomplie sans déplaisir ni regret...

JEANNE
Tu es mon seul amour, et je n'en ai point d'autre, Ste-Hélène...

STE-HÉLÈNE
Dieu ne semble pas tarder à me rappeler à Lui, ma mie, et j'ai encore tant de choses à te dire...

JEANNE
(Sanglotant) Ste-Hélène, ta Jeannette et tes marmots te réclament. Ne nous laisse point choir... Nous ne pouvons vivre sans toi...

STE-HÉLÈNE
Les jours que j'ai passés auprès de toi m'ont été si doux, ma Jeannette...

JEANNE

Emmène-moi, mon amour, je veux partir avec toi...

STE-HÉLÈNE

Maricourt...

MARICOURT

Oui, mon frère?...

STE-HÉLÈNE

Sois un père pour mes petiots... Et console Jeannette...

JEANNE

Ste-Hélène, tu es mon âme... et elle s'envole avec toi... Ste-Hélène!... *(Ste-Hélène meurt. Une longue plainte de Jeanne. Maricourt, Mère Juchereau, l'aumônier et Sarah tombent à genoux. Sur le* «Requiem aeternam dona ei Domine»* *de l'aumônier, baisse la lumière)*

Étole: bande d'étoffe, insigne du pouvoir d'ordre que le prêtre porte au cou dans l'exercice de certaines fonctions liturgiques.
Requiem...: Donne-lui, Seigneur, le repos éternel.

Acte II, scène 6

Sur la terrasse, devant le château St-Louis, le 24 octobre 1690.

FRONTENAC
MADAME DE CHAMPIGNY
MADAME JOLLIET
SARAH GERRISH
SUBERCASE, capitaine, 29 ans
CALLIÈRES
Gens de la procession

MADAME DE CHAMPIGNY
(Accompagnée de Sarah, elle va à la rencontre de madame Jolliet). Chère Madame Jolliet, toute la ville se réjouit de votre sauve arrivée!

MADAME JOLLIET
(Essoufflée, comme elle vient de monter la Côte de la Montagne) Sauve, en effet, et de justesse, Madame de Champigny! Il y a si grande presse* dans la Côte de la Montagne, que j'ai craint un moment devoir y laisser ma peau!

MADAME DE CHAMPIGNY
La ville est en liesse*, faut-il s'en surprendre? *(Elles s'embrassent)* Dieu a mis le comble* à ses grâces, n'est-ce pas, en nous accordant cette victoire contre les Anglais?

MADAME JOLLIET
Ne vous en déplaise, Madame de Champigny, mais la délivrance de deux malheureuses prisonnières n'en est pas moins cause de réjouissance, et non moins l'effet de la grâce de Dieu.

MADAME DE CHAMPIGNY
Chère Madame, quelles inquiétudes n'avons-nous pas connues à votre sujet, de vous savoir captives, vous et votre mère, sur le vaisseau de Monsieur Phips!

Presse: foule.
Liesse: joie débordante et collective.
Comble: maximum.

MADAME JOLLIET
Eh! alors, imaginez notre propre sentiment de nous retrouver captives sur un vaisseau qui fût la cible d'une si adroite et persistante canonnade? Ah! Madame de Champigny, cent fois j'ai cru rendre l'âme quand le vaisseau se mit à tanguer et à rouler sous le choc des boulets, et à pisser* l'eau de partout comme tonneau en perce!*

MADAME DE CHAMPIGNY
Et votre pauvre mère... À son âge, comment a-t-elle pu survivre à une telle épreuve?

MADAME JOLLIET
Mais, avec tout l'enchantement d'un enfant qui assiste à son premier Guignol! Comme je priais le Bon Dieu de faire cesser les hostilités, ma mère L'implorait de mieux diriger le tir des Français! Et puis, elle s'élançait sur le pont dans le feu de l'action, pour juger de l'efficacité de ses prières! Sans perdre l'occasion d'ennuyer les canonniers et de leur faire rater quelques boulets!...

MADAME DE CHAMPIGNY
Sans doute vos prières rejoignaient-elles celles des religieuses et des femmes du pays qui s'abîmèrent* en dévotions pendant la durée du siège? Et quelles ne furent pas ces dévotions, chère Madame, depuis l'adoration perpétuelle* dans toutes les chapelles, le rosaire, les neuvaines*... Ah, Dieu n'a-t-Il jamais pu résister à la supplique des femmes? Car enfin, on a bien vu l'ennemi hisser voiles et lever le siège la dernière journée de la neuvaine!

MADAME JOLLIET
Mais ces puritains ne sont pas moins dévots, vous dirai-je, Madame de Champigny. Et à vrai dire, ils emploient la même ferveur à diriger, et leurs prières à Dieu et leurs boulets aux Français! Matin et soir, ils adressaient leurs prières au Bon Dieu... qui doit être le même Bon Dieu que le nôtre, vous ne pensez pas?

Pisser: laisser s'écouler un liquide.
En perce: où on a pratiqué une ouverture pour en tirer le vin.
S'abîmer: se plonger.
L'adoration perpétuelle: l'adoration continue devant le Saint-Sacrement exposé sur l'autel, jour et et nuit.
Neuvaine: serie d'exercices de piété et de prières qu'on fait pendant neuf jours consécutifs.

MADAME DE CHAMPIGNY
C'est sur eux cependant que s'est appesanti le châtiment de Dieu, madame Jolliet. Ce qui prouve bien que Dieu ne protège point la cause des Anglais.

MADAME JOLLIET
Quand Dieu et le mauvais sort s'en mêlent, il n'est rien qui ne vienne pas à la traverse. Monsieur Phips m'apparut bien peu assuré de lui-même quand la pluie se mit à tomber sans répit, lui assombrissant l'humeur un peu plus tous les jours. Et la pluie eut le même effet sur l'équipage, la hargne se répandant dans les rangs comme la peste! Quand le major Walley vint faire rapport de ses déboires sur les battures de Beauport, Monsieur Phips n'hésita plus d'envoyer des chaloupes à la rescousse.

MADAME DE CHAMPIGNY
Ah, cela dut se passer dans la nuit du samedi au dimanche, sous une pluie torrentielle... Ses troupes prirent si fort l'épouvante, semble-t-il, qu'ils se rembarquèrent dans des chaloupes dans la plus grande confusion du monde, et avec tant de désordre, qu'ils abandonnèrent cinq de leurs six canons!

MADAME JOLLIET
Ah! l'étonnement de Monsieur Phips en voyant ces soldats aux chausses crottées et au regard affolé, grimper à bord comme s'ils remontaient des enfers! Satan en propre personne eût surgi devant lui, que l'effet n'eût été plus terrifiant. Une épidémie de variole s'était déclarée parmi ces pauvres épaves* qui geignaient* sur les ponts, de faim, de scrofule* et de langueur.

MADAME DE CHAMPIGNY
Ah, chère Madame... et quand la flotte se mit à quitter nos côtes, n'avez-vous pas tressailli de terreur, à la pensée que vous alliez filer ainsi jusqu'à Boston, en compagnie de ces hérétiques?

Épave: personne désemparée qui ne trouve plus sa place dans la société, une loque.
Geindre: gémir, se plaindre.
Scrofule: lésion torpide de la peau, ayant tendance à fistuler.

MADAME JOLLIET

Ah, pour sûr! Et nous avons pesté ferme, ma mère et moi, auprès de Monsieur Phips, qu'il nous relâchât céans. Imaginez notre soulagement, quand la flotte alla mouiller à quatre lieues près de l'Ile d'Orléans, et que le capitaine Subercase apparut à bord pour négocier l'échange de prisonniers!

MADAME DE CHAMPIGNY

Chère Madame, y entendons-nous quelque chose, nous les femmes, à ces passions qui mènent les hommes, et qui entraînent à leur perte tant de puissants orgueilleux?

MADAME JOLLIET

À voir ces messieurs anglais s'éterniser en palabres* inutiles et à prendre prétexte de tout pour ne pas bouger, m'est avis que bon nombre d'entre eux sont grands diseux et bien petits faiseux! *(Rires. Arrivent du château, Frontenac, Callières et Subercase)*

FRONTENAC

Ah, mesdames, Dieu vous entende! Vos rires, non moins que vos prières, ne manqueront pas de toucher l'Éternel, et de Lui rendre grâce de ses bénédictions. *(Apercevant Sarah et madame Jolliet)* Je vois qu'on vous a mises au fait, mesdames. Grâce aux bons offices du capitaine Subercase... *(signe à l'endroit de Subercase qui s'incline légèrement)* une entente vient d'être conclue entre nous et l'adversaire, touchant l'échange de prisonniers, et selon laquelle nous remettons aux bons soins du général Phips, le capitaine Davis et les trois fillettes qui furent épagnés à la baie de Casco. *(Réactions sourdes des deux femmes qui entourent vivement Sarah)*

MADAME DE CHAMPIGNY

À ce sujet, Monsieur le Comte, je viens plaider en la faveur de ces petites qui sont si fort attristées de devoir quitter ce lieu où elles ont connu tant de bonheur et d'amitié... Toutes les Hospitalières de l'Hôtel-Dieu se portent garantes de leur bonne conduite, et de l'instruction qu'elles leur ont assurée depuis quatre mois déjà...

Palabre: pourparler.

FRONTENAC

Mais, chère Madame, puisqu'en échange, le général Phips nous rend Madame Jolliet et sa mère, et les deux pères récollets de Port-Royal...

MADAME JOLLIET

Monsieur Phips aura-t-il l'amabilité de nous rendre le bateau et l'équipage qu'il a eu l'effronterie de saisir, quand il passa à Tadoussac, il y a deux semaines?

SUBERCASE

Soyez assurée, Madame, que je me porte garant de la restitution du bateau de Monsieur Jolliet, votre mari.

MADAME DE CHAMPIGNY

Monsieur Phips s'est déjà acquis un déserteur des Troupes de la Marine. Est-ce que cela ne compte point dans la balance de l'échange?

SARAH

S'il vous plaît, Meh-sieuh leh Comte... laissez-moah rehster...Jeh sereh treh sahge...

MADAME JOLLIET

Ma parole, Monsieur le Comte, vous enverriez trois fillettes de cet âge sur un vaisseau infect*, où elles seraient exposées à la variole et souffriraient toutes les privations?

SUBERCASE

Monsieur le Comte a bien voulu accorder aux Anglais la permission de s'approvisionner chez les cultivateurs de l'Ile d'Orléans, et d'apporter à leurs vaisseaux les réparations qui s'imposent. On peut croire que le général Phips fera tout en son pouvoir pour assurer la protection de ces fillettes jusqu'à leur retour à Boston.

Infect: pestilentiel, répugnant.

MADAME DE CHAMPIGNY

On pourrait bien envoyer promener tous ces gens, avec leurs exigences! Ne sont-ils pas venus ici avec l'intention de nous spolier? Et voilà qu'après nous avoir tenus en haleine pendant neuf jours, et après avoir essuyé une cuisante défaite, ils quittent nos rives comblés de nos largesses! Eh bien! Voilà qui dépasse tout entendement!

FRONTENAC

Chère Madame, vous priveriez de secours une armée ravagée par la faim et la maladie? Quelles misères ne les attendent pas encore, ces Bostonnais, quand les glaces les surprendront avant même que d'avoir contourné Anticosti.

MADAME DE CHAMPIGNY

Mais, raison de plus d'épargner ces enfants! Monsieur le Comte?...

SARAH

Meh-sieuh deh Front-nahc, j'ehme beaucoup mah-dame deh Champigny et leh rehligieuses... Jeh neh veux pah rehtourner ah Boston..

FRONTENAC

(À Sarah, en s'abaissant à son niveau, pour lui parler dans les yeux) Ma petite Sarah, que nous avons grand chagrin de ne pouvoir adopter et garder parmi nous, une si brave et gentille petite fille comme toi... Mais le Ciel semble en avoir décidé autrement. Le capitaine Davis se réclame d'une communauté de religion pour assumer ta tutelle*, et celle des deux petites Clark. Eu égard à ton jeune âge, ma petite Sarah, même le gouverneur de la Nouvelle-France doit s'incliner et accéder à la demande du capitaine Davis.

SARAH

(Se jetant au cou de Frontenac, et sanglotant, l'embrassant) Jeh vous ehme beaucoup, Meh-sieuh deh Frontenahc... Jeh neh veux pah vous quitter... Gahrdez-moah ahvec vous, ah Québec...

Tutelle: le pouvoir de prendre soin de la personne et des biens d'un mineur.

MADAME DE CHAMPIGNY

Ah, Dieu juste! qu'elle n'eût été baptisée plus tôt, cette petite! Nous en faisions une Enfant de Dieu et une fille du pays...

FRONTENAC

(À Sarah, l'enserrant bien) Quand tu seras majeure, Sarah, tu nous reviendras. Nous serons toujours là sur le rocher de Québec pour t'accueillir comme notre propre fille. Et puisse un gentilhomme français te recevoir alors dans ses bras, comme nous t'avons reçue pour toujours dans notre coeur... *(Se dégageant de l'étreinte, à Subercase, pendant que les femmes consolent l'enfant)* Capitaine Subercase, nous vous avons instruit des conditions de débarquement que vous ferez tenir au général Phips. Veillez à ce que les troupes qui en assureront la surveillance, soient de faction* nuit et jour sans défaillance. Nous ne tolérerons aucun pillage sur les côtes, et dites bien au général Phips, que nous leur saurions gré de laisser bien en ordre notre rivage avant que de le quitter. En outre, que c'est bien à regret que nous nous séparons de ces trois fillettes qui se sont si bien mérité l'affection de tous nos gens pendant leur court séjour à Québec, et que le général Phips, à qui nous en confions la garde, devra répondre à Dieu de leur sûreté et sauve arrivée.

SUBERCASE

Nous sommes tout à vos ordres, Monsieur le Comte.

FRONTENAC

(À Sarah, lui baisant la main) Dieu vous ait en sa garde, mademoiselle Sarah...

SARAH

(Lui sautant au cou) Ah-dieu, Mehsieuh deh Front-nahc...Jeh vous gahrde dans mon coeur... toujours... toujours...

Être de faction: assurer la surveillance des abords d'un poste.

MADAME DE CHAMPIGNY

(En embrassant Sarah) Chère petite Sarah, ne nous oublie pas... *(Madame Jolliet l'embrasse. Sarah salue Monsieur de Callières, et elle part avec Subercase qui la conduit par la main, pendant que les deux femmes agitent leurs mouchoirs, s'éloignant sur la terrasse, pour observer le départ)*

CALLIÈRES

(De la terrasse, observant l'activité de la ville) Eh, bien, que Dieu bénisse nos besognes, Monsieur le Comte! Et espérons que ces messieurs les Anglais reconnaîtront bien que nous en avons usé* envers eux avec ménagement et grande générosité.

FRONTENAC

Vous les eussiez engagés dans un combat à outrance*, sur les terrains de Beauport, Monsieur de Callières? Est-ce là votre avis?

CALLIÈRES

En les prenant de flanc ou par derrière, nous désorganisions leur retraite et les écrasions ferme.

FRONTENAC

Une présomption qui n'est guère une certitude. Notre milice eût-elle connu les mêmes conditions que l'armée anglaise dans les vases de Beauport, par la pluie et le mauvais temps, il n'est pas dit qu'elle n'eût pas combattu à contre-conviction et que nous n'eussions point subi de lourdes pertes.

CALLIÈRES

Mais, en cinq jours de manoeuvres, on leur fit une trentaine de morts et une centaine de blessés. Encore cinq jours de combat et nous décimions* l'armée anglaise!

En user: agir, se conduire d'une certaine manière.
Combat à outrance: jusqu'à victoire totale.
Décimer: exterminer.

FRONTENAC

Et à quel prix, Monsieur de Callières! Nous avons perdu deux de nos plus braves officiers, le Sieur de Ste-Hélène et le Sieur de Clermont, et l'Hôtel-Dieu regorge d'une cinquantaine de blessés. N'est-il pas plus séant d'abandonner l'ennemi à son sort, quand le sort apparaît suffisamment contrariant? *(Amusé)* On pourrait croire que Dieu se fût chargé de l'ennemi et lui fît expier ses fautes avant que de le remettre à la garde du diable!... *(Après un moment, sérieux)* Le sort, voyez-vous, Monsieur de Callières, organise parfois de plus grands malheurs que nous ne saurions inventer sur le champ de bataille. Ces pluies diluviennes qui ne cessèrent tant que toute l'armée anglaise n'eût cédé au découragement... alors que plus sournoisement encore, une épidémie de variole y faisait ses ravages... Et maintenant, combien de temps encore la Providence leur accordera-t-Elle avant que ne prennent les glaces? Quand le sort se livre à la destruction de l'ennemi avec un tel acharnement, autant le laisser achever sa besogne.

CALLIÈRES

La besogne n'est pas achevée, Monsieur de Frontenac. Et les armes ne sont pas détruites: elles ne sont que déposées. Ne vous en déplaise, Monsieur le Comte, il importe de voir aujourd'hui en prolongeant le regard jusqu'à demain.

FRONTENAC

En prolongeant le regard, Monsieur de Callières, il me semble que ce pays risque fort de s'enliser* dans les traces d'une vieille rivalité entre Versailles et Westminster, et d'en hériter tous les ressentiments. Serions-nous appelés à devenir ici, comme là-bas, des adversaires aussi irréductibles*, qu'il m'apparaîtrait alors moins important de gagner des victoires que de se protéger contre la défaite.

S'enliser: s'enfoncer.
Irréductible: dont on ne peut venir à bout, intraitable.

CALLIÈRES
(Aux bruits de fête qui parviennent de la ville) C'est pourtant une victoire qui, aujourd'hui, donne aux gens de Québec, l'occasion de festoyer et de crier: Délivrance! N'est-ce point une victoire qui sera célébrée à la messe d'action de grâce, et qui sera commémorée quand l'Église de l'Enfant-Jésus sera rebaptisée Notre-Dame-de-la-Victoire? Et quand le grand feu de joie sera allumé ce soir en votre honneur, sachez qu'il témoigne d'une victoire dont vous êtes l'artisan, Monsieur le Comte.

FRONTENAC
La ville se grise de se contempler dans sa puissance... *(Songeur)* Dieu sait qu'il ne devait pas être si riant, ce lieu, en seize cent vingt-neuf, lorsque Monsieur de Champlain dut céder aux frères Kirke, la petite Citadelle sur le rocher gris... qui ne comptait plus que seize combattants après un hiver de famine... Saviez-vous, Monsieur de Callières, que l'Angleterre aurait restitué Québec aux Français pour obliger la France de payer la balance de la dot qui avait été promise à Charles le Premier, lorsqu'il épousa Henriette?... Et c'est ainsi que l'Angleterre céda tout un pays pour une dot de huit cent mille couronnes!

CALLIÈRES
Une vénalité qu'ils doivent regretter depuis...

FRONTENAC
À votre avis, Monsieur de Callières, y a-t-il lieu de craindre une troisième tentative, de la part des Anglais?

CALLIÈRES
Ils ne laisseront pas d'essayer, Monsieur le Comte, si nous ne prenons pas les moyens de les en décourager. L'unique et véritable moyen de finir les guerres en Canada, et de soumettre entièrement les Iroquois, réside toujours dans ce projet que nous proposions au roi l'année dernière, et que nous avons remis deux fois déjà...

FRONTENAC
N'eût été les vents contraires d'octobre l'année dernière, c'est nous qui assiégions Boston et New York...

CALLIÈRES

Et ce printemps, n'eût été les manigances des Outaouais... Enfin, Monsieur le Comte, maintenant que le Roi a triomphé de ses ennemis, et par mer et par terre, croirait-il mal employer quelques-unes de ses escadres de vaisseaux à punir l'insolence de ces Bostonnais, de les foudroyer, aussi bien que ceux d'Albany?

FRONTENAC

Si on formait le projet d'aller en Albany, ce ne pourrait être que par mer, en faisant débarquer des troupes à terre qui s'en rendraient maîtres... pendant que j'enverrais d'autres vaisseaux devant Boston, pour y jeter des bombes et voir si la frayeur que les habitants en auraient, ne les obligerait point à se rendre... ce qui ferait du moins une diversion qui les occuperait et les empêcherait de songer à envoyer du secours à Albany... dont la prise est nécessaire pour la sûreté de ce pays... Boston, il nous faudrait brûler et détruire entièrement, puisque nous pouvons nous passer de la prise de cette ville, et songer plutôt à établir solidement le poste de Port-Royal...

CALLIÈRES

(Après avoir tenté d'y interjeter quelques assentiments: Oui, Monsieur le Comte... En effet, Monsieur le Comte... En effet, Monsieur le Comte... *et réussissant à l'interrompre)* Le Roi ne manquera pas de vous faire connaître sa grande satisfaction, Monsieur le Comte, pour la protection que vous avez assurée à la ville de Québec pendant la levée du siège, et la vaillante action qui nous valut cette victoire sur l'ennemi. Il serait même question de faire frapper une médaille d'or à votre effigie, Monsieur le Comte, pour commémorer le siège de Québec...

FRONTENAC

Il me serait bien douloureux de me voir oublié parce que je suis dans un pays éloigné. Car, enfin, est-ce que les services ne sont pas plus difficiles et plus périlleux dans ce pays que dans les autres? Je suis assez mortifié de voir tant de personnes au-dessus de ma tête qui n'en ont pas plus rendu que moi, et qui n'y ont pas mangé tout leur bien comme j'ai fait le mien...

CALLIÈRES

Ah! mais quels honneurs, Sa Majesté ne fera-t-elle pas encore pleuvoir sur vous, Monsieur le Comte, quand vous vous serez rendu maître de la Nouvelle-Angleterre, et que vous aurez mis en sûreté, pour l'agrandissement du royaume de France, toutes ces côtes et les pêches du Grand Bac!

FRONTENAC

Voilà bien ce qui me fait espérer, Monsieur de Callières, que Sa Majesté voudra alors, étendre jusque sur moi, quelques dignités et marques de distinction... comme la Croix de St-Louis... et me mettre sur les rangs, comme les autres... On ne voudrait pas, tout de même, que je tombasse dans la décrépitude sans bien, sans dignité et sans distinction!

CALLIÈRES

Vous êtes dans un âge, Monsieur le Comte, où la volonté et les forces ne vous manquent pas encore...

FRONTENAC

Ah, Monsieur de Callières, à soixante-huit ans, je me vois à la veille de perdre les unes, même si je conserve l'autre - la volonté ne m'abandonnant qu'avec mon dernier souffle. Plaise à Dieu que je meure dans ce pays, au château Saint-Louis, comme Monsieur de Champlain dans sa petite Citadelle...

CALLIÈRES

Non avant que d'avoir soumis les Anglais, Monsieur le Comte!

FRONTENAC

(Alors que la procession religieuse - de tous les gens, arborant bannières, le drapeau anglais, et portant une plate-forme surmontée d'une statue de la Vierge, et suivie des officiers, dignitaires - s'achemine depuis la Haute Ville, à l'Église Notre-Dame-de-la-Victoire, dans la Basse Ville, en chantant «Ave Marie Stella»*)* Non avant que d'avoir achevé toutes nos besognes, Monsieur de Callières! *(Et Frontenac et Callières se joignent à la procession immédiatement devant Monseigneur de St-Vallier qui porte le Saint-Sacrement, sous le dais. La lumière baisse, pendant que la procession fait son chemin vers la droite, où elle disparaît)*

Acte II, scène 7

Poste de traite à Michilimackinac, septembre 1695.

LAMOTHE-CADILLAC, 37 ans
MARICOURT
LUSSIGNY
DU BOURGUÉ, soldat des Troupes de la Marine
MORIN, milicien
COMMIS
MISCOUAKY, chef outaouais
LE BARON, chef huron
Trois Iroquois
Quelques Outaouais et Hurons

(Il y a rixe en cours, dans le poste de traite, entre Du Bourgué, soldat des Troupes de la Marine, et Morin, un Canadien de la milice)

COMMIS

(Qui s'occupait d'une transaction avec des Indiens, aux chamailleurs) Hé, que diable! Brisez là, Messieurs! Allez vider vos querelles dehors! *(Ne réussissant pas à les séparer)* Vous voulez vous attirer des ennuis? *(Entrent LaMothe-Cadillac, Lussigny et Maricourt)*

LAMOTHE-CADILLAC

Par la mordieu* ! C'est à notre comptoir qu'on vient faire la bagarre?

LUSSIGNY

(Essayant de restreindre le soldat, pendant que Maricourt essaie de dégager le milicien) Holà, Du Bourgué, cela suffit!

MARICOURT

C'est assez, Morin!

DU BOURGUÉ

(À Morin) Maroufle! Faquin* !

MORIN

(À Du Bourgué) Poltron! Couillon!

Par le mordieu: interjection (1170, de mort et Dieu) exclamation d'insistance.
Faquin: individu sans valeur, plat et impertinent.

DU BOURGUÉ

(À Morin) Butor* !Tu sens le gibier!

MORIN

(À Du Bourgué) T'es rien qu'une poule mouillée!

DU BOURGUÉ

Cerveau fêlé* !

MORIN

Sacrée tête folle!

LAMOTHE-CADILLAC

(À Du Bourgué) Ta gueule, Du Bourgué, ou je la casse! *(à Morin)* Toi aussi, Morin!

DU BOURGUÉ

Il m'a taxé* de couardise*. Moi, soldat du Roi!

MORIN

(À Du Bourgué) Va don' tancer* tes mignons* ailleurs, 'tit soldat du Roi! Pas fichu* même de se battre!

LAMOTHE-CADILLAC

Assez de pester comme chien et chat! Ou vous irez croupir en geôle, tous les deux!

LUSSIGNY

Ils ont dû boire à suffisance pour donner dans ces sottises.

MORIN

C'est lui qui a commencé.

DU BOURGUÉ

À peine une bourrade* de la crosse de mon mousquet. Quelle affaire...

Butor: grossier personnage, malappris.
Cerveau fêlé: qui est un peu fou.
Taxer quelqu'un de: l'accuser de.
Couardise: lâcheté.
Tancer: réprimander.
Tes mignons: tes favoris (très efféminés).
Pas fichu: pas capable.
Bourrade: poussée que l'on donne à quelqu'un, avec le poing, le coude, la crosse d'un fusil.

MORIN
Un Canayen* de la milice va-ti endurer de se faire bousculer par un marmoussin de son espèce, fût-il des Troupes de la Marine?...

DU BOURGUÉ
Je suis soldat de profession, moi, un régulier. Et non un quelconque cultivateur...

MORIN
Eh ben! Pour un régulier à solde*, tu fais dur*, sapristi*! Que font les Troupes à Michilimackinac, quand nous nous battons ferme sur nos terres à repousser tous les jours les Iroquois? Y a-t-il de quoi occuper deux cents réguliers dans un poste de traite?

DU BOURGUÉ
Ne vous en déplaise, c'est grand risque que nous courons à faire ici garnison...

MORIN
Vous m'apparaissez bien portants et peu menacés là où vous êtes cantonnés, au Fort Miamis, à St-Louis, à Chagouamigou. Voilà des postes bien éloignés des Iroquois et à l'abri de leur grillade*! Bande de lièvres croupis dans leur terrier!

DU BOURGUÉ
Nous faisons escorte aux brigades de traite sur des rivières infestées d'Iroquois. À nos grands risques et périls!

MORIN
Ah, les voilà les p'tits voyages payants! Il est bien connu que les marchandises qu'on prend au Magasin du Roi pour en faire cadeaux aux Indiens, deviennent bonnes sources de revenus pour les officiers de la garnison!

Canayen: (canadianisme) un Canadien français né au Canada.
Régulier: soldat soumis à des règles strictes, qui dépend du pouvoir central.
À solde: payé, rémunéré.
Faire dur: (canadianisme) avoir l'air piteux, minable.
Sapristi!: juron, exprimant un sentiment d'étonnement, d'exaspération.
Grillade: manière de griller un prisonnier (au bûcher) en parlant des Amérindiens.

LAMOTHE-CADILLAC

(À Maricourt) S'il s'avise de dégobiller* comme ça, le maraud, je le tranche* !

MARICOURT

Sache clore ton bec, Morin, Rien ne sert de se crêter* pour des vétilles*.

MORIN

Pour des vétilles, vous dites? Des vétilles, tous ces habitants tués par les Iroquois? Ces veuves, ces estropiés? Des vétilles, ces pertes que nous subissons quand les Iroquois mettent le feu à nos terres? Nous n'avons guère plaisir à cette petite guerre d'usure qui fait si grands ravages depuis dix ans. *(Après un moment)* Où sont-ils les soldats, nos défenseurs à gages, qui doivent nous protéger? Dispersés un peu partout dans les postes, à faire un peu de garnison et pas mal de traite! Ou, sur nos terres à travailler comme journaliers*. Ouais... c'est-i pas bouffon? C'est l'habitant qui va se battre pendant que le soldat s'occupe des foins* !Pour eux, les amusailles*, et pour nous, les batailles à livrer! *(Après un moment)* Quand un habitant meurt, Messieurs, cela prend dix-sept ans pour le remplacer. Mais un soldat est remplaçable par une autre recrue! Pourquoi c'é faire qu'on risquerait tant d'habitants au combat, quand y a toute une coterie d'officiers qui mène train royal autour du gouverneur à s'y pavaner* comme à la cour? *(Après un moment)* J'ai pas assez de rembucher l'Iroquois dans les bois, encore m'arrive-t-il de m'échauffer la bile à la pensée que le régulier pourrait bien s'aviser* à tout moment de sauter dans la couchette et d'engrosser* ma femme en mon absence! M'est avis qu'y a rien de régulier dans ces réguliers-là!

Dégobiller: vomir, dégueuler.
Trancher: décapiter.
Se crêter: se monter, d'être arrogant.
Vétille: bagatelle.
Journalier: ouvrier, ouvrière agricole.
Faire des foins: couper et ramasser les foins (la fenaison).
Amusailles: amusement, perte de temps.
Se pavaner: parader, poser.
S'aviser: être assez audacieux, assez téméraire pour.
Engrosser: rendre grosse, enceinte.

LAMOTHE-CADILLAC

(S'esclaffant, et lui donnant une tape sur l'épaule) Ne vous donnez donc point pour si dolent*, jeune homme, quand toute la colonie vous prend pour le sel de la terre* ! Ébattez-vous* quelques jours dans notre établissement, et vous vous sentirez grand seigneur à peu de frais. Faites ici comme vous feriez en auberge. *(Il signale au commis d'apporter une bouteille de vin)* Vous devez avoir le gosier sec après tant parler... *(Au commis, il indique Morin, qui accepte la bouteille de vin)* Voilà un bon vin de crus* fameux qui coule comme de l'or dans la gorge et qui vous dégourdira les membres! *(À Du Bourgué qui fait grise mine)* Pour toi, Du Bourgué, il y a de la piquette* de manant*, à une livre tournois le pichet! *(À son air étonné, élevant la voix)* Remets ta chemise dans tes chausses, Du Bourgué, et va prendre tes ordres!

DU BOURGUÉ

(Interdit d'abord, puis saluant) Mon commandant.*(Pivotant sur les talons, il sort).*

MARICOURT

(À Morin) On ferme les yeux sur toutes ces incartades*, sous la promesse que tu t'amenderas*, Morin.

MORIN

Qu'il en crève, l'animal, la gorge nouée dans ses tripes! *(Puis, saluant LaMothe-Cadillac en élevant sa bouteille, il sort).*

LAMOTHE-CADILLAC

(À Maricourt) Une de ces rixes comme il en survient banalement* quand les Troupes de la Marine et la milice de Canadiens se rencontrent. N'est-ce pas, Maricourt?

Se donner pour dolent: afficher, affecter un air malheureux.
Sel de la terre: l'élément actif, vivant, l'élite.
S'ébattre: se donner du mouvement pour se divertir, au gré de sa fantaisie.
Cru: vignoble.
Piquette: (1660) vin acide, médiocre.
Manant: rustre, vilain.
Incartade: léger écart de conduite, caprice, folie.
Amender: améliorer, corriger.
Banalement: de manière insignifiante.

MARICOURT

Il faut leur faire grâce de ces peccadilles et n'y voir là que l'effet d'un épuisement. Les Iroquois ont recommencé leurs incursions dans nos terres, ce printemps, pour fatiguer le pays, et nos miliciens sont aguerris.

LUSSIGNY

(Acariâtre) Il est bien connu que le milicien n'a guère d'accordance* avec quiconque, tellement il a le poing leste et l'humeur d'un bouc à chèvre!

LAMOTHE-CADILLAC

Pardi! c'est là la marque d'un vrai combattant, Lussigny! Plût à Dieu que nos réguliers fussent tenus sur le qui-vive* comme ces habitants, et cernés d'Iroquois maraudeurs...Y aurait alors bonne chance qu'ils se déniaisassent un peu plus vite, ces farauds!

LUSSIGNY

On n'oserait présumer qu'un jeune soldat arrivant de France, fût rompu à la guerre d'embuscade telle qu'elle est pratiquée dans ce pays, tout de même.

LAMOTHE-CADILLAC

Et combien de temps encore avant qu'il ne le fût? Nous avons quinze cents Troupes de la Marine dans ce pays, et à peine cinq cents sont en état de combattre contre les Iroquois!

MARICOURT

Monsieur de Champigny avait proposé que les réguliers fussent encouragés à se marier et à s'établir sur des terres, y voyant là la meilleure manière d'en faire de bons miliciens à la longue.

LUSSIGNY

Les officiers n'y consentiront jamais.

Guère d'accordance: peu conciliant.
Sur le qui-vive: sur ses gardes et comme dans l'attente d'une attaque.

LAMOTHE-CADILLAC

Non, car à vrai dire, ils perdraient cette part des gages qu'ils ont toujours exigée et reçue de leurs subalternes. En outre, dans la présente situation, un officier peut empocher tous les gages d'un soldat qui travaille sur une terre.

MARICOURT

Il s'ensuit que les réguliers nous filent entre les doigts quand ils sont appelés à combattre. Avec la complicité des officiers! Monsieur de Champigny n'arrive plus à combler une telle réduction des effectifs.

LAMOTHE-CADILLAC

Ah! que voulez-vous qu'il fît, le pauvre Champigny? Les mauvais usages de l'armée ne font-ils pas loi ici comme en Europe? C'est comme j'ai toujours dit: il fallait leur serrer les ouïes* à ces militaires, comme ils mettaient le pied au pays, et les mener avec un gant de fer*. Maintenant qu'on a commencé à lâcher le fil*, faut bien s'attendre à ce que toute la pelote* y passe! *(Rires de LaMothe-Cadillac et de Lussigny)*

LUSSIGNY

Mais qui leur en ferait grief si, comme vous le dites, ils ne sont pas rompus au combat?

MARICOURT

Mais, bien des gens leur en font grief! Miliciens, cultivateurs, le clergé, Monseigneur de St-Vallier, Monsieur l'intendant, les marchands... Les haines personnelles se rallument dans la colonie, et les divers partis recommencent à s'accuser mutuellement de cupidité, d'injustice et de malversations...

LAMOTHE-CADILLAC

De malversations?

Serrer les ouïes (à quelqu'un): (canadianisme) lui frotter les oreilles, se battre.
Gant de fer: durement.
Lâcher du fil: être moins exigeant.
Pelote: boule de fils, ficelles ou cordes roulées sur elle-mêmes.

MARICOURT

De malversations en rapport avec le commerce des fourrures, et de cet anormal enréchissement... Enfin, Monsieur de Champigny veut mettre les comptes au net*...

LAMOTHE-CADILLAC

Ah! n'en déplaise au grand procédurier*, mais LaMothe-Cadillac ne souffrira mie qu'on doute de la netteté de ses comptes! J'ai les coudées franches* à Michilimackinac, et comme je tiens le commandement de ce poste de Monsieur de Frontenac, je n'en répondrai qu'à lui.

MARICOURT

Monsieur l'intendant estime que personne dans ce pays n'est hors d'atteinte de la justice, surtout quand les marchandises du Roi sont écoulées chez les Indiens pour des profits personnels. À son avis, les permis aux garnisons ont pris valeur de congés de traite dont on aurait fait grand abus dans les postes de l'Ouest.

LUSSIGNY

Est-ce qu'on va nous interdire le ravitaillement de nos garnisons, maintenant?

MARICOURT

Le Sieur de La Touche a installé un contrôle très serré, à Montréal... Et il en a pincé plusieurs qui tentaient de s'échapper la nuit, par la porte des Récollets, avec plusieurs canots en excédent*.Ils virent une partie de leur convoi confisquée par Monsieur le Commissaire de La Touche...

LAMOTHE-CADILLAC

Le Commissaire qui touchera à mes convois y laissera sa chemise, par la mordieu! Dût-il s'appeler de La Touche!

Au net: de façon claire et lisible, sans ambiguïté.
Procédurier: qui multiplie les formalités, qui est enclin à la procédure.
Avoir les coudées franches: la liberté d'agir.
En excédent: en surplus, de trop.

MARICOURT

C'est la Compagnie de la Ferme qui risque fort d'y laisser sa chemise. Il lui arrive cent quarante mille livres de peaux de castor par année depuis 89, alors que la France n'en peut absorber que cinquante mille livres...Vous savez fort bien, Messieurs, que pour chaque canot de marchandises qui monte dans les pays d'En-Haut, il en revient trois chargés de fourrures...Et sans contrôle, avant longtemps...

LAMOTHE-CADILLAC

...il y aura pléthore* de castors! Hé, sacré Maricourt! Je t'y reconnais, va, fils de Normand! Messieurs Le Moyne, La Chenaye et Le Ber n'ont plus le monopole des fourrures, quel dommage! Croient-ils vraiment apeurer leurs concurrents en faisant courir de tels bruits? Eh bien! qu'ils sachent que LaMothe-Cadillac est aussi fin renard de négoce et n'entend céder en rien à quiconque!

MARICOURT

Je ne suis pas ici pour vous chercher noise dans vos entreprises, Messieurs, mais pour vous dire que les abus de toutes sortes dans les postes de traite, sont en voie de nous aliéner les Indiens de l'Ouest.

LAMOTHE-CADILLAC

Dis donc, Maricourt, te voilà grand prophète de tous les mauvais présages, maintenant! Aurais-tu examiné les entrailles* de quelque poule enragée? *(Rire de LaMothe-Cadillac et de Lussigny)*

MARICOURT

Ici comme en Acadie, les Indiens n'ont pas reçu les vivres et munitions que leur avait destinés le Roi. Et ils nous en font grief. Les Hurons et les Outaouais disent avoir perdu leur commerce chez les Assiniboines, et d'y avoir été remplacés par les officiers qui y font la traite directement. Et Le Sueur, à Chagouamigou, a vendu des armes aux Sioux, les ennemis jurés des Algonquins. Si nous continuons de nous mettre à dos toutes ces nations, c'est nous, les Français, qui serons leur commun ennemi, et non les Iroquois.

Pléthore: surabondance, excès.
Les entrailles: à la manière des oracles qui examinaient les viscères des animaux sacrifiés.

LUSSIGNY

Mais on voudrait faire accroire que tous les maux qui pleuvent sur la colonie fussent imputables aux errements des Troupes et des officiers. L'accusation est de taille, Maricourt!

LAMOTHE-CADILLAC

Le commun ennemi, c'est toujours l'Iroquois, Maricourt. Ne l'omettons point. Voilà cinq ans que nous promettons aux Outaouais et aux Hurons, de lever des troupes assez nombreuses qui fassent trembler devant nous, et de porter la guerre chez les Iroquois directement dans leurs territoires, afin de les réduire à néant. Que fait-on depuis, de ces promesses?

LUSSIGNY

Ce fut dans le dessein de lancer une telle offensive cette année, que Monsieur de Champigny fit construire cent cinquante bateaux plats. Et les appropriations* militaires de sept cent cinquante mille livres consenties à cette fin par le Roi, comment les justifier quand l'entreprise est encore reportée à une autre année?

LAMOTHE-CADILLAC

Nous avons trop tardé de mettre à exécution ce projet, depuis longtemps promis. Est-il surprenant que maintenant, nos alliés nous fassent si grise mine, et soient d'humeur si défiante? Qu'il sache, Monsieur de Frontenac, que les Outaouais et les Hurons sont las de dépenser leurs efforts pour des gens qui ne veulent point courir de risques. Et la fortune de son entreprise pourrait être mise en échec par ceux-là mêmes qui l'appuyaient.

MARICOURT

Mais l'Iroquois n'est point le seul ennemi. Il y a aussi les Anglais qui convoitent nos territoires et nous harcèlent en Acadie, autour des Grands Lacs et à la baie d'Hudson! Et nous y avons livré combat à maintes reprises depuis cinq ans. Le Sieur de Villebon et ses frères, en Acadie, contre les établissements du Maine et du Massachusetts... St-Castin et mon frère, d'Iberville, à Pemaquid, et sur toute la côte... L'année dernière, mes frères reprirent le fort Nelson à la baie d'Hudson.

Appropriation: action d'attribuer en propre, de rendre propre à un usage, à une destination.

Nous courons tous les risques, Messieurs, mais tout cela éparpille nos effectifs. Et des appropriations militaires, il en reste moins lorsqu'il s'agit de repousser sur le Richelieu les avances de Schuyler et ses miliciens d'Albany, et de rembucher sur l'Outaouais et le Saint-Laurent les Iroquois partout embusqués... Comment pourrions-nous lever une armée de trois mille hommes, Messieurs, dans de telles conditions? Les milices sont courageuses, mais elles sont limitées à de petites actions. Et puis, l'offensive d'hiver chez les Agniers, en 93, fut si coûteuse, que nous avons dû abandonner ce genre d'entreprise...

LAMOTHE-CADILLAC

La retraite fut désastreuse, Maricourt, mais l'entreprise contre les trois villages agniers ne fut-elle pas un succès retentissant? Elle dut semer la terreur chez les Iroquois, car ils se tinrent bien cois* pendant quelque temps. Et tous nos alliés alors, de s'en réjouir fort!

LUSSIGNY

N'est-il point vrai que les Onneyouts se rendirent à Québec pour négocier une paix après cette campagne contre les Agniers?

MARICOURT

En effet, Monsieur de Frontenac et Monsieur de Callières les reçurent en juin, et encore au mois d'août de la même année. Les Onneyouts voulaient alors que nous envoyions deux officiers à Albany, négocier une paix avec les Iroquois et les Anglais...

LAMOTHE-CADILLAC

Ah! c'est le gouverneur Fletcher de New York! Encore un coup fourré* qu'il manigance avec les Iroquois!

MARICOURT

Monsieur de Frontenac rejeta leurs demandes...

LUSSIGNY

Et remit aussi l'offensive contre les Iroquois...

Coi: tranquille.
Coup fourré: attaque hypocrite, coup en traître.

MARICOURT

L'année dernière, les Onnontagués se présentèrent à Québec à trois reprises, et deux fois, la délégation fut dirigée par Tegannissorens lui-même.

LAMOTHE-CADILLAC

Les voilà les ambassades bien bouffonnes! Le chef des Onnontagués va au Château pour faire douce mine à Frontenac et endormir sa défiance. Mais croyez-vous en bonne raison, qu'aucune personne au monde puisse être convaincue de ce que disent les Iroquois, et puisse consentir à se lier avec eux? Et que, partant*, une promesse d'Iroquois puisse avoir quelque valeur quand ils tiennent marché de promesses* comme s'ils étaient en foire? Pendant qu'une délégation fait tromperie à Québec, voilà qu'une autre est envoyée tranquillement chez les Hurons et les Outaouais pour des accords secrets. Retourne-t-il en âge d'enfance, le gouverneur, qu'il se laissât berner par cette race de vipères? Ce n'est plus la petite guerre, c'est le Grand Leurre! Ils n'ont d'autre but que de maintenir les Français dans l'inaction afin de se mettre en état de nous mieux recommencer la guerre!.

LUSSIGNY

Chaque fois que les Iroquois courent le risque de perdre leur puissance militaire, ils engagent une offensive diplomatique, afin de nous détacher nos alliés. Voici peu*, ils vinrent ici à Michilimackinac, se vanter d'avoir déjà scellé une paix avec les Français!

LAMOTHE-CADILLAC

Hé, par la mordieu! N'allez pas croire que les Outaouais et les Hurons n'en eurent pas le feu au cul de se faire moquer ainsi! Et que je n'eus point de mal, moi, à les convaincre que l'Onontio ne les avait point trahis!

MARICOURT

Mais, il n'y eut point de paix scellée avec Tegannissorens... avec aucune des tribus iroquoises.

Partant: par conséquent.
Tenir marché de promesses: être marchand de promesses.
Voici peu: il n'y a pas si longtemps.

LAMOTHE-CADILLAC

Fort bien! Mais, comment en convaincre les Outaouais et les Hurons? Je les envoyai à Québec chercher rassurance auprès du gouverneur. Et en route, ils apprirent que Tegannissorens et sa cohorte de vipères, avaient été reçus avec force civilités* à un grand festin au Château St-Louis. N'est-ce point là geste fort suspect, aux yeux de nos alliés? *(Une dispute de barguignage entre le commis et Miscouaky se fait entendre, graduellement)* Les Iroquois ont leurs espions partout, s'infiltrant jusque dans nos postes de traite. Nos forêts fourmillent de cette vermine!

COMMIS

(Suivi de Miscouaky, qui montre ses scalps à LaMothe-Cadillac) Monsieur le commandant, y a-t-i moyen de faire comprendre à c'te sauvage-là, que le taux des primes* a changé depuis l'année dernière?

LAMOTHE-CADILLAC

(À Miscouaky) Hé, Miscouaky, combien de scalps nous apportes-tu là? Montre-moi ça. *(Et Miscouaky lui montre trois scalps)*. C'est bien des têtes anglaises que t'as décoiffées* ?*(Assentiment de Miscouaky)* Pardi! Comment le savoir quand on n'en voit point les dessous? Tu me passes une seule chevelure française, Miscouaky, et c'est moi qui te décollerai la calotte* !

MISCOUAKY

(Affirmant avec véhémence) Scalps anglais. Miscouaky tue trois anglais! Primes, à Miscouaky! *(Montrant sa paume)* Donne prime à Miscouaky.

COMMIS

J'ai essayé de lui faire comprendre que la prime fut baissée à trois livres tournois, en novembre dernier...

LAMOTHE-CADILLAC

(À Miscouaky) Combien veux-tu du scalp, Miscouaky? *(Miscouaky lui indique cinq doigts)* Soit. T'auras cinq livres tournois du scalp, Miscouaky.

Force civilités: beaucoup de politesses et d'hommages.
Prime: somme d'argent allouée, à titre d'encouragement, d'aide ou de récompense.
Décoiffer: déranger la coiffure; ici, scalper.
Calotte: partie supérieure de la boîte crânienne.

COMMIS

Mais, Monsieur LaMothe-Cadillac... Si la nouvelle se répand?

LAMOTHE-CADILLAC

Qu'elle se répande, par la mordieu! *(À Miscouaky)* Hé, Miscouaky! viens dire à Maricourt ce que tu as vu à Montréal, l'année dernière, quand je t'ai envoyé voir l'Onontio...*(Devant son air interdit)* Prisonniers... prisonniers français, à Montréal... Raconte!

MISCOUAKY

Iroquois à Montréal... Iroquois ramènent prisonniers français. *(Mimant)* Miscouaky vu prisonniers français, à Montréal. Iroquois faire paix avec Français. Iroquois, serpents à langue fourchue. Miscouaky tue Iroquois! Outaouais, Hurons, tuent Iroquois!

LAMOTHE-CADILLAC

Français tuent Iroquois! *(Brandissant sa dague)* LaMothe-Cadillac tue l'Iroquois! Et que la main me sèche au bout du bras si j'en laisse échapper un seul! Je les dénicherai où ils se trouvent et les écraserai comme des poux. *(Vient d'entrer Le Baron, accompagné de quelques Hurons, et poussant devant lui, trois Iroquois aux poings liés)*

LE BARON

(Après un moment de silence) Le Baron te salue, LaMothe-Cadillac. Salut, frère Maricourt!

MARICOURT

(À Le Baron) J'ai plaisance à te voir, Le Baron.

LAMOTHE-CADILLAC

(Devant l'accoutrement du chef huron - veste rouge, galonnée d'or) Mâtin* ! Tu viens ici étaler ta queue comme un paon! T'as point peur d'y laisser des plumes* ?

LE BARON

Peur? Le Baron n'est-il point parmi des amis, à Michilimackinac?

Mâtin!: interjection exprimant la surprise, l'admiration.
D'y laisser ses plumes: essuyer une perte.

LAMOTHE-CADILLAC

Kondiaronk, ton rival, a le guet aux dents*. Selon le message qu'il m'a fait tenir, toi, Le Baron, aurais trouvé quelque motif d'agitation*.

LE BARON

Kondiaronk est environné de malveillance et ne laisse point deviner le revers de son âme.

LAMOTHE-CADILLAC

Le Baron non plus ne laisse point deviner grand-chose, surtout quand il a commis quelques minces méfaits.

LE BARON

Le Baron est sans reproche, et sa conscience est limpide comme l'eau de source.

LAMOTHE-CADILLAC

Oh! mais avec quelle hauteur on se permet ici de ramper! N'as-tu point ouvert le champ aux mauvaisetés des Anglais et des Iroquois, en leur réservant un poste sur le lac Érié? On dit que tu as tout appprêté de ta main, Le Baron: des accords de négoce, afin de leur porter beaucoup de castors, tâchant en même temps de diriger vers eux tout le commerce de nos sauvages par une paix séparée de nous, entre les Iroquois et nos alliés.

LE BARON

LaMothe-Cadillac a tort d'accorder foi à ces discours. Kondiaronk veut noircir Le Baron pour faire oublier les mauvais usages qu'il a eus envers les Français.

LAMOTHE-CADILLAC

(Examinant les prisonniers iroquois) Alors, ces prisonniers iroquois que tu nous amènes aujourd'hui, sont bien la preuve que tu n'as point partie liée* avec les Iroquois, n'est-ce pas? *(Sans attendre la réponse)* Eh, bien, que faut-il donc pour te complaire* maintenant?

Le guet aux dents: ne se préoccupe plus que de surveillance.
Agitation: de manifestation, de revendication, de trouble.
Avoir partie liée (avec quelqu'un): se mettre ou être entièrement d'accord (avec lui) pour une affaire où sont engagés des intérêts communs.
Complaire à quelqu'un: lui être agréable en s'accommodant à ses goûts, à son humeur, à ses sentiments.

LE BARON
Le Baron veut la prime qui lui revient, pour les trois prisonniers iroquois.

LAMOTHE-CADILLAC
Le prix a baissé à six livres tournois la tête. *(Il signale au commis de remettre l'argent à Le Baron)*

LE BARON
(En recevant les pièces sonnantes) C'était soixante livres la tête...

LAMOTHE-CADILLAC
On a depuis fait comprendre au Roi, que cette vermine n'en valait pas plus. Voici peu, c'était le prix qu'on payait à New York pour un prisonnier français ou indien.*(En tournant autour des prisonniers)* Mais, ne seraient-ils point des espions, ces Iroquois, voulant s'aboucher* avec nos alliés pour faire bonne semence d'agitation et de subversion? Voilà qui serait bien une ruse à ta ressemblance, Le Baron. LaMothe-Cadillac aurait payé alors, monnaie sonnante pour semence de guerre, et fourni caution* pour un traître... Fussent-ils lardés d'acier, ces chiens de mauvaise race! *(Il poignarde un des prisonniers)* C'est ainsi que je lui fourbirai* le couteau au cœur, celui qui s'avisera de jouer ici le traître et le mouchard! Conduisez ces vipères au bûcher, Miscouaky, que ta tribu s'en divertît de tout son saoul! *(Les Outaouais s'emparent des prisonniers, et sortent en criant leur joie. À Le Baron)* Et s'il me retombe sous la main un autre de ces prisonniers iroquois, je te promets, Le Baron, que son sort n'en sera pas plus doux! Fais honneur à tes convives*, et tâche de ne point montrer moins de superbe* quand on t'offrira à boire le sang de tes prisonniers! *(Le Baron sort. À Maricourt)* Quoi de plus avilissant* que de soupçonner un espion dans son entourage!

S'aboucher: mettre en rapport avec.
Caution: de l'argent pour servir de garantie.
Fourbir: nettoyer un objet de métal de façon à le rendre brillant.
Convive: personne invitée à un repas en même temps que d'autres.
Superbe: assurance orgueilleuse qui se manifeste par l'air, le maintien.
Avilissant: dégradant.

MARICOURT

Je ne pensais pas qu'on fût si piètre marchand de la vie d'un Sauvage dans ces postes éloignés...

LAMOTHE-CADILLAC

Oh! ne fais pas tant le benoît que d'aller me reprocher ce qui est courant dans toute la colonie! À ces créatures du diable, il faut faire même mesure* pour tous ces malheurs qu'ils ont jetés dans tant d'existences.

LUSSIGNY

Et partant, la torture des Iroquois donnée en réjouissance aux Sauvages et aux miliciens, n'a-t-elle pas pour effet de resserrer nos liens avec les alliés, et de les empêcher de conclure une alliance avec les Iroquois?

LAMOTHE-CADILLAC

Du train que va la Petite Guerre, il me faudra attendre d'être centenaire avant que de voir se mobiliser cette grande campagne contre les Iroquois! ... De façon générale, je n'aime point ce qui est iroquois. Encore moins ce qui est anglais. Et je n'ai jamais compris comment vous, les Le Moyne, ayez pu vous lier d'amitié avec ces barbares, jusqu'à les recevoir à votre table... *(Après un moment, rieur)* Nous fais-tu compagnie pour dîner? C'est grand festin qu'on nous prépare! *(Maricourt se désiste d'un hochement de tête, et LaMothe-Cadillac sort en s'esclaffant, suivi de Lussigny, pendant que les cris et chants de la torture qui se prépare, vont grandissant)*

Même mesure: à proportion égale, rendre la pareille.

Acte II, scène 8

Le campement militaire,
devant le village des Onontagués,
le 9 août 1696.

FRONTENAC
CALLIÈRES
VAUDREUIL
SUBERCASE
RAMEZAY, 37 ans
MARICOURT
DULHUT
OUREHOUARÉ
LA TAUPINE
BARROIS

(Callières, souffrant de la goutte, se repose, la jambe étendue, pendant que Vaudreuil, Subercase, Ramezay et Maricourt arrivent en se débarrassant de quelques accoutrements - la chaleur d'août étant accablante - et s'abreuvant pour étancher leur soif. Ils prennent leurs aises, quand arrive La Taupine)

SUBERCASE
(À La Taupine) Où l'avez-vous trouvé?

LA TAUPINE
Dans un arbre creux! Caché dans un tronc d'arbre, comme un écureux!

RAMEZAY
Peut-être était-il posté là pour nous épier?

LA TAUPINE
Nous épier? Ce petit vieillard qui avoisine les quatre-vingts ans et presque aveugle?

VAUDREUIL
Il dut être abandonné par sa tribu, ses vieilles jambes ne lui permettant plus de fuir.

MARICOURT

Sans doute est-ce là, aussi, la raison qu'on le livrât à la torture, celui dont les jambes ne sont plus assez lestes?

RAMEZAY

Il aura été la victime expiatoire*, celle dont se réclament toujours nos sauvages. Comme c'est la seule victime que nous eussions trouvée, comment la leur refuser?

VAUDREUIL

Nous ne sommes point comptables des représailles qu'exercent nos alliés. Et puisque c'est le prix qui dût nous garantir leur loyauté...

SUBERCASE

Tiens-tu pour rien, Maricourt, les horreurs qui furent accomplies sur notre sol par la tribu des Onontagués? Les horreurs auxquelles dut participer ce vieillard, du temps qu'il combattait au péril de sa vie...

RAMEZAY

Enfin, puisqu'il avait bien peu de temps à vivre et que l'âme allait bientôt s'enfuir de lui...

MARICOURT

N'eût-il point choisi alors, de mourir d'une mort naturelle, telle que vous l'eussiez voulue pour vous-mêmes? S'il y en a beaucoup qui ne craignent point une mort ordinaire, il y en a peu dans ce pays qui n'appréhendent pas la grillade.

CALLIÈRES

Aussi, Messieurs, ce vieil Onontagué fit-il paraître une fermeté toute extraordinaire, n'ayant proféré aucune plainte pendant qu'on lui appliquait des fers chauds par tout le corps.

Expiatoire: qui est destiné à une souffrance imposée à la suite d'une faute, et considérée comme une purification.

LA TAUPINE
Aucune plainte, Monsieur de Callières, mais pardi! beaucoup d'insolence! «Apprenez à souffrir, chiens de Français!» qu'il nous a crié. Et il se répandit en invectives contre nos Indiens: «Et vous, sauvages, leurs alliés, qui êtes les chiens des chiens, souvenez-vous de ce que vous devez faire quand vous serez en pareil état que moi!»

SUBERCASE
C'est tout, La Taupine?

LA TAUPINE
Baptême, Monsieur Subercase! Qu'est-ce que vous attendriez d'un Iroquois qui meurt sur le bûcher? Une bonne confession avec le repentir et le ferme propos?*(Rire)*

MARICOURT
Le jésuite aurait pu le confesser et l'assister à la mort, il me semble, et l'encourager à souffrir les tourments courageusement et chrétiennement.

LA TAUPINE
Chrétiennement, vous dites? *(Rire)* Mais, ces infidèles n'ont rien d'humain que la forme! Pour en faire des chrétiens, il faudrait bien deux bons bras, l'un en or, et l'autre en fer! C'est-à-dire, que d'une main, il faudrait leur offrir de généreux cadeaux, et de l'autre, employer la force et leur faire sentir le fouet.

MARICOURT
Le courage montré devant le trépas, fût-il celui d'un vieil Iroquois, ne vaut-il pas toute la sotte bravoure de cette vaine entreprise?

SUBERCASE
Eh bien! La voilà la tournure d'esprit! C'est nous qui donnons dans la sottise, et les Iroquois qui sont des parangons de courage!

LA TAUPINE
Par la mordieu! Les Onontagués ont été si épouvantés de nous voir marcher à eux, et couvrir leurs lacs et leurs rivières de nos quatre cents voiles, qu'ils mirent le feu à leur fort ainsi qu'à toutes leurs cabanes, et s'enfuirent à vingt lieues dans la profondeur des bois!

SUBERCASE

N'est-ce point là de la couardise d'avoir décampé céans, à l'approche de nos troupes?

(Vient d'arriver Frontenac, porté dans une chaise, accompagné de DuLhut et de Ourehouaré)

FRONTENAC

On ne saurait, Messieurs, taxer de couardise une nation qui veut rester vivante et durer pour attendre le jour où elle gagnera. N'est-ce pas, Ourehouaré?

OUREHOUARÉ

C'est par ce manège que les Tsonnontouans survécurent à l'attaque que vint leur livrer le Sieur Denonville. Et c'est ainsi que les Onontagués survivront à cette campagne que vous menez dans leur territoire.

CALLIÈRES

Notre but, Monsieur le Comte, n'était point de les écraser complètement, mais de les affaiblir suffisamment pour les empêcher de constituer une menace pour la Nouvelle-France.

VAUDREUIL

Aussi faut-il leur laisser assez de force qu'ils puissent encore inspirer quelque crainte à nos Outaouais, et les empêcher d'aller chez les Anglais chercher bon marché de leurs marchandises.

FRONTENAC

J'ai toujours connu, sans en pouvoir douter, Messieurs, qu'il nous restait que ce seul et unique moyen à tenter pour empêcher la conclusion de la paix entre les Indiens alliés et les Iroquois. Mais les difficultés me faisaient toujours retarder l'entreprise comme une chose beaucoup plus téméraire que prudente. Cette distance de cent cinquante lieues qu'il nous fallait parcourir, avec vivres et munitions... La longue marche et les portages difficiles, avec tous ces canots et toutes ces gabarres*. La navigation bien pénible dans des lacs qui ne sont guère différents de la mer, et dans des rivières pleines de sauts et de rapides continuels.

Gabarre: embarcation, souvent plate, pour le transport des marchandises.

Encore y avait-il l'impossibilité de cacher aux ennemis les mouvements que nous ferions, ce qui leur donnait moyen de rassembler toutes leurs nations et d'appeler même les Anglais à leur secours.

CALLIÈRES

Dieu merci, il n'en fut aucunement, Monsieur le Comte. Même pas une embuscade! À vrai dire, il suffisait de faire sur eux des mouvements qui puissent les dérober de leur fierté et de leur insolence, et en leur imprimant quelque terreur, leur faire croire que nous étions en état de les anéantir. Dans ce but, Monsieur le Comte, est-ce que tout ne s'est point passé à votre souhait?

FRONTENAC

Nul ne pourra douter que notre armée de deux mille cent cinquante hommes n'ait imprimé quelque terreur dans ce village qui ne comptait que quatre cents guerriers, Monsieur de Callières! Mais après avoir tout mis en action pour livrer un combat d'envergure, et mettre fin à la guerre d'une façon rapide et satisfaisante, il aurait été souhaitable pour rendre la chose plus éclatante, que les Onontagués eussent voulu tenir ferme dans leur fort, parce que nous étions en état de les y forcer et d'en tuer une grande partie.

DULHUT

C'est sans doute leur façon de nous priver d'une victoire que de nous laisser cet amas de cendres et de poussière...

SUBERCASE

L'amas de cendres est d'autant plus considérable que nous ayons, depuis trois jours, livré aux flammes tous leurs champs de maïs et toutes leurs caches et réserves.

RAMEZAY

Ainsi les Onontagués n'en éviteront pas moins leur destruction, puisque la misère où il seront réduits par le manque de vivres en fera plus mourir de faim que nous n'en aurions fait périr par l'épée et par le fusil.

DULHUT

À condition que les Anglais ne soient pas trop empressés de leur fournir quelque soutien d'armes et de vivres!

FRONTENAC

(À Vaudreuil) Monsieur de Vaudreuil, vous arrivez du village des Onneyouts. Quels furent là les résultats de votre entreprise?

VAUDREUIL

Nous avons trouvé le village des Onneyouts à quinze lieues d'ici. Ils n'offrirent aucune résistance, se soumettant entièrement à notre merci et demandant la paix. Je leur fis connaître votre volonté: qu'ils dussent abandonner leurs villages et se rendre en Nouvelle-France pour y vivre parmi les Indiens de la Mission. Sur leur refus, nous avons incendié leurs cabanes, ainsi que leurs champs et leurs réserves, et avons fait prisonniers les principaux de la tribu des Onneyouts, que nous avons conduits jusqu'ici.

LA TAUPINE

(À Vaudreuil) Ne vous en déplaise, Monsieur le Commandant, mais ne méritaient-ils pas que vous les ramoniez* un peu de vos rapières*, et leur égratigniez les boyaux un tantinet*, toujours? Par la mordieu! J'en aurais enfilé quelques-uns à la broche, moi!

DULHUT

T'es homme à ferrailler*, La Taupine, et un peu trop enclin à verser le sang avec le fer et le feu.

SUBERCASE

Ce que La Taupine veut dire, c'est que s'ils ne sont pas châtiés, l'exemple de leur impunité pourrait susciter quelques ressentiments chez nos alliés.

VAUDREUIL

Ah, qu'ils s'en gardent bien, nos alliés! Où sont-ils les Hurons et les Outaouais qui nous avaient promis leur appui? Pas un seul contingent de Michilimackinac!

Ramoner: nettoyer en raclant pour débarrasser de la suie (les cheminées, les tuyaux)
Rapière: épée longue et effilée, à garde hémisphérique.
Un tantinet: un tout petit peu.
Ferrailler: se battre au sabre ou à l'épée.

LA TAUPINE

Que le diable leur fasse sécher les entrailles à ces Iroquois, si nous leur laissons la vie sauve! *(À Frontenac)* Est-ce qu'on ne pourrait pas battre les champs à leur recherche, Monsieur le Comte, et les traquer comme bêtes fauves? Les ayant matés, on aura l'assurance qu'ils ne viendront plus par petites bandes casser des têtes à la surprise.

MARICOURT

N'est-ce point suffisamment de ravages que nous avons accomplis? Nous les avons réduits à grande misère et, cet hiver, le gîte ne leur sera pas meilleur que la pitance*.

FRONTENAC

Il importe que les Iroquois vissent moins d'avantages aux promesses non tenues des Anglais, qu'à l'obéissance au gouverneur de la Nouvelle-France. Dans le but de les inciter à s'accommoder de nos propositions et à devenir des sujets de Sa Majesté, nous mettons fin à cette campagne dès aujourd'hui, Messieurs, permettant ainsi qu'agissent pleinement sur l'ennemi les effets que nous attendons de ces privations, et jugeant qu'on ne puisse rien faire de plus utile pour la sûreté et la conservation du pays, soit que la paix achève de se conclure comme je l'espère, soit qu'on soit obligé de continuer la guerre. La durée de cette campagne - car voilà bien cinq semaines que nous avons quitté Montréal - et l'éloignement dans lequel nous ont placés nos mouvements sur l'ennemi, ont durement éprouvé l'endurance de nos troupes. Et jamais elles n'ont témoigné plus de zèle qu'en cette occasion, tant officiers, soldats, miliciens, que sauvages, malgré le lourd fardeau de peines et de fatigues qu'ils ont eu à soutenir. Et je ne manquerai pas de signaler à Sa Majesté, ma grande satisfaction à ce sujet. Tout le monde a parfaitement rempli son devoir dans cette entreprise, particulièrement vous, Monsieur de Callières, et vous, Monsieur de Vaudreuil, par vos soins et votre application, ce qui ne nous a pas été d'un mince secours.

Le gîte ne leur sera pas meilleur que la pitance: l'abri ne leur sera pas meilleur que la nourriture.

Messieurs, veuillez instruire les troupes de mes volontés. Nous levons le campement demain matin, à l'aube crevant, pour rabattre sur Montréal, sans plus tarder. *(Vaudreuil, Maricourt, Subercase, Ramezay, DuLhut, La Taupine sortent. À Callières)* Ce n'est pas trop mon humeur ni ma coutume de faire le comédien, Monsieur de Callières, mais je vous assure que dans cette conjoncture, c'est un rôle de comédien que j'ai dû jouer, pour satisfaire pleinement aux conseils de Monsieur le Ministre Pontchartrain. Car l'ordre qu'il m'a intimé et tant de fois répété, de pousser à fond la guerre contre les Iroquois, n'eût jamais été exécuté aussi longtemps que les résultats m'en eussent apparu douteux, ou même peu souhaitables. Enfin, s'il ne faut qu'avoir cette conduite et jouer ce rôle pour attendre des satisfactions plus grandes et se mériter quelques honneurs...

CALLIÈRES

Assurément, Monsieur le Comte, on ne pourra prendre de votre conduite aucun prétexte de vous refuser la Croix de St-Louis*, et vous investir chevalier.

FRONTENAC

J'ose croire que je me trouve maintenant, en état de recevoir les mêmes distinctions et avantages que vous et Monsieur de Champigny avez trouvés dans le service du Roi... Et dans l'âge où je suis, je ne saurais vraisemblement attendre longtemps de Sa Majesté, quelque égard à l'ancienneté* de mes services...

CALLIÈRES

Sans doute Sa Majesté comptera-t-elle sur l'ancienneté de vos services pendant plusieurs années encore, Monsieur le Comte, pour mener à bonne fin les affaires de cette colonie et assurer à la Nouvelle-France la place qui lui revient à l'aube du dix-huitième siècle.

La Croix de St-Louis: Croix de chevalier de l'ordre royal militaire de Saint-Louis, en émail et or, 4,0 cm; attribuée aux officiers militaires dont «la vertu, le mérite et les services rendus» leur avaient valu l'honneur d'être nommés par le roi membres de cet ordre. Cette distinction honorifique fut accordée à plusieurs officiers du Canada.

Ancienneté: temps passé dans une fonction ou un grade, à compter de la date de la nomination.

FRONTENAC

Qu'il plût à Dieu de m'accorder bon jugement*, Monsieur de Callières. Et s'Il ne me l'accorde en ce monde, je le réclamerai bien dans l'autre! *(Sourires amusés)* On a si souvent condamné ma conduite dans ce pays, m'accusant même de violence, quand tout le monde qui m'écrit de la cour ne me blâme que d'avoir eu trop de modération. Gouverner, c'est complaire et déplaire tout à la fois, n'est-ce pas, Monsieur de Callières? Je n'y puis rien... J'ignore pour quel motif on a tant de ménagements pour le Conseil Souverain, alors qu'on ne se soucie pas de mortifier un gouverneur qui se sacrifie entièrement pour s'acquitter des devoirs de sa charge. Monsieur de Villeray m'a dit en plusieurs rencontres qu'il ne me voyait dans le Conseil que comme un conseiller honoraire... Et Monsieur l'intendant m'a dit en face, que je ne devais jamais parler qu'à mon rang*, et que lorsque l'opinion viendrait à moi*... Ils sont tous persuadés dans ce Conseil, que le Saint-Esprit leur inspire tout ce qu'ils pensent, et croiraient résister à ses lumières s'ils devaient croire les conseils que je veux leur donner. L'autorité est bafouée dans ce pays, et l'on nantit de charges des gens de la bourgeoisie qui se donnent les pouvoirs de tout régenter. M'est avis que la proximité de ces vieux parlementariens* bostonnais, n'est pas sans exercer quelque influence sur cet état de chose... À vrai dire, je préfère maintenant attendre patiemment les décisions du Conseil, m'étant mis au-dessus de tous les chagrins que cela m'a causés dans le passé, et m'étant confirmé dans la résolution que j'ai dû prendre, d'assister très rarement au Conseil, et même jamais, si je m'en puis défendre.

Jugement: approbation, opinion favorable.
Rang: selon l'ordre des préséances.
Lorsque l'opinion viendrait à moi: lorsqu'on me demanderait mon opinion.
Parlementarien: parlementaire, partisan du parlement anglais (dans ses luttes contre la monarchie).

Il ne faut pas croire que les petites aliénations qu'il y a eues entre Monsieur de Champigny et moi-même aient jamais causé le moindre préjudice à l'administration de ce pays. Et si nous avons mis un tel retard à reconstruire le Château St-Louis, alors que j'eusse été à tous les moments à la veille d'être écrasé sous ses ruines, c'est que Monsieur l'intendant a toujours eu beaucoup d'aversion pour cela... bien qu'il n'a jamais lésiné sur l'approvisionnement des troupes, vous dirais-je! Notre campagne chez les Iroquois n'aura pas été une victoire éclatante, Monsieur de Callières, mais elle aura permis à Monsieur de Champigny de justifier les appropriations militaires et de mettre ses comptes au net. Avec mes soins et mes sollicitations, nous aurons peut-être moins de peine à faire achever les travaux de construction, maintenant.
Monsieur de Champigny m'a donné jusqu'à présent peu de connaissance du détail des dépenses et des états de comptes qu'il envoie à Sa Majesté, ne croyant pas y être obligé. Et quand il l'a fait, ç'a été si légèrement, que je n'en ai été guère mieux instruit. Il prétend que cela le regarde seul, et que je ne dois pas le traiter comme un commis de trésorier qui doit rendre compte à son maître. Ce qui est bien éloigné de ma pensée...

BARROIS

(Qui tente depuis un bon moment d'avoir l'oeil de Frontenac pour l'interrompre et lui remettre une dépêche) Monsieur le Comte, vous auriez intérêt à prendre connaissance de cette dépêche que me remet à l'instant votre messager de Québec.

FRONTENAC

(Prenant connaissance de la dépêche, et se courrouçant visiblement à la lecture, puis lisant d'une voix rageuse) «Ce que vous avez mandé n'a pas permis à Sa Majesté d'entrer dans la discussion de la manière de faire l'abandonnement des postes français dans la profondeur des terres, particulièrement à Michilimackinac. En tout cas, vous ne devez pas manquer de donner ordre pour ruiner les forts... et tous les édifices qui pourront y avoir été faits.» *(Il frappe du poing - ce qui fait sursauter Callières qui rouspillait, et rageur)* Diantre! mais on délire à Versailles? C'est de la folie furieuse! On veut ruiner la colonie et nous réduire à la besace!

CALLIÈRES

(Secouant le sommeil) Mais vous vous montez la cervelle, Monsieur le Comte. Reprenez vos esprits...

FRONTENAC

Mais il y a de quoi clamer contre tous les dieux, tonnerre de Jupiter! *(Présentant la dépêche à Callières)* Lisez vous-même! Voilà un mémoire de Monsieur le Ministre Pontchartrain, en date du vingt-six mai... nous ordonnant d'abandonner et de raser tous nos postes de traite, de révoquer tous les congés de traite et... et de condamner aux galères, tous ceux qui persistent à faire la traite!

CALLIÈRES

(En ayant lu) On fait savoir que la Compagnie de la Ferme serait sur le point de déclarer faillite, Monsieur le Comte, leurs réserves de peaux de castor invendues, s'élevant à un million de livres! Voilà qui représente une valeur de cinq millions de livres comptant... Si le marché du castor est saturé, Monsieur le Comte, c'est la ruine en effet!

FRONTENAC

Il y a là-dessous quelque machination sur laquelle nous n'avons pas assez ouvert les yeux. Ah, ces Messieurs les Fermiers Généraux! Avec quelle effronterie ne vont-ils porter leurs plaintes au Ministre et prétendre à des dédommagements!

CALLIÈRES

Ils disent avoir perdu depuis huit ans...

FRONTENAC

Ce qui leur reste de castor n'est que le profit qu'ils ont manqué de faire par le peu d'intelligence qu'ils ont pour ce commerce! Devons-nous maintenant servir les sottises de ces Messieurs?

CALLIÈRES

On aurait dû assurer plus d'ordre et de contrôle dans la vente et la distribution des fourrures.

FRONTENAC

Voilà! Nous ne sommes point comptables de leurs bêtises! Leurs plaintes sur cette immense quantité de castors sont mal fondées. Si la mode a changé en Europe, qu'on envoie le castor en Russie! Avec le retard qu'ils accusent, ces Moscovites, La Compagnie arrivera bien à écouler l'excédent! Parce qu'une compagnie se trouve en difficulté, est-ce là bonne raison de démolir toute la base de notre défense et de nos explorations? S'ils font à la cour la pluie et le beau temps, ces Messieurs les Fermiers Généraux, il n'est pas dit qu'ils exerceront le même pouvoir dans ce pays!

CALLIÈRES

Mais, si le Ministre et le Roi nous ordonnent d'abandonner tous les postes...

FRONTENAC

Abandonner nos postes? Mais ce serait livrer le pays à l'Anglais! Si nous retirons tous les Français de nos postes, Monsieur de Callières, nos alliés se sentiront abandonnés, et n'hésiteront plus de faire la paix aux Iroquois afin de se procurer le commerce de l'Anglais - tout ce que nos commandants ont toujours empêché, par l'adresse qu'ils ont eue de gagner les chefs indiens et de rompre les intrigues. Et si les Outaouais et les Hurons donnent chez eux l'entrée à l'Anglais pour le commerce, la colonie est entièrement ruinée. Quand ils auront goûté une fois du commerce de l'Anglais, ils rompront pour toujours avec les Français, parce que nous ne pouvons leur donner les marchandises à si bon marché. Et lorsqu'on voudra tenter quelques accords, il arrivera qu'on aura pour ennemis non seulement les Iroquois, mais encore les Hollandais et les Anglais, et toutes les nations huronnes, outaouaises et autres, des pays d'En-Haut. J'ai un rôle à jouer dans le destin de la Nouvelle-France, Monsieur de Callières, un rôle dont je n'entends pas me dessaisir au profit d'aucun autre!

CALLIÈRES

Sur ce point, nous sommes bien dans l'agrément, Monsieur le Comte. Mais quels ne seront pas les murmures que causera la publication de cette déclaration de Sa Majesté! Et pour Monsieur l'intendant et tout le clergé, qui la prendront au pied de la lettre...

FRONTENAC

Mais croyez-vous en bonne raison, que les coureurs de bois à qui on interdira la traite, se réduiront jamais à labourer, Monsieur de Callières? Ils se disperseront comme ils l'ont fait il y a vingt ans, lorsqu'on a voulu introduire la même défense, et iront se réfugier parmi les Anglais s'ils ne peuvent trouver la sûreté à revenir parmi nous. Il y a trop de jeunes gens, et de nos plus considérables familles, qui sont marqués par cette humeur inquiète qui leur est commune avec les Sauvages... Ce serait peine perdue d'essayer d'en faire des habitants. D'ailleurs, s'ils devenaient tous cultivateurs, il nous faudrait six fois plus de troupes pour subvenir à couvrir ceux qui travailleraient sur toutes ces terres éloignées et toujours exposées aux incursions iroquoises. Décidément, il nous faut attribuer à quelque lubie* passagère, cette aberration administrative qui nous parvient de Versailles, et nous mettre à l'abri de tous ces inconvénients dans lesquels nous allons infailliblement tomber au cours des prochains mois. Si l'on doit faire place à une ère nouvelle, Monsieur de Callières, ou à un nouveau règne, je ne tolérerai jamais qu'il s'érigeât sur les cendres de ces postes qui jalonnent l'Amérique, dussé-je m'opposer à toutes les ordonnances du Roi! On ne construit pas l'avenir de ce pays en y éteignant le passé. Et c'est à l'agrandissement de la Nouvelle-France que je consacrerai le reste de mes jours, Monsieur de Callières, en y apportant la même ardeur que j'ai toujours eue pour son service, et que je lui conserverai jusqu'au dernier soupir de ma vie! *(À Barrois)* Sors ton écritoire, Barrois, et mettons-nous à l'oeuvre! La lettre que nous adresserons à Monsieur le Ministre Pontchartrain pourrait fort bien nous occuper toute la nuit. *(À Callières)* Je vous souhaite la bonne nuit, Monsieur de Callières. Soyez assuré que nous gagnerons, même si cela ne doit pas aller sans nous attirer encore quelques petits ennuis!

CALLIÈRES

Dieu vous ait en sa garde, Monsieur le Comte. *(Il sort, s'appuyant sur sa canne)*

Lubie: folie, fantaisie.

FRONTENAC

(À Barrois qui est à peine installé, quand Frontenac, marchant de long en large, commence à lui dicter une lettre).«Monsieur... Quoique j'aie essayé de vous rendre un compte exact de l'état où les choses sont en ce pays, par la longue lettre que je me suis donné l'honneur de vous écrire, afin que vous en puissiez informer Sa Majesté, j'ai cru devoir vous faire encore celle-ci en particulier...» *(Et la lumière baisse sur cette scène)*

Acte II, scène 9

Au château St-Louis, un dimanche du mois d'août 1698.

FRONTENAC
CALLIÈRES
CHAMPIGNY
VAUDREUIL
MARICOURT
D'IBERVILLE
SUBERCASE
RAMEZAY
LUSSIGNY
LAMOTHE-CADILLAC
BARROIS
SCHUYLER, capitaine de New York
DELLIUS, pasteur du fort Albany
Quelques officiers
Serviteurs en livrée

D'IBERVILLE

(Précédé de Barrois qui explique l'architecture, et suivi de LaMothe-Cadillac) Dame! Mais il a fière allure*, ce château, que s'est fait construire Monsieur le gouverneur du Roi!

LAMOTHE-CADILLAC

Même que je dirais, qu'il est bien le plus superbe bâtiment de Québec!

BARROIS

La transformation ne s'est point opérée trop tôt, Messieurs, car les ruines de l'ancien château menaçaient à tous moments, de nous tomber sur la tête. Il nous arrivait même au milieu de la nuit, d'aller quérir les charpentiers pour en renforcer certains endroits!

D'IBERVILLE

Eh, voilà qui régale l'oeil, ces murs ouvragés* et ces belles fenêtres qui donnent sur le fleuve! Crois-tu qu'on puisse s'ennuyer ici, LaMothe-Cadillac?

Fière allure: d'apparence digne, noble.
Ouvragé: qui a nécessité un travail minutieux, délicat.

LAMOTHE-CADILLAC

Moi, je m'y ennuierais à mort, d'Iberville! À mort! Pardi! c'est guère l'endroit pour contenter l'humeur gaillarde d'un homme! *(Rires)* Et collé ainsi, sur le séminaire!...

D'IBERVILLE

Évidemment! Pour un gascon* de ta trempe qui a l'habitude de paillarder* loin de la censure... À vrai dire, j'aurais bien peu de loisir d'en jouir plaisamment, moi-même! *(Rires)*

BARROIS

Monsieur Lajoue, l'ingénieur du Roi, y a aménagé plusieurs salles se prêtant admirablement bien aux bals, réceptions et soirées de théâtre...

LAMOTHE-CADILLAC

Si j'ai bonne mémoire, il s'accommodait fort bien de l'ancien château, Monsieur de Frontenac, pour donner grandes soirées. J'ai ouï dire que Mareuil y avait même présenté quelques pièces de Corneille, l'hiver que j'arrivai d'Acadie.

BARROIS

Oh, et quel hiver turbulent ce fut là, Messieurs! La ville en fut tout à la fois, secouée, scandalisée, et amusée, si j'ose dire...

LAMOTHE-CADILLAC

Est-ce que Mareuil ne fut pas cité* devant le Conseil Souverain pour blasphèmes et impiété?

BARROIS

Par Monseigneur de St-Vallier, qui lança l'anathème* contre tous les comédiens, y compris les dames qui y avaient joué un rôle!

D'IBERVILLE

Mais, dans quelle grivoiserie trempèrent donc les beaux esprits de Québec, cet hiver-là?

Gascon: de la Gascogne, ancienne province de France où se parlait la langue d'oc; fanfaron, hâbleur.
Paillarder: mener une vie dissolue, de libertinage.
Cité: sommé à comparaître en justice.
Anathème: excommunication majeure prononcée contre les hérétiques ou les ennemis de la foi catholique.

BARROIS

Nenni* !Point de grivoiserie! On joua «Nicomède» et «Mithridate» de Monsieur Corneille, deux pièces qui siéent fort bien aux personnes de qualité... ici, comme à Versailles!

D'IBERVILLE

Je parie que ce sont encore les ecclésiastiques qui s'en offusquèrent, y voyant là l'oeuvre de Satan?

BARROIS

Oh! et jusqu'à maintenir que personne ne pouvait assister à une comédie sans commettre un péché! *(Ils pouffent de rire)*. Et lorsque Monseigneur de St-Vallier apprit que Monsieur de Frontenac et ses amis acteurs s'apprêtaient à jouer le «Tartuffe»* de Molière, oh! alors, ne fut-il pas plus convaincu que jamais que le démon en personne rôdait en liberté au sein de son troupeau! Et le mandement que Monseigneur fit lire dans les églises, déclarait bien qu'on ne pouvait participer à la représentation d'une comédie, telle que «Tartuffe», sans se rendre coupable de péché mortel! En même temps, on publia un autre mandement contre le Sieur de Mareuil, lui refusant les sacrements.

LAMOTHE-CADILLAC

Et le Sieur de Mareuil clama partout qu'on avait fait viol à l'honneur et à la réputation d'un gentilhomme.

BARROIS

Ah! les brouilles et embrouilles que cela fit, Messieurs! Le blasphème étant un délit civil, on passa outre aux protestations de Monsieur de Frontenac, et le Sieur de Mareuil fut emprisonné! On institua une commission pour examiner ces pièces de Corneille, afin que le Conseil jugeât si lesdites pièces portaient atteinte au nom de Dieu et à son Église, ou si elles étaient nuisibles aux habitants de la colonie. Et un jour, quelle ne fut pas notre surprise, losqu'en pleine rue, Monseigneur de St-Vallier s'avisa d'offrir à Monsieur de Frontenac un billet de cent pistoles pour qu'il n'autorisât pas la représentation de «Tartuffe»!

Nenni: non
Tartuffe: le faux dévot, l'hypocrite; pièce qui fut condamnée par le clergé.

LAMOTHE-CADILLAC

Cent pistoles qu'il accepta, Monsieur le gouverneur!

D'IBERVILLE

Hé! L'évêque et le gouverneur, de se fourrer la paume de piécettes, comme deux compères de foire! C'est-i pas bouffon? *(Rires)* Et Mareuil?

LAMOTHE-CADILLAC

Il s'échappa de prison et, avec ses amis, il alla casser les vitres du palais de Monseigneur, piétiner son jardin, et pisser sur ses murs! *(Rires)*

BARROIS

Il dut ensuite rentrer en France pour comparaître devant le Ministre et le Conseil des Parties*.

D'IBERVILLE

(Riant) On ne peut pas dire qu'en ce pays, les impromptus* de rue ne fussent pas plus amusants que tous les divertissements* de Versailles! *(Rires. Entrent alors, Frontenac, accompagné de Schuyler et de Dellius, de Callières, Champigny, Vaudreuil, et suivi de tous les officiers. Tous paraissent animés par le bon vin et la bonne chère)*

SCHUYLER

(Avec un accent anglais assez prononcé) Il ne fallait pas vous mettre tellement en frais, Monsieur le Comte, pour accueillir notre petite mission diplomatique.

FRONTENAC

Mais, puisqu'aujourd'hui nous fêtons le traité de Ryswick*, Monsieur Schuyler, c'est grand honneur que vous nous faites de partager notre repas de fête. C'est le Roi Louis qui a donné à ses sujets en Canada, la consigne de bien célébrer cette paix entre les deux royaumes. Et voyez vous-même avec quelle pompe et complaisance nous accomplissons ses volontés! *(Rires)*

Conseil des Parties: assemblée disciplinaire devant examiner les griefs des parties opposantes.
Impromptu: petite pièce improvisée composée sur-le-champ, et en principe, sans préparation.
Divertissement: anciennement, petit opéra de circonstance.
Traité de Ryswick: traité signé à Ryswick (Hollande) en 1697, qui mit fin à la guerre de la Ligue d'Augsbourg (coalition de presque toute l'Europe contre Louis XIV).

CHAMPIGNY

Monsieur le Comte accorde beaucoup d'importance à ces questions qui vous amènent à Québec, en exécution du traité de paix, Messieurs, et votre présence à ce festin n'en est pas moins la preuve.

CALLIÈRES

Il serait si peu dans la nature d'un vieux courtisan comme Monsieur de Frontenac, de lésiner sur les déploiements diplomatiques qui pourraient lui rappeler les salons de Versailles...*(Sourires amusés)*

VAUDREUIL

D'aileurs, vous saurez, Messieurs, que Monsieur le Comte n'en fait pas moins pour les délégations iroquoises qui se présentent à Québec! *(Après un moment inconfortable, des éclats de rire)*

FRONTENAC

Messieurs, n'est-ce point vrai qu'on ne se livre jamais aussi bien qu'à la table? Et ce partant, que les affaires importantes ont bonne chance de se régler à l'amiable quand les interlocuteurs* sont en bonne humeur de s'accorder? *(Assentiments amusés)*

SCHUYLER

Messieurs, nous avons fait bonne chère et bu fort bon vin, et nous vous sommes obligés d'un si grand accueil. Monsieur le gouverneur, vous vous êtes très récemment mérité la Croix de St-Louis, et le pasteur Dellius et moi-même voulons bien vous offrir en cette occasion, nos très sincères félicitations. *(D'un geste inconscient, Frontenac porte la main à sa médaille, mais avant que de pouvoir répondre à cette courtoisie...)*

DELLIUS

Mais, ne nous égarons point et revenons au sujet qui requiert notre attention, Messieurs.

Interlocuteur: personne qui parle, converse avec une autre.

FRONTENAC

Je vous sais gré de vos félicitations, Messieurs. Mais, en bonne vérité, vous avez raison, pasteur Dellius, on pourrait nous tenir rigueur d'une omission impardonnable si nous ne rappelions, une fois de plus, le motif de nos réjouissances. Avec le retard que nous impose toujours le grand éloignement, nous célébrons ce grand moment qui fut ordonné par le Ciel, de réconcilier l'Angleterre, l'Espagne, la Hollande et la France. *(Levant son verre)* Messieurs, à la ratification du traité de Ryswick qui a partout restauré la paix et la tranquillité, et à ces incomparables monarques qui en sont les auteurs, nous levons nos verres. La paix! («La paix!» *qu'ils répètent tous en levant leurs verres)* En outre, il nous fait honneur de boire à la santé de Leurs Majestés, le Roi Guillaume d'Orange et la Reine Anne, les souverains d'Angleterre, dont Messieurs Schuyler et Dellius sont les très loyaux sujets! *(Levant son verre)* «Longue vie à Leurs Majestés!» («Longue vie!» *qu'ils répètent, avec moins d'enthousiasme, en levant leurs verres)*

SCHUYLER

(Levant son verre) Au nom de tous les sujets britanniques de la Nouvelle-Angleterre, nous buvons à la santé de Louis le Quatorzième, le très gracieux Roi de France. Santé! («Santé!» *qu'ils répètent avec plus d'enthousiasme)*

CALLIÈRES

À la santé de Monsieur le Comte de Bellomont, le gouverneur de la Nouvelle-Angleterre à qui nous devons cette mission diplomatique! («Santé!» *qu'ils répètent, en levant leurs verres)*

LUSSIGNY

À Monsieur le Comte de Frontenac, gouverneur de la Nouvelle-France et gentilhomme chevalier de la Croix de St-Louis! Puisse Dieu lui accorder une vie assez longue pour qu'il lui soit donné de voir triompher notre juste cause! Longue vie à Monsieur le Comte de Frontenac! («Longue vie!» *qu'ils répètent, avec grand enthousiasme)*

FRONTENAC

Je remercie Dieu qu'Il m'ait conservé jusqu'à l'âge que j'ai...

SUBERCASE

(Enchaînant)... où bien peu parviennent, et aussi dispos que vous l'êtes, Monsieur le Comte!

FRONTENAC

Si j'ai longtemps compté le passé en termes d'années, je dois vous dire, Messieurs, que j'en suis à ce moment de ma vie, où l'avenir ne m'apparaît plus qu'en mois et en semaines. *(Murmures amusés de négation)* Et dussé-je oublier le nombre de ces années, qu'une remarque d'enfant me viendrait en mémoire pour me rappeler ma mortalité. J'étais l'autre jour à dîner chez Monsieur l'intendant...*(s'adressant à Champigny)*... lorsque votre fillette, Monsieur de Champigny, me demanda si je fus présent sur l'Arche de Noé. «Mais, non, petite, que je lui répondis. Je ne fus point sur l'Arche de Noé».«Mais alors, me dit-elle, comment se fait-il que vous ne vous soyez pas noyé?» *(Rires)* Pour avoir depuis longtemps dépassé mon terme, la mort pourrait encore interrompre ma besogne, comme mars en carême* ! *(Rires)*

DELLIUS

Tout homme est mortel, Monsieur le Comte, et nul ne peut dépasser le terme qui lui est assigné par Dieu, le Souverain Maître!

FRONTENAC

Sans doute Dieu ne tarde-t-Il à me rappeler à Lui que pour m'accorder encore le temps de régler ces petits différends qui opposent encore la Nouvelle-Angleterre et la Nouvelle-France, car ce serait nuire aux deux couronnes que de poursuivre cette discorde.

CHAMPIGNY

Voilà déjà un an qu'on nous fait attendre au sujet du traité. Il est temps d'en arriver à un accommodement.

SCHUYLER

Je vous prie d'être persuadés, Messieurs, que nous n'avons en cela de vue que le bien du pays, sans aucun autre intérêt particulier. Il est notre vœu sincère que cette paix supprime les mobiles du ressentiment qui a produit si grande colère au coeur de nos gens.

Comme mars en carême: inévitablement.

DELLIUS

Je n'aime pas mâcher* les choses que j'ai à dire. Et je me permets de vous rappeler, Messieurs, que nous avons payé notre tribut aux hostilités et notre part d'horreurs, dans ce conflit qui nous a engagés si longtemps.

CALLIÈRES

Mais il ne fut pas de tout repos non plus, de défendre le Saint-Laurent et le Richelieu contre les incursions de Monsieur Schuyler...

RAMEZAY

Et de repousser les Iroquois... depuis dix ans que vous les fournissez d'armes et les incitez à nous anéantir!

DELLIUS

Ces calamités qui s'appesantirent sur votre colonie, ne sont que le châtiment de l'infamie commise à Schenectady, à Salmon Falls et à la baie de Casco.

SCHUYLER

En effet, nous avons dû subir de grands ravages dans le Maine et dans le Massachusetts, et tout le long de la côte, aux mains des redoutables Canadiens, comme le Sieur d'Iberville...

DELLIUS

Et des Abénaquis, que vos missionnaires incitent à nous détruire!

D'IBERVILLE

Il s'en fallut de peu qu'on ne fît périr tous les habitants de la Nouvelle-Angleterre, Pasteur Dellius! Dussions-nous justifier nos actes, en les considérant des hostilités que Dieu eût permises en expiation de votre hérésie et de votre insubordination! Vous qui avez renié, et la Vraie Foi et votre légitime Roi!

Ne pas mâcher ses mots: s'exprimer avec une franchise brutale.

FRONTENAC
Si le bonheur de nos gens et la paix du pays, doivent être payés d'une égale mesure de souffrance, alors nous aurons payé, en Nouvelle-Angleterre, comme en Nouvelle-France, toutes nos félicités sur cette terre. Aussi devons-nous jeter un voile d'indulgence sur les agissements du passé. C'est sur l'état présent que nous devons statuer*. Le Sieur d'Iberville a raison de se crêter un peu, ayant vu retourner à l'Angleterre par le traité de Ryswick, tous les postes de la baie d'Hudson qu'il avait reconquis de façon si éclatante, l'année dernière.

MARICOURT
Il y va du bon droit de Sa Majesté, le Roi Louis, d'empêcher l'appropriatrion de ses territoires. Ce sont choses que tout un chacun pense dans ce pays.

LAMOTHE-CADILLAC
Puissions-nous périr de malemort* et rôtir en géhenne* éternelle, si nous abandonnons la colonie à la discrétion de vos marchands d'Albany, Pasteur Dellius! Allons-nous vous laisser déborder sur nos terres, comme marée par une brèche?

DELLIUS
Que Dieu vous éclaire du soleil de Sa Vérité, Monsieur LaMothe-Cadillac, et vous inspire des sentiments plus conciliants. Vous rejetez toutes fautes sur les autres, mais chacun doit battre sa coulpe* et porter sa part du blâme, car chaque homme est faillible. N'est-il point homme fort, celui qui sait reconnaître ses torts?

LAMOTHE-CADILLAC
Il y en a de plus forts qui ne les reconnaissent jamais! *(Rires)*

DELLIUS
Chaque fois qu'un homme se montre nu, il domine son orgueil et grandit devant Dieu et les hommes.

Statuer: décider, ordonner.
Malemort: mort cruelle et funeste.
Géhenne: l'Enfer.
Battre sa coulpe: témoigner son repentir, s'avouer coupable.

LAMOTHE-CADILLAC

Chaque fois qu'il se montre nu, pardi! il n'a guère plus d'autorité que perdreau* de la dernière couvée! *(Rires)*

SCHUYLER

Il est plus facile d'être courageux de paroles que de corps, Monsieur LaMothe-Cadillac.

LAMOTHE-CADILLAC

Monsieur Schuyler, je n'attendais pas de vous une autre réponse. Je vois que nous sommes dans l'agrément et j'en ai grande joie.

FRONTENAC

Je suis bien aise de constater que, fort heureusement, la bêtise n'interdit point l'entreprise, dans ce pays! *(Rires)* Peut-être pourriez-vous comme moi, en tirer grande espérance, Pasteur Dellius?

DELLIUS

Vous semblez souscrire aux goûts de cette tumultueuse jeunesse, Monsieur le Comte. Vos jeunes gens eussent-ils connu davantage l'abaissement et la pauvreté, que la crainte de Dieu leur eût suggéré des sentiments plus chrétiens.

MARICOURT

Monsieur Dellius, nous n'avons point de leçon à recevoir des Anglais sur le compte de l'endurance, de la misère et du sentiment religieux. Voilà un siècle que les Français sont ici, le labeur que nous avons appliqué à ouvrir ce pays ayant donc commencé longtemps avant que vous n'y mettiez pied! *(Assentiments amusés)*

CHAMPIGNY

Nos peines ne sont point différentes. Seulement, nous les mettons au compte de la noblesse d'âme.

D'IBERVILLE

(Narquois, d'un coup de coude à LaMothe-Cadillac) En effet, que ne pourrions-nous faire à la suggestion de l'honneur! L'honneur de Dieu, l'honneur du Roi, l'honneur du pays!

Perdreau: jeune perdrix de l'année.

SCHUYLER

Et l'honneur de d'Iberville! N'êtes-vous point fort épris de votre grandeur personnelle, Monsieur d'Iberville?

FRONTENAC

Les Français sont tous fort épris de grandeur, Monsieur Schuyler. C'est ce qui fait leur force et leur unité. N'est-ce pas que la magnificence de notre Roi Louis scelle bien les liens, entre ce Souverain et ses sujets?

DELLIUS

Nous avons toujours détesté les pompes inutiles parce qu'elles insultent la misère. Notre force nous vient de Dieu, Monsieur le Comte, et du labeur qui nous unit dans une commune destinée.

FRONTENAC

Notre destinée est toute rattachée à l'avenir du Canada, Messieurs, dont Sa Majesté souhaite fort l'agrandissement. Et les revendications territoriales ne sont point sujet de mince importance, dans ce qui oppose nos deux colonies. Fort heureusement, il fut entendu de par le traité de Ryswick, qu'une commission fût nommée pour instruire l'affaire des frontières. J'ose croire que nous ne serons plus à couteaux tirés sur cette question, et nous en remettrons à la décision de cette commission.

SCHUYLER

Le traité de Ryswick n'est pas encore pour nous, la preuve que bonne paix certaine et durable va régner sur le pays. Il n'en sera ainsi que lorsque sera accomplie la remise des prisonniers dont il est question dans les lettres que vous a adressées Monsieur le Comte de Bellomont, le gouverneur de New York, et que je vous ai remises en main propre.

FRONTENAC

Qu'à cela ne tienne, nous allons vous en fournir la réplique sans plus tarder.

SCHUYLER

Nous vous avons ramené les vingt prisonniers français que nous détenions à New York.

FRONTENAC

Je suis prêt à vous remettre tous nos prisonniers anglais, Monsieur Schuyler. Mais devons-nous user de force pour renvoyer à New York ceux qui désirent rester ici?

CHAMPIGNY

Certains ont déjà fui dans les bois de peur d'être rapatriés. D'autres ont embrassé notre religion et sont installés sur des terrres...

DELLIUS

Que tant de sujets britanniques veuillent renier leur religion pour adopter celle des papistes, cela m'apparaît suspect, Monsieur le Comte.

FRONTENAC

Au contraire, voilà qui est très plausible, Pasteur Dellius, l'austérité puritaine leur agréant moins, maintenant qu'ils ont goûté aux douceurs de la Vraie Foi...

SCHUYLER

Monsieur le Comte de Bellomont réclame en outre la remise des prisonniers iroquois, et vous promet en retour, de demander des Iroquois la remise des prisonniers français, qu'il retournera sous escorte, au Canada.

FRONTENAC

Il est incompréhensible que Monsieur le Comte Bellomont ait instruit ses délégués de demander la remise des prisonniers iroquois quand les Iroquois ont toujours été sujets du Roi de France et ce, même avant que les Anglais aient enlevé aux Hollandais la ville de New York. À notre avis, le Comte de Bellomont n'a pas à se donner de peine puisque les Iroquois ont demandé la paix et se sont engagés à remettre tous leurs prisonniers français, en nous laissant quelques otages pour appuyer leurs promesses.

DELLIUS

Les Iroquois nous ont toujours implorés de chasser les Robes Noires de leurs territoires parce qu'il a toujours été leur désir d'avoir des ministres protestants parmi eux, pour être instruits dans la religion chrétienne. N'est-ce point là la preuve qu'ils aient choisi d'être sujets britanniques?

FRONTENAC

À ce titre, Pasteur Dellius, la présence des missions qui ont été maintenues dans leurs territoires depuis quarante ans, est encore une plus grande preuve de leur allégeance française. La présence de quelques jésuites qui n'ont d'autre arme que le crucifix, leur serait-elle si menaçante qu'ils dussent recourir à votre aide pour les en débarrasser?

SCHUYLER

Deux de nos Indiens de la nation des Onontagués, nous ont avisés que vous leur aviez envoyé deux renégats de leur nation pour leur dire, à eux et aux autres tribus que, au cas où ils ne se rendraient pas au Canada avant quarante jours pour solliciter de vous la paix, ils pouvaient s'attendre à ce que vous marchiez dans leur pays à la tête d'une armée pour les y contraindre par la force.

FRONTENAC

Les Iroquois m'appellent «Père», alors qu'ils appellent le Comte de Bellomont,«Frère». Est-ce qu'un père ne va pas réprimander ses enfants quand il le juge à propos? J'insisterai à ce que les Iroquois respectent l'entente dans laquelle ils se sont engagés avant la déclaration de la paix de Ryswick.

SCHUYLER

Je dois vous informer, Monsieur de Frontenac, que le lieutenant-gouverneur Nanfan commande les troupes du Roi à Albany, et a reçu du Comte Bellomont, les instructions de se joindre aux Iroquois et d'armer tous les hommes dans les provinces sous sa gouverne, pour vous repousser et pour faire des représailles pour les dommages que vous avez commis chez nos Indiens. Et ce, en quelques mots, est la résolution qu'a dû adopter le Comte de Bellomont, et sur laquelle il a jugé bon de vous donner avis.

FRONTENAC

(Se courrouçant visiblement) Le Comte de Bellomont m'adresse des menaces? Croit-il que je le craigne? Il se réclame des Iroquois, mais ils ne sont point à lui! *(Souffrant d'asthme, il éprouve de la difficulté à rattraper son souffle, sous l'effet de l'émotion. Barrois s'empresse de l'assister, l'aidant à regagner son fauteuil, ainsi que Champigny qui lui apporte un verre d'eau)*

CALLIÈRES

Monsieur Schuyler, nous devons rappeler au Comte de Bellomont que les Iroquois ne sont point couverts par le traité de Ryswick. Et ce partant, nous devons considérer que les accords que nous avons eus avec Tegannissorens et les chefs des autres tribus, constituent un entérinement des droits acquis jusqu'à ce traité.

VAUDREUIL

C'est là moyen de bien mauvaise politique, Monsieur Schuyler, d'user de la force ou d'autres violences, pour arriver à vos fins. Ce genre de contrainte ne fut jamais du goût de ce gouvernement. Même si vous emportiez par les armes ce que vous n'avez point emporté par le traité, pensez-vous y être tolérés par les Iroquois?

RAMEZAY

Faudra-t-il encore sacrifier quelques hommes afin que cette formalité soit remplie?

DELLIUS

Mais, pensez-vous que les Iroquois voudront conclure une paix sur des propositions que vous leur préparerez?

FRONTENAC

Si! Puisque c'est moi, l'Onontio! Je suis résolu... *(et parlant avec difficulté, mais avec autorité)* ... de poursuivre mon entreprise sans défaillance... Je vous prie de ne pas essayer de déjouer mes efforts. Ce serait bien inutile. Toute l'aide et la protection que vous donnerez aux Iroquois contre les termes du traité, ne me causeront que peu d'alarme... et ne me feront point changer mes plans... Au contraire, voilà qui m'engagera à les poursuivre encore davantage. On sait le bon droit de ma cause, et l'intérêt que le roi a toujours eu d'empêcher les usurpations qu'on veut faire sur son autorité.
(On entend des cloches à la volée, et l'on voit les Illuminations à l'arrière-plan, venant en partie du feu de joie et des flambeaux. Bruits de fête et salves d'artillerie. Réactions heureuses chez les convives qui commencent à sortir sur le Parapet pour voir le spectacle.*

Parapet: levée de terre, massif de maçonnerie qui longeait la façade du château St-Louis et sur lequel se promenaient les gens.

Barrois se penche vers Frontenac qui lui chuchote quelque chose à l'oreille. On voit Barrois rappeler auprès du Comte, Maricourt, d'Iberville et LaMothe-Cadillac.
Callières reste toujours attentif à la droite du fauteuil, alors que Champigny et Vaudreuil accompagnent Schuyler et Dellius, sur le Parapet. À ses trois officiers, sous l'oeil de Callières) Ma santé ne va pas à merveille, Messieurs, et j'ai bien peu à vivre... *(À leurs réactions, il impose le silence, et continue).*
Je veux me consulter avec vous qui êtes hommes de ressources. La paix en Europe ne garantit point encore la paix dans ce pays. Aussi faudra-t-il que soit exercée grande vigilance pour garantir la sûreté et la prospérité de ce pays qui est votre lot par juste héritage. Messieurs, c'est à vous que revient le soin d'en poursuivre l'accroissement.
(À Callières) Je vous laisse à régler toutes affaires pendantes, Monsieur de Callières. On attend toujours d'un nouveau gouverneur, qu'il soit meilleur que le précédent. Mais entouré comme vous l'êtes, de ces preux gentilshommes, j'ai confiance que vous traverserez aisément les vicissitudes* qu'entraînent les changements d'administration. Ne vous laissez point embobeliner* par les Anglais. Quelles que puissantes que soient les armes qu'ils vous opposeront, tenez résolument jusqu'à ce que la fin des affaires retourne à notre satisfaction. Il nous faut prévenir les revendications qu'ils voudront faire pleuvoir sur la Nouvelle-France, Messieurs.
Et dans ce but, d'Iberville, il est mon vouloir que soit continuée l'entreprise du Sieur de La Salle en Louisiane et, LaMothe-Cadillac, que soit fondé à Détroit un établissement comparable à celui de Cataracoui... Maricourt, c'est en ce moment qu'il nous faille recroître de prudence et agir avec célérité, pour sceller une paix durable avec les Iroquois. Les Onontagués vous ont adopté comme un de leurs fils, et c'est vous qu'ils nomment Taouestaouis, qui serez l'instrument de cette paix. Messieurs, votre conseil.

MARICOURT

Pour tout ceci, Monsieur le Comte, nous vous engageons notre foi.

Vicissitude: événement malheureux, tribulation.
Embobeliner: circonvenir, entortiller, embobiner.

FRONTENAC

Qu'il en soit décidé ainsi. Reste à proclamer bien haut votre présence, Messieurs, par toute l'Amérique!
(En prêtant l'oreille aux bruits de fête, et en prenant une respiration qu'il voulût longue) Ici, on aspire l'air comme une liqueur délectable, n'est-ce pas Messieurs?
(La lumière baisse sur ceux qui entourent Frontenac, et l'image du gouverneur assis droit et résolument dans son fauteuil, une main s'appuyant sur le pommeau de sa canne, l'autre retrouvant sur sa poitrine, la Croix de St-Louis qui brille d'un dernier feu, demeure encore quelques instants sur l'Illumination de la ville, pendant que vont croissant les bruits et les coups de canons)

RIDEAU

TABLE DES ACTES ET DES SCÈNES

Composition
en Palatino, corps 11 sur 13,
mise en page
et conception de la couverture :
Jacqueline Martin
pour Les Éditions du Vermillon
Impression et reliure :
Les Ateliers Graphiques Marc Veilleux Inc.
Cap-Saint-Ignace
Séparations de couleurs :
Hadwen Graphics
Ottawa
Achevé d'imprimer en
décembre mil neuf cent quatre-vingt-dix
sur les presses des
Ateliers Graphiques Marc Veilleux Inc.
pour les Éditions du Vermillon

ISBN 0-919925-62-6

Imprimé au Canada